农业贸易政策及支持措施的解析和主流化

编者　拉梅什·夏尔马　　杰米·莫里森
翻译　刘武兵　李　婷　刘艺卓　董　程
　　　梁　晓　黄　飞　施　展
审校　李　婷　刘武兵

中国农业出版社
联合国粮食及农业组织
2017·北京

06—CPP14/15

本出版物原版为英文，即 *Articulating and Mainstreaming Agricultural Trade Policy and Support Measures*，由联合国粮食及农业组织（粮农组织）于 2011 年出版。此中文翻译由中国农业部农业贸易促进中心安排并对翻译的准确性及质量负全部责任。如有出入，应以英文原版为准。

ISBN 978-92-5-506918-5（粮农组织）
ISBN 978-7-109-22577-0（中国农业出版社）

致　　谢

　　本书是 2008—2010 年 FAO 农业贸易政策及支持措施解析和主流化项目的研究成果，许多人士参与了本项工作。编者首先要感谢以下五个国家的研究机构及其具有资深研究经验的领导人：孟加拉（迈门辛）农业大学社会经济研究和培训局（BSERT），Tofazzal Hossain Miah；尼泊尔加德满都综合发展研究所（IIDS），Shankar Aryal；加纳阿克拉经济事务研究所（IEA），Jean Mensa；斯里兰卡政策研究所，Parakrama Samaratunga；坦桑尼亚达累斯萨拉姆大学经济研究局（ERB），Semboja Haji Hatibu。这些机构中大约有 50 位分析人员参与了本项工作，在此一并感谢。同时也要对 FAO 同事的支持和帮助表示感谢，他们是 Rita Ashton、Rita DiIorio、Katherine Clyne、David Hallam、Suffyan Koroma、Manitra Rakotoarisoa、Alexander Sarris 和 Patricia Taylor。对英国国际发展部（DFID）对 FAO 项目的慷慨资助深表感谢！最后，要特别感谢 DFID 的 Laura Kelly、Aishah Afzal 和 Euan MacMillan。

参与人员名单

Biju K. Shrestha	尼泊尔国家计划委员会高级经济学家
Deshal de Mel	斯里兰卡政策研究所经济研究师
Jamie Morrison	FAO 贸易和市场部高级经济学家
Jeevika Weerahewa	斯里兰卡培拉底尼亚大学农业经济和商务管理系高级讲师
Jib Raj Koirala	尼泊尔商业和供应部副部长
Kamal Karunagoda	斯里兰卡培拉底尼亚大学农业经济系农业经济学家
Krishna P. Pant	尼泊尔农业和合作部高级经济学家
M Harun‐Ar Rashid	孟加拉农业大学农业经济系教授
M. A. Rashid	孟加拉农业研究所（加济布尔）高级研究员
Madhab K. Karkee	尼泊尔高级经济学家，自由职业顾问
Mandip Rai	尼泊尔农业和合作部高级经济学家
Nihal Atapattu	斯里兰卡高级经济学家，自由职业顾问
Parakrama Samaratunga	斯里兰卡政策研究所研究员
Posh Raj Pandey	尼泊尔南亚贸易经济和环境观察组织执行主席
Rabi S. Sainju	尼泊尔国家计划委员会高级经济学家
Ramesh Sharma	FAO 贸易和市场部高级经济学家
Suwendrani Jayaratne	斯里兰卡政策研究所研究助理
Tofazzal Hossain Miah	孟加拉农业大学农业经济系教授、经济学家

缩　略　语

ABPP06	2006 年尼泊尔农业推广政策
AfT	贸易援助
AGOA	非洲增长与机遇法案
AIPA	斯里兰卡全岛家禽协会
AMS	综合支持量（WTO 农业协定）
AoA	农业协定（WTO）
APL	贫困线以上（印度）
APP	尼泊尔农业前景计划
APP – ISP	2006 年尼泊尔农业前景计划执行状况
ASDP	坦桑尼亚农业部门发展计划
ASDS	坦桑尼亚农业部门发展战略
ASP09	加纳农业部门计划 2009—2015
BAU	孟加拉农业大学，迈门辛
BEA	孟加拉经济协会
BEPZA	孟加拉出口加工管理局
BIDS	孟加拉发展研究所
BIMSTEC	孟加拉湾多部门技术和经济合作倡议
BPL	贫困线以下（印度）
BSERT	孟加拉社会经济研究和培训局
BSTI	孟加拉标准和检验机构
BTC	孟加拉税则委员会
CAADP	非洲农业全面发展项目
CADP	商业化的农业开发项目
CBT	跨境贸易
CCIE	进出口首席控制官
CET	共同对外关税
CGE	一般均衡模型
CNI	尼泊尔工业联合会
CPD	孟加拉政策对话中心

CRS	（OECD）贷方报告制度
CSO	民间团体
CU	关税同盟
DADP	地区农业发展计划
DDB	退税机制
DFID	英国国际发展部
DFTQC	尼泊尔食品技术和质量控制部
DoC	斯里兰卡商务部
DP	发展伙伴
DPT	累退税
DRC	本国资源成本
DTIS	贸易一体化诊断性研究
EAC	东非共同体
ECL	西非国家经济共同体补偿征税
ECOWAP	西非国家经济共同体区域性农业政策
ECOWAS	西非国家经济共同体
EDB	斯里兰卡出口发展局
ENTReC	强化尼泊尔贸易相关的能力
EPA	经济伙伴协定
EPB	出口促进局
EPF	出口促进基金
EPO	孟加拉 2003—2006 年出口政策秩序
EPZ	出口加工区
ERB	坦桑尼亚经济研究局
ERD	外部资源部
FASDEP II	加纳食品和农业部门发展政策
FDI	外商直接投资
FNCCI	尼泊尔工商联合会
FTA	自贸区
GBS	一般预算支持
GED	孟加拉总经济部
GIs	地理标志
GNTP04	2004 加纳国家贸易政策
GoB	孟加拉政府
GoG	加纳政府

GoN	尼泊尔政府
GoSL	斯里兰卡政府
GoT	坦桑尼亚政府
GPRS	加纳扶贫战略
GPRS Ⅱ	加纳增长和扶贫战略
GSP	普遍优惠制
HACCP	危害分析与关键控制点
HYCs	高价值商品
IEA	加纳经济事务研究所
IF/EIF	一体化框架/强化的一体化框架
IIDS	尼泊尔综合发展研究所
ILFTA	印度-斯里兰卡自由贸易协定
IMTC	部际技术委员会
IPO	孟加拉 2003—2006 年进口政策秩序
IPRs	知识产权
I‐PRSP	临时扶贫战略文件
IPS	斯里兰卡政策研究所
JAAF	斯里兰卡联合成衣协会论坛
JSA	联合评估
Kilimo Kwanza	走向坦桑尼亚绿色革命
MDA	部委、部门和机构
MFN	最惠国
MGF	配套设施
MKUKUTA	坦桑尼亚全国增长和扶贫战略（斯瓦希里语）
MoAC	农业和合作部
MoAFSC	农业、食品安全和合作部
MoC	商务部
MoCS	商务和供应部
MoF	财政部
MoFA	食品和农业部
MoICS	工商和供应部
MoT	贸易部
MRA	相互承认协定
NAP04	尼泊尔 2004 年全国农业政策
NAIVS	全国农业投入券计划

NBR	国家税务局
NCC	尼泊尔商会
NCED	斯里兰卡全国经济发展委员会
NES	斯里兰卡2004—2008年国家出口战略
NFRA	坦桑尼亚国家食品储备署
NGOs	非政府组织
NIP10	2010年尼泊尔产业政策
NNTP09	2009年尼泊尔国家贸易政策
NPC	名义保护系数
NPC	尼泊尔国家计划委员会
NPRGS	坦桑尼亚扶贫和增长战略2004—2005
NRA	名义援助率
NRB	尼泊尔中央银行
NSGRP	坦桑尼亚增长和扶贫战略
NTB	非关税壁垒
NTCS03	2003年尼泊尔贸易和竞争力研究
NTIS10	2010年尼泊尔贸易一体化战略
ODA	海外发展援助
ODCs	其他关税和费用
ODI	英国海外发展研究所
OFCs	其他大田作物
OGL	普通输入许可证
PACT	尼泊尔农业商品化和贸易项目
PDS	印度公共分配系统
PRSP	扶贫战略文件
PSI	加纳总统特别行动
PSIA	贫困和社会影响分析
REC	区域经济共同体
RMG	成衣
RoO	原产地规则
ROPPA	非洲西部农民和生产者组织网络
RSL	再造斯里兰卡：加速发展的远景和战略
RTA	区域贸易协定
SAFTA	南亚自贸协定
SAP	结构调整项目

SGR	坦桑尼亚战略谷物储备
SME	小微企业
STE	国有贸易企业
THDF	2006—2016 十年发展框架
TNTP03	2003 年坦桑尼亚国家贸易政策
TRQ	关税配额
TRSM	与贸易相关的支持措施
TSSP	加纳贸易领域支持项目
TYIP07	尼泊尔三年中期计划
UNECA	联合国非洲经济委员会
WAEMU	西非经济和货币联盟

目　　录

第一章 引言和回顾

Ramesh Sharma 和 Jamie Morrison

本章分为两节。第一节介绍形成本书的 FAO 项目的启动原因、目标、执行情况和结果。第二节对本书进行介绍,重点介绍三个综合性的篇章,包含了该 FAO 项目的主要内容。

1 FAO 贸易政策解析和主流化项目

形成本书的 FAO 贸易政策解析和主流化项目的启动背景是:在新的发展环境下,发展中国家将制定和执行相应的农业贸易政策和与贸易相关的支持措施(TRSM)。首先,由于众多的贸易协定和相互重叠的贸易安排(包括双边、地区、优惠和互惠协定),使得贸易政策越来越复杂。其次,全球竞争压力以及在新贸易协定中最大限度获益的追求,使各国日益重视支持措施,特别是针对供给侧能力建设和基础设施的支持措施。在这一领域,各国面临的挑战是准确识别并对支持措施排出优先顺序,进而将其清晰地融于发展政策框架中。实施新的全球贸易援助(AfT)倡议也包含在内。最后,许多国家正在将贸易和其他政策融于国家发展战略和计划,如扶贫战略文件(PRSP),使其成为主流化的政策。但是,截至目前的经验来看,农业贸易政策和支持措施在这一进程中还没有实现完全主流化。实际上,各国对主流化本身的概念也缺乏清晰认识。

最近对 PRSP 及其类似政策和计划的评估表明,需要给予农业更多的关注,这是因为农业部门在经济增长和减贫方面的作用重大,对贸易自由化、基础设施和供给侧能力欠缺的敏感性也更大。评估也强调,贸易政策没有很好地于 PRSP 中主流化,导致对合适的贸易政策的指导本身就混乱甚至相互矛盾。许多发展中国家正试图在 PRSP 中将贸易政策主流化。全球贸易援助倡议中提出了要调动起更多额外资源,而贸易政策主流化对准确识别更优的方法、更好地调动额外资源非常重要。

这些主题和问题——如何确定合适的农业贸易政策、贸易支持措施、贸易援助倡议以及如何将它们主流化于国家发展框架——在许多发展中国家的政策制定日程中备受关注。事实上,它们在全球发展议程中也备受关注。各国都迫切需要得到有关信息、分析和建议,以找到有效解决这些问题的途径。

在这样的背景下,FAO 贸易政策解析和主流化项目诞生了。该项目的三个主要目标为:解析与总体发展目标相一致的贸易政策、解析合适的贸易支持措施、寻找能更好地将这些政策和支持措施融于发展框架的方法。

本书采用的研究方法是对部分样本国家进行案例分析,研究这些国家是如何推进上述进程的。样本国家包括:南亚的孟加拉国、尼泊尔、斯里兰卡和非洲的加纳、坦桑尼亚。

在每个国家的案例分析过程中，都包含了一系列的分析和咨询活动，还包括能力建设和培训。各国分析研究工作分别由以下机构完成：

孟加拉国：孟加拉农业大学（BAU）社会经济研究和培训局（BSERT），迈门辛

加纳：经济事务研究所（IEA），阿克拉

尼泊尔：综合发展研究所（IIDS），加德满都

斯里兰卡：斯里兰卡政策研究所（IPS），科隆坡

坦桑尼亚：坦桑尼亚达累斯萨拉姆大学经济研究局（ERB）

每一个案例研究都组建了一个分析团队。对每个案例研究的项目预算可支持 22 个高级研究员一个月的工作量和 10 个研究助理一个月的工作量。高级分析员的数量如下：孟加拉国 14 名，其中 2 名来自政府；加纳 8 名，其中 4 名来自政府；尼泊尔 9 名，其中 7 名来自政府；斯里兰卡 10 名，其中 2 名来自政府；坦桑尼亚 11 名，其中 3 名来自政府。5 个案例研究中，总共有 18 名高级研究员来自政府，其中大多数政府官员来自农业和贸易部，其他来自财政部和计划委员会。此外，有 2～3 名研究助理参与了所有案例研究。

分析工作包含对 4 个相互关联的主题的背景研究：一是农业贸易政策和政策形成过程分析；二是在农业，包括农工业中识别和排出 TRSM 优先序的过程；三是在 PRSP 和其他政策框架中主流化贸易政策的过程；四是制定贸易政策的依据是否合理，包括利益相关群体的咨询。

背景研究的范围（ToR）如下：①回顾农业贸易政策的演变，包括社会接受度高的备选农业贸易政策和立场的演变；从政策完整性，即是否覆盖了所有重要问题的角度来考察当前的贸易政策。②讨论和定义 TRSM 的范围，包括 AfT；回顾贸易和农业中 TRSM 的统计数据和政策文件，以便分析当前确定和排出 TRSM 优先序的过程及其实践情况。③组织专家和利益相关群体开会，讨论和定义贸易"主流化"的概念；考察所有重要的政策文件，特别是 PRSP 和相关的政策框架（贸易、农业、粮食安全和工业），以批判性地考察这些文件中主要立场的一致性和协同性；提出完善贸易政策主流化的方法。（4）考察当前贸易政策制定的实践情况，以研究政策制定过程在多大程度上采纳了那些基于合理经济分析的依据；考察为了实现上述目的开展的对利益相关群体咨询的质量；就如何改进这些过程提出建议。

能力建设和培训活动也是本项目不可或缺的一部分，但它们的形式各不相同。一种模式是"干中学"，如政府官员直接参与分析工作，要么作为分析团队的领导人要么作为共同分析人员分析各种背景文件。52 个高级研究人员中有 18 个是政府官员并实际参与了研究。另一种模式是在项目分析人员、现任和曾任政府官员、外部专家间组织头脑风暴会议。所有国家的案例研究，都组

织了许多次这样的会议。此外，还有对利益相关群体的广泛咨询，包括对私人部门和民间团体（CSOs）的咨询以及组织培训项目宣传和研讨会，如在孟加拉国针对农业经济和其他相关院系的教授和学生进行了 4 轮培训。

一些国家的合作机构已经表示，他们打算利用本项目形成的方法和材料继续开展贸易政策构建的相关研究。

本项目由英国国际开发部（DFID）慷慨相助。

2　本书简介

上述 FAO 项目研究成果构成了本书的基础。项目所涉及的 5 个样本国各自的研究论文都主要包含以下三个主题：一是农业贸易政策问题；二是贸易政策主流化问题；三是与贸易相关的支持措施问题。以上三个主题各用了一章进行综述，以下是对三章综述的简单介绍。

2.1　有关确定正确农业贸易政策的国家案例研究综述

第二章总结了 5 个国家案例研究的结果，概括起来主要有以下 5 方面：①农业贸易政策和税收制度的演进；②支持出口的贸易及相关政策；③贸易政策及其相关政策对主粮的支持；④区域贸易协定的影响；⑤国内支持和贸易政策的关系。除了提出一系列在分析贸易政策体系和相关政策工具时需要考虑的问题之外，还着重强调了平衡不同利益群体的诉求和从整体价值链的角度来形成政策的重要性。

就第一个方面（农业贸易政策和税收制度的演进）而言，尽管贸易和价格政策导致总税收水平大幅下降，但在实现以农业为基础的发展目标时，贸易政策依然是一个极其重要的政策工具。就第二个方面（支持出口的贸易及相关政策）而言，传统的出口作物税已经大幅削减，但供给对此的反应并不灵敏，这在很大程度上是因为市场失灵的普遍存在和交易成本较高的现实。就第三个方面（贸易政策及其相关政策对主粮的支持）而言，各国对主粮自给率的追求仍然很强烈，尤其是在 2007—2008 年全球食物价格危机之后。但关于此问题的解释和观点存在一些差异，各国为实现这一目标所使用的政策工具通常是特别的、临时性的，这增加了私人部门经营的不确定性并削弱了维持主粮自给率目标的效果。第四个方面（区域贸易协定的影响）阐述了双边和多边贸易关系如何对本国贸易政策的形成产生关键性影响。第五个方面（国内支持和贸易政策的关系）显示贸易政策的效果与克服一国边境内政策的约束影响相关。

第二章第 3 节的标题是"正确的贸易政策——需要考虑的问题"。该节分三部分进行讨论，探讨了在案例研究中发现的针对有关政策的争论和分歧：

①平衡出口促进和进口替代；②出口促进便利化；③促进进口替代——何时促进？为什么促进？怎样促进？在平衡出口促进和进口替代方面，尽管许多国家有明确的出口导向型发展目标，但大多数国家也使用贸易政策工具对本国生产者进行一定程度的支持或者保护，使他们不受进口产品的冲击。这引发了极端形式的出口导向（进口保护毫无作用）和针对进口的保护措施之间的争论。研究认为二者并不是互不相融的，政策可以包含这两方面的因素，合适的贸易政策体制已在一定程度上兼顾考虑了出口产品、进口替代品和非贸易品生产的状况。结合对不同发展阶段农业贸易政策不同需求的分析，上述问题的结论将变得更加清晰。

第二章第3节第三部分的标题是"促进进口替代——何时促进？为什么促进？怎样促进？"这里包含了许多目前仍在争论的问题。其中之一是食物自给率——进口替代是可行的吗？——面对本国市场和进口替代，用什么政策工具支持进口替代？进口替代和国内支持的联系怎样？第4节是结论，认为结构转型是一个动态过程，所以贸易政策的角色——特别是使用的政策工具——需要转变。对政策制定者的挑战就是要引领这一过程而不是跟随这一过程。遗憾的是，对转型过程中不同发展阶段所适用政策的研究，和对当前以及潜在贸易协定可能对政策使用产生的限制的研究都不充分。

2.2 有关主流化贸易政策和支持措施的国家案例研究综述

第三章对5个国家在PRSP中主流化贸易政策的问题进行了综述。第三章分三节。第2节第一部分发现在不同的文献中，PRSP中"贸易主流化"的概念和含义存在相当大的混淆。缺乏对概念的正确认识是在PRSP评估中发现贸易主流化仍然相当薄弱的一个原因。本部分还回顾了一些定义，解释了案例研究采用的方法。第2节第二部分总结了贸易主流化研究和评估中的主要发现，主要包括：PRSP文件中涉及贸易政策问题的很少；尽管一再强调农业对发展和减贫的重要意义，这些文件对农业贸易问题提及的更少；PRSP文件似乎很少考虑替代性的观点和立场；在这些文件中很少能找到对贸易与减贫问题关系的分析；对利益相关群体咨询质量不高。这是案例研究发现的部分问题。

第3节介绍了5个案例研究。案例研究所采用的分析方法是回顾所有相关的文件，尤其是PRSP、贸易和农业政策文件，以识别它们的一致性、差距和矛盾。案例研究表明，在PRSP和其他政策的设计以及内容方面存在重大的差异，其关键问题就是主流化。在这一点上，5个案例研究中，加纳的政策框架在政策立场上表现出高度的一致性，这很大程度上归因于该国PRSP聚焦于一个实质性的战略，即"农业主导型发展战略"，该战略覆盖的领域比较平衡，且与出口导向型的增长战略和基于进口竞争的本国市场导向的工业化战略同步进行。正因如此，加纳的贸易政策也与农业政策和农工业政策相一致。相反，那些 PRSR，特别是贸易政策完全聚焦于出口的国家，其政策覆盖的领域并不平衡。研究的一个重要发现是，这些国家的政策是不一致的，尤其是贸易政策与农业和农工业政策不一致；另一个重要的发现是，所有案例有一个共同点，就是针对那些享受特殊待遇的产品/子部门的战略和政策通常不一致。

第 4 节对改善农业贸易政策主流化进程的建议做了总结。研究指出，两个需要处理的实质性问题是：在 PRSP 中实现贸易政策主流化和明确贸易内容的涵盖范围。就贸易政策主流化问题来说，建议政策形成过程应按一定的顺序进行。值得注意的是，在那些贸易政策本身就致力于阐述"更关注贸易"的立场和对产品/子部门排出优先序的国家，更经常发生政策前后不一致的情况。因此，建议在为生产部门（农业和农工业）制定此类政策体系时，首先应制定这些生产部门本身的政策，然后再制定支持生产政策的贸易政策。当 PRSP 本身没有清晰地阐述发展和贸易立场时，政策前后不一致的现象也普遍发生，这就需要补充政策来解释立场了。

第 4 节讨论的第二个实质性问题是 PRSP 中贸易内容的涵盖范围。各国 PRSP 中涉及的贸易问题的范围以及文字表述都存在很大差异。除了文字表述外，目前最主要的问题是 PRSP 给出的信息质量。通常认为 PRSP 应当为贸易战略和政策提供清晰的方向指导，细节问题则留给具体贸易政策来解决。为了防止政策发生逆转性变化，对有分歧的问题所选择的特定立场进行解释就显得非常重要。PRSP 也需要就出口商品和进口商品的贸易支持进行平衡。至少它要令人相信，它是在对贸易和贫困关系的合理分析的基础上确定政策立场的。最后，目前的 PRSP 需要进行相当大的改进，要把区域性贸易政策的影响考虑到国家政策制定中去。

第 4 节也对三个传统的跨领域问题给出了建议：要改善确定特殊待遇的战略性或者优先产品/子部门的过程；为制定主流化的政策要对利益相关群体进行有效咨询以及要对各种政策文件中的术语进行澄清。

2.3 有关确定与贸易相关的支持措施的国家案例研究综述

第四章总结了从 5 个国家案例研究中得出的有关如何确定 TRSM 的研究成果。首先，笔者在这一章解释了为什么在案例研究中使用 TRSM 这一术语而不是更加流行的 AfT。其原因有二：一是 AfT 仅限于外部资助，而案例研究覆盖了来自各种来源（包括外部和内部）的支持；二是案例研究的范围包括所有产品和行业，也包括进口产品，而 AfT 通常被认为只支持出口产品。尽管在世界贸易组织（WTO）工作小组 AfT 报告里并未明确说明 AfT 只支持出口，但该报告里有多处地方明确表达了 AfT 的实施目标是为了出口。除此之外，TRSM 和 AfT 没有实质区别。

第 3 节介绍了五个案例研究。尽管它们的研究范围相同，但每个案例都不尽相同，比如 TRSM 统计数据的可获得性、可用于考察和分析的材料范围以及利益相关群体咨询的结果。案例研究的根本目标是相同的，即考察目前使用的 TRSM 有哪些以及 TRSM 的优先序确定过程。此处强调的重点是过程而不是 TRSM 的数量。因此，这些案例研究很好地利用了指导 TRSM 的各种政策文件资源。

第 4 节对国家案例研究得出的主要建议进行了综述。其目的是为了改进完善 TRSM 的确定过程，以便它们在贸易和发展政策框架中能被充分主流化。这些建议也是对 AfT 文献中发现的问题的回应。对这一问题的讨论包括以下八个方面：①在 PRSP 和其他政策框架中实现 TRSM 主流化的挑战；②确保 TRSM 在出口和进口之间平衡分配；③投资和补贴的良好平衡；④明确有效的"激励措施"；⑤在价值链框架内制订支持措施，构建平衡的 TRSM 体系；⑥建立双边和区域计划项目；⑦在制订 TRSM 中保证有效的利益相关群体咨询；⑧为了确定优先序和进展监督而实现 TRSM 与 AfT 的量化。

在主流化方面，研究得到的一个关键结论是，确定优先序和相关联的 TRSM 的过程应当遵循这样的顺序：首先要在 PRSP 的指导下制定部门（如农业和农工业）政策，然后才是制定国家贸易政策来支持部门政策。要从产品价值链的角度来开展这项工作。值得注意的是，贸易政策和 DTIS 特别容易严重偏向于出口，这常常会与 PRSP 不一致，因此建议在 TRSM 中也要考虑面临进口竞争的农业和农工业的需求。除了这实质性的两点之外，还建议要寻求投资和补贴的良好平衡，选择合适的激励措施促进生产和贸易。针对如何在不同的干预形式（投资、激励等）之间进行权衡以实现给定目标，如削减一定比例的营销成本，产品价值链再次提供了很好的衡量框架。在宏观和微观层面对利益相关群体进行有效的咨询，对实现平衡的 TRSM 也很重要。最后，第 4 节还为优化和监督其选择过程，提出量化 TRSM 或 AfT 的建议。

第二章　如何制定正确的农业贸易政策
——国家案例综合分析

Jamie Morrison 和 Ramesh Sharma

1 概况介绍

通过对五个样本国相关案例的分析，本章将尝试就如何制定正确的农产品贸易政策提出优化完善建议，并引导政策制定者们思考一些重要问题。

首先，本章将从五个核心贸易政策问题入手，对比分析这些国家的贸易政策。本章将分析各国发展战略的选择及其对税收的影响，涉及有关出口导向发展战略与进口替代问题的争论，并探讨区域贸易协定对一国贸易政策的影响；除此之外，本章还将着重讨论如何在贸易政策中平衡不同利益群体的诉求，以及如何制定从整体价值链角度出发的贸易政策。

随后，通过分析目前正在热烈讨论的农业贸易政策议题，本章将对上述五个问题进行更加具体、详细的分析，以期对有关国家贸易政策制定工作提供一些建议和参考。

2 各样本国核心贸易政策问题研究

本部分将针对五个核心贸易政策问题对各样本国案例进行比较评估：

（1）农业贸易政策和税收制度的演进；

（2）支持出口的贸易及相关政策；

（3）对与进口有竞争关系的主粮产品提供支持的贸易和相关政策；

（4）区贸易协定的影响；

（5）国内支持和贸易政策的关系。

针对每个核心贸易政策问题，本章会比较各案例间的相同和相异之处。然后，会在此基础上就如何制定正确的农业贸易政策提出参考和建议。

2.1 贸易政策和税收制度的演进

在从 20 世纪 70 年代的限制性政策转向 20 世纪 80 年代更加市场导向、出口驱动的贸易政策时，这 5 个国家全部遵循了大幅减少农业税收的思路[①]。

·加纳国家贸易政策（2004）以出口导向战略为核心，除了消除传统出口体制下税收政策对出口的负面影响，该政策制定者也认识到进口限制一样可能削弱国家的出口潜力。

---

① 除特殊说明外，本文所有农业税和支持措施信息均来源于世界银行"农业激励措施贸易扭曲报告"研究，孟加拉国和斯里兰卡的信息均源自 Ahmed 等人 2009 年研究成果，加纳和坦桑尼亚的信息均源自 Brooks 等人 2009 年研究成果。

• 在 1967 年阿鲁沙宣言之后，坦桑尼亚经历了以大规模的公有化为基础的自给自足时期。20 世纪 80 年代中期后，伴随着一系列的结构调整，坦桑尼亚的贸易政策也变得更加市场导向。在此过程中，该国农业税收大幅度下降：农业整体税收水平从 20 世纪 70～80 年代的 −50% 下降到 21 世纪的 −17%；8 种出口作物的税收水平从 −80% 下降到 −49%；2000—2004 年食品税收水平已经从 −50% 变为 6%。

• 1956—1986 年，尼泊尔实施着保护主义、进口替代的贸易措施，但其后该国的贸易政策越来越开放。近期研究表明，因为该国国内市场很小，出口贸易的发展对该国尤为重要。有趣的是，对孟加拉国的案例研究也得到了相同结论。研究认为，因子中性（不倾向或者依赖任何要素）的技术发展可能在一定程度上减少国内市场对本国产品的消费潜力，因此该国也必须重视出口。

• 在孟加拉国，贸易政策也比 20 年前更加开放，但和本研究涉及的其他国家相比，该国的贸易保护水平还是比较高的。尽管孟加拉国取消了不少数量限制措施，越来越多地运用从价税，其平均关税和超关税（Para - tariff）水平仅从 76% 下降到 32%。孟加拉国也有积极的出口促进政策，并出台了允许主要中间投入品自由进口的政策来支持出口。

• 在斯里兰卡，传统出口产品的税收水平已经从 20 世纪 60～70 年代的 40% 以上下降到 20 世纪 80～90 年代的 20% 左右。一些与进口有竞争关系的农产品得到了更积极地保护。尽管该国对主粮产品——大米的保护并不明显，但对其他产品如辣椒、洋葱和马铃薯的保护程度就高多了。对斯里兰卡案例的研究还发现，该国利用贸易和价格政策达到控制农产品零售价格、保护农民利益和鼓励增加产品附加值等多重目标。研究表明，斯里兰卡通过单一政策工具来达到上述多重目标的做法，对涉及的不同利益群体产生了完全不同的影响。这也引发了如何准确设计贸易及相关政策的热烈讨论。

在此次国家案例研究中，我们还发现了一个具有普遍性的趋势，就是对国内农业产业的支持和保护正逐步聚焦在一小部分农产品上，主要是与进口有竞争关系的产品和非传统的出口产品。概括而言，尽管这些国家的总税收水平在下降，贸易政策也变得越来越开放，贸易及相关政策依旧是它们达到与农业有关的某些发展目标的重要工具。

2.2 支持出口的贸易及相关政策

各国在利用税收（和支持）措施方面有明显的相似性，且这些措施都主要被用于非传统而不是传统的出口产品。

• 在加纳的案例中，针对传统出口优势作物可可的税收从 20 世纪 80 年代的 80% 大幅下降到 21 世纪的 22%。同时，生产者从出口价值中获得的份额从

21%增加到70%。当前依旧存在的主要税收是出口税。在研究过程中，我们发现加纳国内正就征收可可出口税的合理性及在此基础上设定的出口税水平进行激烈争论。根据相关部门结论，征收出口税的理由是：可可生产得到了国家提供的服务，而且生产者已经被豁免了其他税收，包括所得税。不过，这一结论无法解释为什么具体可可出口税要每年确定。

据了解，为应对国际出口市场关税水平增长，加纳制定了将本地加工的可可在可可出口总量中的份额提高到40%的目标。加纳对生产和加工非传统出口产品的企业提供激励措施，这一做法也体现了该国在国内增加产品附加值的目标。具体的激励措施包括减免出口企业所得税和根据出口成绩退税等。对于这些非传统出口产品，加纳是不征出口税的。

· 上文已经提到，在坦桑尼亚，对传统出口产品征税的水平依旧较高，主要是以产品销售价格为基数征税20%。这种税负的影响又由于货币的汇率和市场效率的低下而被加重。必须承认，有时很难明确区分政策的扭曲性影响和市场运行/市场结构低下带来的影响（Morrissey 和 Leyaro，2009）。尽管为了达到鼓励本国加工的目的，坦桑尼亚政府对生腰果征收出口税，对生皮也特别征税，但是，农作物委员会不受监管的权利和大量的地方税收（按量征税，运输节点征税）进一步加剧了本就高昂的运输成本。这会对出口产生很不利的影响。

· 斯里兰卡在1992年取消了所有的出口税。研究发现，对政府减少影响出口的扭曲性措施的做法，供给侧给出了非常积极的反应，种植业复苏、重现活力。不仅如此，与其他样本国案例一样，出口发展委员会的措施明显促进了非传统出口。这些措施包括根据产品船上交货价（FOB）提供补贴、中间投入品关税豁免等。但是，贸易和价格政策提供的支持作用很有限，在出口价值中的占比不足1%。

斯里兰卡案例还让我们关注到出口发展和进口政策之间的相互作用。以椰子产业为例，研究发现，进口食用油的价格直接决定了当地生产椰子油的价格，而椰子油是该国出口产品的主要原料。该国对进口食用油征收较高关税，令国内椰子油价格上涨，损害了出口产业利益。要平衡四个利益群体：椰子种植者、椰子产品出口企业、国内椰子生产加工企业和食用油消费者的利益，使用单一的政策工具——关税就很有问题了。使用关税这单一政策工具实现多个目标的做法会带来不可预见性，仅在2008年一年中，椰子相关关税就被调整了5次。斯里兰卡相关产业提出了不少建议，包括将关税水平与国际棕榈油价格挂钩以保证国内椰子种植者利益、根据库存情况调整措施以避免积压以及减少中间商利润等。

· 在孟加拉国案例研究中发现，世界银行在贸易扭曲报告中曾经提到，该国对出口依旧存在偏见，整体出口税水平没有下降，这一结论可能有误导性。世界银行这项研究仅针对黄麻产品，不能反映该国其他农产品的贸易政策。事实上，该国对非传统出口产品，如蔬菜、虾等有积极的支持政策。为了促进非传统产品的出口，该国广泛使用现金激励措施，措施涵盖 14 种产品，具体措施依据具体产品和时间有所不同。这些措施与该国对进口冷冻虾、黄麻产品以及一些进口替代作物，如水果和香料的高关税亦有关联。此外，该国还禁止生虾出口。

概括来说，尽管税率大幅度下降，对传统出口作物的征税在大多数国家依旧存在。税率的下降并不总能有效刺激相关产品供给侧的增长，这在很大程度上是因为市场失灵的普遍存在和交易成本较高的现实问题，在非洲国家尤其如此。与此相反，非传统出口产品得到了一系列政策工具积极、正面的支持，推动其产量和出口大幅增长。

2.3 对与进口有竞争关系的主粮产品提供支持的贸易和相关政策

各样本国政策有一个共同主题，就是追求口粮自给自足，在 2007—2008 年全球食物价格危机后，各国在这方面的表现更加明显。不过，各国对这一问题的理解存在有趣的差异。

·在加纳，不断下降的自给率水平、不断升高的粮食进口成本和粮食生产区域的贫困水平都影响着政策的制定。加纳大米自给率现在只有 33%，如果不加以干预，随着消费需求的增长和国内生产水平保持低位的现实，这一比例可能进一步降低。尽管加纳专注于出口导向型经济发展，其 2004 年贸易政策也表示要避免导致关税水平增长的进口政策，研究却发现其一些政策有潜在不一致性。与 2004 年贸易政策声明相对，该国也有利用贸易政策为所有农业生产者提供适当水平的保护，以及利用关税手段鼓励国内战略性产品生产的要求。

研究发现，加纳对进口的迅速增长非常敏感（举例来说，该国番茄酱产品自给率从 1998 年的 92% 下降到 2003 年的 57%）。2007—2008 年食物价格大幅增长后该国出现的情况证明，为应对价格增长而取消进口税的做法可能为外国出口商进行产品倾销打开闸门。

·坦桑尼亚的一项基本政策目标是提高食品生产能力和竞争力。该国贸易政策的核心就是提高生产力和自给率。举例来说，该国 PRSP "坦桑尼亚增长和扶贫战略"指出，只要实施正确的贸易和投资措施，该国有潜力大幅提高谷物产量，不但可以获得国内市场，还可以竞争所在区域的出口市场。该"战略"设定了将粮食作物产量从 2003/2004 年 900 万吨增加到 2010 年 1 200 万吨的目标。但是，该国却对主粮产品实施特别的、干预性的贸易政策：坦桑尼亚广泛实施出口禁令，只有在该国各地区都宣布食品供给安全的前提下，才允许出口。因为该国总有一些地区会遇到食品供应缺口，所以出口禁令一直生效，导致该国食品价格低廉且不稳定。

·斯里兰卡一直主张维持大米百分百自给。针对进口采取保护措施是该国为此目标实施的主要手段，并配以灌溉、科研等方面的国内产业支持措施。通过进口许可证和国营贸易垄断，斯里兰卡对大米贸易进行严格控制。1996年该国大米贸易政策有一个重要转变，即以从价税加进口许可制度取代大米进口数量限制。不过，当国内大米价格高启的时候，进口税可能被暂时性免除。基于规则的可变关税制度在斯里兰卡得到普遍认可。

除此之外，斯里兰卡的政策制定机构还需要考虑大米和小麦之间的交叉价格影响（这与孟加拉国的情况很不同，在孟加拉国交叉价格影响程度很低）。事实上，斯里兰卡的确有减少国内小麦消费并以国产大米替代的长期发展目标。在5年中，对面包和其他面食的消费已经下降了40%。以小麦、鸡肉和玉米的关系为例，针对斯里兰卡的案例，研究者还就贸易政策实施与价值链的关系提出了几个有趣的问题。下文将对此做详细分析。

·在孟加拉国，从1993年开始，大米的进口就几乎没有限制了。随着大米贸易的自由化，私人贸易成为比国家市场干预更重要的因素，这令该国大米价格更加稳定，同时使得来自印度的大米进口增加。孟加拉国也遵循着食品自给的政策。但2007—2008年食品价格飞涨后，该国政府重新加强对主粮贸易的干预，实施了大米出口禁令，并重新研究大米自给自足的问题。有趣的是，大米自给自足问题之所以敏感，不仅有政治原因，也有经济原因，因为相对进口平价，孟加拉国大米有一定比较优势。

概括而言，很多发展中国家都有一个重要的政策目标，就是提高食物的自给水平。但是各国为实现这一目标所使用的政策工具通常是特别的、临时性的，这增加了私人部门经营的不确定性，也削弱了维持主粮自给率目标的效果。

2.4　区域贸易协定的影响

一般来说，贸易政策都在国家层面讨论和制定。但是，区域贸易协定正对国家贸易政策产生突出的影响。

·在加纳的案例中，是否还有必要讨论确定大米自给率水平成为了议论焦点。食品自给对西非国家经济共同体（ECOWAS，简称西共体）成员的意义越来越大，这也直接反映在它们的贸易政策中。对加纳来说，它需要调整政策以适应西共体共同关税要求。因为该国90%的进口来自ECOWAS成员之外，所以西共体共同关税水平将直接成为加纳的实际有效关税水平。

对于不同产品的共同关税水平的争论还在进行中，最近修订的版本将最高限值设定为 35％，体现了西共体区域性农业政策（ECOWAP）的优先关注所在。另外，值得注意的是，ECOWAP 将保障措施放在突出位置，这可能是因为最初设定的共同关税水平上限仅为 20％ 的缘故。不过，要想在各成员间就西共体共同关税水平和保障措施达成协议，还需要各国就战略或者敏感产品的政策做进一步协调。

·与加纳相似，案例研究显示，坦桑尼亚面临的困难是根据东非共同体（EAC）的规则设定合理的敏感产品关税水平。可以预见，不同国家的不同利益群体对不同产品的共同关税水平有不同要求：生产相关产品的国家想要更高的共同关税水平，不生产相关产品的国家希望关税水平很低甚至没关税。对于小麦面粉这样的原料产品，加工企业期望低关税，而那些有生产潜力的国家的种植者期望高关税水平。

在 EAC，各国政府实施的临时而特殊的主粮市场干预政策成为急需解决的问题之一。新的 EAC 粮食安全战略强调，各国不应针对食品和用于 EAC 内部消费的产品实行出口禁令。各国都承认现在的市场干预政策会带来不确定性，并对私人投资产生负面影响，但各国政府肯定不会完全放弃市场干预行为。坦桑尼亚正在尝试实施的基于规则、有明确标准的关税调整及非关税壁垒削减政策，也许能在很大程度上稳定其玉米价格。

三个亚洲样本国都强调与印度的贸易关系带来的影响。三个国家都非常重视与这个大国的农产品贸易，也对印度的贸易壁垒问题表示关切。

·尼泊尔唯一的重要贸易协议就是与印度的协议。1996 年版本的协议几乎允许所有尼泊尔产品免税进入印度，但 2002 年修订的版本制定了更严格的原产地规则，允许印度对部分产品实施关税配额，并允许印度在国内产业受到损害或者威胁时使用保障措施。尼泊尔业界普遍认为，该协议带来的利益包括使尼泊尔产品得到进入印度的机会以及使尼泊尔国内价格更加稳定，带来的挑战则是来自印度的进口农业和工业产品对尼泊尔国内产业形成竞争。尼泊尔绕过协议规则，对进口征收 5％～10％ 的农业发展基金来保护国内产业，不过这些措施的效果很有限。

·斯里兰卡与印度的自由贸易区协定（FTAs）签订后，印度对进口产品征收的歧视性营业税直接侵蚀了自由贸易区协定带来的优惠空间。此外，严格的原产地规则，只允许从少数几个港口进口的规定以及保障性措施的使用（配额以及半国营企业控制进口权）同样限制了两国间的贸易。

2.5 国内支持和贸易政策的关系

第五点要讨论的是，贸易政策能在多大程度上独立于其他支持国内产业发展的政策，以及贸易政策是否能有效地弥补生产受到的制约。

 ·在坦桑尼亚的案例中，讨论的主要问题是为什么使用化肥补贴而不是普遍的公共投资。

 ·斯里兰卡提供了一个很好的案例：即使得到了高保护，该国辣椒、洋葱和马铃薯的生产供应也没有明显的增长。导致这一情况的原因，包括技术的缺乏（品种问题）、劳动力的短缺和劳动力工资水平提升。另一个重要原因是过度关注大米产业而忽略了其他大田作物。研究结果证明，只有在其他因素同样有利的条件下，贸易政策才能发挥出作用，而面对供给侧供应能力的限制，贸易和价格措施效果有限。

 ·孟加拉国的情况又有所不同。该国最需要解决的是增加贸易政策透明度和可预见性的问题，因为该国需要大力支持私人对市场渠道开发和公共设施建设的投资。也就是说，贸易政策和国内支持措施的关系是双向的。

 ·尼泊尔案例提供的重要结论是：确定合适的组合政策必须充分考虑一国农业的发展水平和商品化水平。

 下文还会对此处提及的问题进行更深入的讨论，希望能就如何更合理地利用贸易政策工具，达成多重、政治性的目标得到些启示。

3　正确的贸易政策——需要考虑的问题

 尽管各国利用贸易措施的范围和力度不同，分析样本国过去四五十年贸易净产出与贸易政策对农业提供的保护水平的关系，却能发现一些相似性。最初所有发展中国家都会对农业征税，它们直接进行出口限制或者抑制国内产品价格，对工业提供保护或者扭曲汇率（Kruger 等，1988）。世界银行开展的针对更多国家的农业扭曲调查在更大范围内也发现了这种相似性（Anderson，2009）。不过，研究随后也证实，近些年来情况已发生了大转变。各国农业税的平均水平大幅度下降。在一些国家，农业得到了越来越多的支持，包括直接通过贸易政策获得支持以及由于国家对非农产业的保护减少而间接得到支持。

 但是，这种总体性的趋势以众多表现形式散见于不同地区和不同国家。举例来说，通过世界银行农业扭曲调查中的亚洲国家估计数据，Sharma 和 Morrison（2009）证明，5 个亚洲大米进口国名义援助率（NRA）的简单平均数在 1995—1999 年为 21％，而到 2000—2004 年已经提高到 29％。这主要是因为马来西亚（1995—2004 年平均 64％）和菲律宾（1995—2004 年平均 52％）的带动。不过，尽管大米出口国的名义援助率大多为负，但 1995—1999 年研究涉及的 11 个样本国的平均值为 7％，到 2000—2004 年上升到 15％，各国数值大多在其上下 15％的范围内。

此外，尽管此类研究记录了征税或者保护的整体水平变化趋势，却没有分析哪种贸易政策立场对农业发展，或者更广泛地说，对经济发展更有好处。如何统筹规划贸易政策工具，使其既能实现稳定价格、食品自给自足、保持城市和农村收入平衡以及促进出口等目标，又能促进农业产业在经济发展中发挥应有作用，是在争论如何正确使用贸易措施时需要考虑的重要问题。

在本章，相关问题会在案例研究的基础上得到明确。这能为那些探索符合本国国情的、正确的贸易政策体系和合适的贸易政策工具的政策制定者和研究人员提供参考。首先，本章将研究出口促进与进口替代之间的平衡问题，随后分别详细分析出口导向型经济发展政策和进口替代政策。如何针对处于经济发展不同阶段的不同国家选择合适的贸易和相关政策，以支持其经济结构转型是贯穿本章始终的问题。

3.1 平衡出口促进和进口替代

尽管许多国家制定了详细的出口导向型经济发展目标，但它们大都会留出政策空间，通过贸易政策工具对国内生产者提供一定程度的支持，或者针对进口产品的竞争实施一定程度的保护。

"进口替代"这个词之所以被各国抵触，一部分原因来自 20 世纪 50～70 年代许多发展中国家遭遇的经济发展战略失败。这些国家的经济发展战略正是以进口替代模式（仅关注加工业而忽略农业的模式）为基础的。另一部分原因则来自对新古典主义经济学理论的理解。新古典主义经济学认为，进口替代会使资源从那些本可实现高利用率的领域中流失。针对进口替代的另一个批评是，竞争的缺失会导致国内产业效率低下。

不过，我们必须认识到，进口替代与农产品出口并不一定是冲突的。尽管，必须承认，发展那些有竞争力、与进口有竞争关系的产业好处很多。除了通过增加收入和当地消费产生倍数效应，建立根基广泛、让小农户有机会全面参与的出口型农业还可以成为规模化经营活动的先导。

上述这些事实总会被那些有关发展中国家农业贸易政策选择的建议所忽略，那些建议更关注怎样增加向国际市场出口的机会（不论传统还是非传统出口产品），而忽略了政府在增强进口替代产品竞争力和提高国内及地区市场机会中可以起到的重要支持作用。某些在整体政策框架下的贸易"诊断"性研究，甚至一些 PRSP 都存在这样的问题。它们将农业发展研究的全部重心都放在扩大出口这个单一目标上。

如果从单纯的理论角度讲，也许这些政策建议还有些道理。严格狭义的"出口导向"型经济指的是那种不仅出口壁垒，连进口关税和限制都被取消的情况，此定义来源于勒纳对称定理（Lerner Symmetry）。该定理称因为进口关税对出口有抑制作用，应该被完全取消。取消供出口产品生产所需的投入品的进口关税，其积极作用的确很明显；不过，勒纳对称定理进一步主张取消所有进口关税，原因是进口关税增加了进口替代的吸引力，所以对出口领域有害。资源会被吸引到进口替代领域，从而对出口领域的增长造成阻碍。根据这种理论，在出口导向的贸易战略中，根本就不该有进口保护政策。

另一方面，对出口利益分配的担忧也一直存在。在很多案例中，出口利益集中在小部分更有经验、更富裕的农户手中，而不是被广泛地分配给小农户。小农户没有到产品价格更高的市场中参与竞争的能力。有时出口促进政策得不到广泛赞誉，是因为政策带来的利润没有在农村人口中广泛分配，产生的利益也不足以帮助大量的农村人口脱困。

在一些国家，比如智利，出口政策的成功带来了农村贫困人口的大幅度减少，尽管该国农村人口在总人口中占比较低，而且农产品出口源自较高的农业发展水平。智利的案例反映了一些发展较好，商品化水平较高的农产品出口国的情况（比如巴西、阿根廷、泰国等）。这些国家的政策改革有意或者无意地为依靠价格竞争力提高本国出口水平提供了助力。尽管智利经常被树立为出口带动型发展模式的典范，很难说智利模式在那些处于更初级农业发展阶段的国家有多少可复制性。

在实践中，很难找到极端突出的出口导向模式的例子。大多数国家更倾向于使用保护型进口政策，再通过出口退税、税费减免等方式弥补对进口投入品征收关税带来的出口产品额外成本。随后，各国纷纷建立出口促进专区，直接减少向出口商退还进口税带来的额外成本的麻烦。这类措施经常被贸易一体化诊断性研究（DTIS）或 PRSP 推荐。

因此，贸易政策体系的选择并不是那么"轮廓鲜明"的。事实上，Buffie（2010）曾主张，出口促进和进口替代之间的选择是一种虚幻的假设。在一般国家的贸易政策中，都既包含了出口促进又包含了进口替代。所以，正确的贸易政策体系必须合理考虑产业中出口产品、进口替代产品和非国际贸易产品的生产范围。

大量关于 20 世纪 70～80 年代东亚发展经验的文献支持这样的理论，这些文献证明多个东亚国家通过使用基于整体发展战略的，选择性的开放和限制相融合的，动态调整的贸易政策获得了竞争优势的提升。这种贸易政策体系设计是前瞻性、战略性的，能够随着情况的变化而发展，并应不同产业的不同需求而调整，且能在整体发展战略中对开放和控制进行了合理排序和分配。可见，合理的贸易政策选择不是个简单、静态的选择，不是一定要在开放（和贸易自由化）和保护之间做出选择，而是要根据发展阶段的不同合理统筹安排不同属性的政策工具。

关于如何合理统筹排序的问题，历史经验提供了一个基本的论点，就是要注重主粮产品与农业转型的关系，关注农业转型初级阶段主粮在农业发展和减少贫困中的作用。很多没能达成减贫和粮食安全目标的国家都处于农业商品化的初级发展阶段。而那些迅速减贫、大幅提升粮食安全水平（比如印度的绿色革命）的例子，究其成功的原因，你会发现，在农业转型的初级阶段，这些国家的主粮生产都首先得到了发展。

有证据表明贸易自由化对出口型经济作物更加有利。这些作物在旧政策体系下往往承担较高税负，同时，通过将有缺陷的输入和输出市场相连接，投资者面临的风险将有所减少。而非市场机构在减少主粮产品输入和输出市场缺陷方面能起的作用比较有限。

事实上，很多国家农业转型困难的原因在于，贫困的农户只有在确定他们生产的所有盈余主粮产品能够进入市场获得利润，并且确定他们不生产自己的口粮，也有能力从市场购买口粮时，才会部分分流去种植供出口的作物并逐渐成为专业生产者。

低收入生产者有时根本没有能力对激励信号做出反应。举例来说，他们可能没有能力改变自己的作物结构，如果他们产品的相对价格下跌，他们的收入就会减少。农业投资要求资源从生计型、基础性粮食生产和传统出口作物生产中转移出来，用于生产价值更高的替代产品。在市场失灵情况突出的国家，没有国家干预，这种转移是不可实现的。

Dorward 等（2004）研究提出，很多暂时比较贫困的国家因过度关注农产品出口而忽略错过了一个对食品产业提供支持和保护的重要阶段。这些国家现在大多建立了比较自由的贸易政策体系，但它们的农业产业本身发展却比较迟缓，竞争力弱。现在这些国家面临的问题是，它们对发展不足的农业提供长期支持的能力较弱，而且因为边境保护水平低，现在它们更容易受到短期激增的进口冲击。

当比较出口促进和进口替代政策各具优缺点时，一定要首先明确研究对象国所处的不同发展阶段。对于最不发达国家（LDC），绝对有理由应首先关注它们处于传统农业向现代农业转化的重要时期，因此投资应该集中在基础食品生产领域。对于中等到高收入国家，因为它们处于从现代农业向国际化农业转变的阶段，采取更加明确的出口导向政策立场可能更加合适，应成为其贸易政策探讨的重点。

所以，发展中国家的关键政策问题，不是是否应以进口替代为代价追求出口促进目标，或者反之以出口为代价追求进口替代目标，不是在某个时间点决定整体开放的水平，而是根据时间，根据不同行业，对开放和控制要素进行梳理和排序，动态统筹。

在一个更加开放的农业贸易体系中，贸易壁垒不应再作为抵消或减少合理水平的私人部门农业投资相关风险的主要手段，这毫无疑问是长期发展的目标。但是，有证据证明，支持措施，还有部分适度进口替代性保护措施，可能是达到上述目标所必需的。这是因为，从长远角度讲，市场（投入、信贷、输出，包括足够的风险管理工具）应该能够恰当地发挥足够功能，而不需要依靠政府干预；但短期来说，市场失灵情况普遍存在，所以政府干预还是必不可少的。

3.2 出口促进便利化

在几乎所有 PRSP 中都能找到的、最常用的贸易政策目标，就是出口促进，表述方式有"出口利益最大化""农产品出口导向""最大化出口对经济发展的贡献"等。尽管有了相当明确的目标，各方对此意见分歧也不大，还是有些问题面临持续的争论。这包括：①限制原材料出口，保护国内加工业还是允许原材料自由贸易；②应该把出口激励措施和支持措施用于哪些产品。

当涉及原材料问题时，有关贸易政策的讨论总是集中于某个特定产品（比如小麦），而不去考虑贸易政策对投入品的影响如何传导到原材料的生产，或者如何对更高阶段的加工环节产生影响。比如，政策讨论可能集中在乳品这个领域，但不会去细分该领域内各不同产品品种。在确定正确的贸易政策时，应该考虑政策对全产业链各个环节的影响，这真的很重要。如果贸易政策的目标是鼓励某个产业，或者鼓励跨价值链地实现生产多样化和向高附加值产品转移的目标，这种全面分析的作用就更突出了。

再举个例子，在一个国内小麦产量有限，或者受进口水平影响很低的国家，正确的贸易政策可能是对进口小麦征收低关税。相反的，如果该国国内有新兴的小麦制粉工业，或者/以及小麦面粉可能与该国国内生产的其他加工产品进行竞争，该国就可能对进口小麦面粉征收更高的关税。

关于出口支持政策，Jha（2008）列举了一系列可能阻碍对发达国家市场出口增长的制约因素。这些因素包括：收入变化带来的需求弹性比较低、发达国家人口增长率低、经合组织（OECD）农业保护严密、这些市场有较高产品质量标准以及对供应链实行高监管。值得注意的是，在 DTIS 研究中，很少有人考虑较贫穷国家如何进入国际农产品出口市场。比如，很少有人研究这种出口是否现实，竞争者之间的相对竞争力如何，市场规模和成熟度怎样，达到发达国家制定的更高质量标准和其他价值链要求难度多大等。相比之下，南南贸易可能更加重要也更加现实可行，但很少有研究关注这一领域。

DTIS 总是更关注那些特别的出口市场。尽管这些特色/特殊/有机产品的潜在市场总量很大，细化到单个产品的贸易量却可能很小。Jha 认为，出口战略不应该仅基于这些特别出口市场制定，因为这类市场需求总是短期且变化迅速的。

3.3 促进进口替代——何时促进？为什么促进？怎样促进？

在一些比较发达、能够为结构转型提供强有力机构支持和安全网的国家，广泛的农产品出口的确有利于减少贫困和解决粮食安全问题。但是，对一些贫困、以农业为潜在增长产业的国家而言，更出口导向的农产品贸易政策在解决农村贫困人口和粮食安全问题上作用很有限。

在贫困、以农业为潜在增长产业的国家，通过推动供本国、本地市场消费的基础食品生产体系的现代化，能够更有效地达到明显提高粮食安全的目标。除了能明显减少本国对进口食品的依赖（尤其在国际市场食品价格高企的时候），历史证据还证明，这些体系的发展在实现农业结构转型，转向更高价值产品生产的过程中也发挥着重要作用。发展食品生产还可以帮助生产者从生计型、自用型食品生产逐步转化，更大程度地参与经济类作物生产；这种转变又为逐步实现食品生产规模化，最终达到适当水平，进入出口目标市场提供了可能。

但是，进口替代类农业贸易政策的作用很复杂，其核心的食品自给率问题更是一直从诸多角度被争论不已。对不同国家而言，这个问题的意义有所不同。

3.3.1 有关食品自给率的争论

追求食品自给率目标的原因多种多样。大概归类，一类是因为担心能否获得足够本国消费的食物，一类则是关心主粮增产对农业和经济发展的重要意义。

第一类原因又具体包括：①世界市场并不是可靠的主粮来源——在大米供应方面尤其如此；②中国和印度这样的大国不能过度依赖世界市场供应主粮；③2008年一些国家的粮食出口禁令让另一些国家心有余悸；④国内基础设施欠发达意味着利用进口产品稳定国内市场价格有风险，所以国内自产粮食一定要充裕。

各国针对2007—2008年粮食价格激增所采取的应对性贸易措施与其长期的、有利食品进口和出口促进的自由开放型政策趋势大都是相悖的。有竞争力的食品出口国采取限制出口的措施，保证本国国内食品价格不会激增，以保护国内消费者利益。食品进口国抛出它们的库存，提供食品价格补贴和基础粮食生产投入品补贴。这些短期措施与他们倡导的主流政策取向明显不符。特别需要注意的是，有关努力提高本国食品供应能力，减少对来自日益波动的国际市场（参见 FAO 2008a 和 2008b）的进口依赖这一问题的长期政策建议也有很多。不过，至今还没有哪个国家就此做出实质举动。

另一个常被用来解释为什么要不计经济成本维持食品自给率的原因是，在那些基础设施欠缺的国家（比如尼泊尔、印度、印度尼西亚和中国的大量落后地区），进口产品在合理区间内稳定市场价格的作用无法发挥。在这些国家和地区，进口和出口价格平价的差距非常大，而面对实际消费者价格下行的压力，政府又必须保证有充分的利益激励来确保国内的食品生产。

第二类原因是通过增加食品自给率，利用其对上下游的广泛关联影响来活跃、推动农村经济增长，减少贫困人口。

大部分 PRSP 及类似的国家发展计划，都以"实现农业发展对经济增长和减贫的促进作用最大化"这类表述来体现食品自给率的上述作用。更高的食品自给率水平，以及与其相联系的更加活跃的农业生产经营活动，能够产生广泛的上下游关联影响，从而带来活跃的农村经济。有关贸易政策在增加和维持食品自给率方面作用的问题也一直备受争论，因为这些政策总要付出经济成本。

当出口产品时，改善的市场环境总预示着生产者价格提高和收入增加。但是，与出口不同，对基础食品而言，因其在贫困人口消费构成中占比很大，其价格增长给生产者带来更多利益的同时，也会给消费者增加明显负担，双方利益就会出现较大冲突。

不过，正因如此，对谷物生产的强化措施往往能产生乘数效应。Dorward等（2006）的研究解释了为何对谷物生产的资源投入水平，以及对聚集在本地市场的盈余主粮的投资利用活动会对农村经济各环节产生巨大影响。生产增长带来的农村收入增长和农业劳动力需求是农村地区收入水平提高的主要动力。

不断扩大的城乡收入差距被认为是政策执行者面临的又一挑战。当经济结构转型加速，城乡收入差距迅速扩大时，这个问题尤其突出。经济结构转型的经验证明了一个规律，当非农产业发展加速时，农业在国内生产总值（GDP）中的占比将明显减少，因为农业在就业贡献中的占比会下降的慢一些，所以人均农业收入会减少。几十年来，这种情况给发达国家带来持续的政策挑战；现在，那些发展迅速的发展中国家也已经明显感受到了同样的压力。各国政府的惯常处理方法是，保持较高的农业盈利，对投入品和服务提供补贴，以及如果能力允许，对农业生产者提供直接补贴。随着经济结构转型的持续，带来的压力只会越来越大，而政府也将持续采取这样或那样的政策措施，包括贸易和相关政策措施加以应对。

实现食品自给率目标的诸多原因都强调了一点，那就是对利用政策干预手段支持食品自给的方式与一国当前农业发展阶段现实情况之间关系的正确理解非常重要。

很明显，在需要通过食品自给率达到的诸多目标中，保证基本食品价格

（或者供应）稳定是核心之一。世界银行贸易扭曲报告也支持这种观点。该研究提供的数据显示，在很多样本国，主要食品的国内市场价格和边境价格几乎没有同比相关性。根据 Timmer 和 Dawe（2007）的研究，这表明预计的NRA，不论是正值还是负值，都只是追求基本食品供应/价格稳定这一根本目标的副产品，并且会随着对这一目标的追求而波动。在这方面，各国的社会偏好非常明显。基本食品供应/价格稳定因多种社会经济原因而备受重视，这种重视不可能在短期内有所改变。

所以，不论表面看追求食品自给率的原因为何，价格稳定这个潜在原因都起着决定性作用。在更发达的国家，它可能是保护消费者利益和解决收入不平衡问题的要求，在更加贫穷的国家，食品价格稳定对保证有足够的投资来提高生产力水平至关重要（Dawe，2010）。

3.3.2　进口替代可行么？——国内市场和进口替代

在那些有困难促进农产品广泛出口的国家，生产供国内市场消费的食品通常更有前途。在很多比较贫穷的国家，因为发展阶段所限，国内市场很难为高价值产品提供销售机会。Hazell（2006）的研究发现，因为"这些国家国内市场的初始价值很低（这与非传统出口产品面对的市场情况类似），就算市场能够迅速增长，在未来10～15年也不可能转化为有力的经济杠杆。"相反的，现在非洲对主粮的国内需求每年价值 500 亿美元，预计这一数字在 2015 年将翻倍。也就是说到 2015 年该市场将增加 500 亿美元的市场机会（Hazell，2006）。尽管巨大的主粮消费量中仅有部分是从市场购买的（其他都是由生计型农户自己直接消费），但它依旧提供了巨大的、持续增长的农产品市场。Diao 和 Hazell（2004）又进一步解释，非洲消费的谷物，比如玉米、大米和小麦，有 25% 来自进口，而当地自产的谷物有替代进口产品的潜力。因此，大体来讲，进口替代能为非洲小农户谷物增产提供巨大的市场空间。

在亚洲国家，巨大的国内市场往往是以基本食品生产为主的农业产业取得发展的必要前提。通过国内市场，农产品可以从供应过剩地区流向供应不足地区，所以即使在食品供应有盈余的时候，也有足够的有效需求来稳定市场价格。但是，目前很多贫穷国家的国内市场相对较小，没有能力发挥这一种重要调剂作用。在这种情况下，因为可以享受对外关税保护，又不会遭遇国内区域间贸易限制，区域谷物市场可以成为完整的大规模国内市场的替代品（Morrison 和 Sarris，2007；Sarris 和 Morrison，2010）。

3.3.3　应该用什么政策工具支持进口替代？

要在怎样的范围内采取贸易和贸易相关措施达到广泛提高食品自给率目标

的追求，也是一个需要研究的问题。

从消费者角度出发，正值或者负值的名义援助率（NRA）都可能带来资源配置失衡的成本，所以，很明显，政策制定者需要决定应在怎样的限度内追求供应/价格稳定的目标。正常也是理性的回答是，对该目标的追求不应极端。不论国际市场价格上升还是下跌，有时允许其影响传到国内市场是有益的。那么，采取措施将国内价格限定在能确保 NRA 的影响比较温和的区间内，比如15%～20%，这样的做法是"恰当"的么？各国实践证明，这是个微妙的问题。答案将因产品重要性①和国家农业发展水平（也就是农业应对价格波动的能力）不同而变化。

WTO 规则在减少出口禁令、促进大型跨国粮商及国有贸易企业（STE）交易透明化方面的作用有限。未来的贸易体制改革，在很大程度上需要通过对这些领域的改革才能实现，因为只有这样食品进口国才能对国际食品市场更有信心。

如果从在经济结构转型过程中增加主粮生产的目标出发，政策趋向将有所不同。经济结构需要转型这一事实本身就证明，从长远的角度看待贸易政策具有突出重要性。在经济发展/产业商品化进程的某一阶段所采取的恰当贸易政策在另一发展阶段就可能是错误的。

举例来说，某国与进口有竞争关系的产业面临更加激烈的进口竞争（比如可能是因为关税下降造成的）可能会萎缩，但是这类产业对农村发展和农民生计却至关重要，而且从中长期来看有机会变得更具竞争力。优化投资环境的措施可以促进"增产类"科学技术的研发投资，从而产生盈余，这能推动资源向更加"有竞争力"的产业转移（Morrison 和 Sarris，2007）。通过温和的边境保护措施提供一个更加稳定且有利可图的投资环境，让与进口有竞争关系的产业（以及更加广泛的经济领域）有机会提高生产技能，在这一发展阶段可能是最重要的政策目标。

在发展的下一阶段，需要通过不同水平的边境保护措施，而不仅仅是温和的关税措施对这种产业提供必要的保护，防止产业受到某些外来因素的短期性搅乱。这是因为，尽管在"正常"贸易条件下这种产业已经"具备竞争力"，但是因为对风险的敏感性，以及缺乏风险管理工具和安全网，如果直接面对廉价、很可能享受着补贴的进口产品竞争，以及其造成的价格波动，这种产业依旧可能受损。

随着经济（市场/市场主体）继续发展，产业进入市场的能力和应对投资

---

① 举例来说，在亚洲国家的研究发现，大米的价格波动区间很小，小麦的价格波动区间也有限，玉米的价格波动区间则大得多（Sharma，2002）。

风险的能力也会提高，这时继续采取上面提到的保障措施就不太合适了。在这一阶段，贸易政策应该更倾向于鼓励自由流动。

发展阶段更高的发展中国家往往拥有更加商业化的农业产业，并且具有较大的农产品出口潜力，促进进口替代的农业贸易政策更多是基于保证国家粮食安全（根据其定义的食品自给率水平）、保证农业生产者收入、保证低收入人群获得足够的食品以及提供公共产品的目的。一些国家在针对近期食品价格危机采取的短期性应对政策中就反复提到了这些问题。在这些中等收入国家，政策制定者更加关注出口促进而不是进口替代措施，这更多是基于最优政治立场。

为了有效服务于经济发展，贸易政策应该是动态的，应该避免对农业整体或者某个农业产业提供长期不变的或一次性的支持。这些措施应该是随机应变的，是根据不同农业产业部门和部门内不同环节各自的特征而有所区别的。对这一问题的研究不应局限于枯燥的关于开放还是保护的争论，而应该致力于寻找将各类贸易政策工具相结合的最优方案，致力于建立一个能够支撑经济发展进程、提高国家经济竞争力的体系。

同样重要的一点是，保护措施不应该是永久性的。自由贸易体制的支持者就经常抱怨，一旦被实施，某些保护措施总是很难被削减或者取消。对更发达国家的案例研究支持此观点。比如，在欧盟，尽管最初设立大量对农业生产者转移支付措施的初衷只是保证粮食安全，在粮食安全早已不成问题的现在，这些措施依旧存在着。情况总是如此，转移支付的政策一直在那，这样做的理由却不断变化。比如，政策的目标可能从保证粮食安全转为支持农民收入，或者保护环境等。

要制定正确的贸易政策，必须建立一个保障机制来确保政策本身会随着政策的目标和经济发展需求的变化而做出调整。要达到此效果，贸易政策应该是简单易行、公开透明（排除政治性经济的思维方式）、可信可靠的，不应有太多变量（Buffie，2010）。

3.3.4　与国内支持的关系

遵循怎样的农业发展战略肯定会直接影响贸易政策的选择。举例来说，Timmer（2009）的研究发现，如果以农村经济多元化发展作为农业和农村发展的核心，就必须同时解决两个问题——一个是提高主粮的产量，另一个是利用这些价格低廉的主粮产品为农业多元化发展提供原料（供工薪劳动力购买的产品和供畜牧业发展的饲料）。

要制定正确的贸易政策还需要考虑一个问题，就是贸易政策本身能激起供给侧多大反应。通常认为贸易和价格政策会一同影响生产者价格。但是，这里有一个前提，就是价格传导作用大，而且小农户广泛参与市场活动——即市场之间有紧密联系而且生产者在市场上很活跃（Barrett，2010）。如果不具备这样的条件，贸易政策的影响可能很小（对贸易支持措施而言也有类似情况）。

产出品的价格的确受到政策和制度环境的影响，但是，边境措施/贸易措施都仅仅是对进口竞争型产业支持体系的一部分。必须要承认，很多时候无法判断边境措施到底有多大作用。举例来说，许多农村地区的主粮生产者都被认为是与进口竞争绝缘的。因为进口价格和当地生产价格差价巨大，有没有关税保护都一样（类似于自然保护）。在这些地区，减少造成利润损失的因素，比如通过完善基础设施建设，更能够明显提高产量，并且减少农村市场风险和运输成本。分析决定供给侧不同反应的关键因素，才能正确评价干预性支持政策和机制的影响。

4 结论

本章的核心是引导政策制定者和研究者重新考虑如何制定正确的贸易政策。前面已经分析了为何应重新考量有关出口促进与进口替代的争论。二者并不是完全不相容的。事实上，它们都是政策需要的，究竟倾向哪一个，则要根据一国经济结构转型发展阶段以及农业和农业贸易在此过程中的作用来确定。

经济结构转型是个动态的过程，而在此过程中，贸易政策尤其是政策工具的选择也会变化。政策制定者面对的挑战是如何引导而非跟从这一进程。有关经济结构转型各个阶段的正确贸易政策选择的研究不多，有关现有及潜在的多双边协议对贸易政策效果影响的研究也比较少。当达到或者跨过了NRA从正值到负值的转化门槛时，政策制定者应该对如何制定和实施贸易及贸易相关政策有更深刻的了解。他们还需要利用对因地制宜实施贸易政策有所助益的那些贸易规则和相关机制。

大部分国家在设计运用贸易政策方面都更加精细，现在贸易政策的关注逐渐集中在一小部分战略产品上。HS-6编码的600多个关税细目产品（HS-4编码则为200多个）的实施关税水平都较低且保持长期稳定，其他干预性措施也很少。换而言之，大部分贸易干预措施都集中在很小一部分农产品子集上。在多哈回合谈判中，成员国的关注也主要集中在敏感和特殊产品等小部分农产品子集的规范以及有效的农产品特殊保障机制的建立等问题，而非研究普遍的降税模式上。

参 考 文 献

Ahmed，N.，Bakht，Z.，Dorosh，P. & Shahabuddin，Q.（2009）."Bangladesh"，*in* Anderson, K. & Martin, W. (eds.) *Distortions to Agricultural Incentives in Asia*, The World Bank, Washington, D. C.

Anderson, K. (ed) (2009). *Distortions to Agricultural Incentives: A Global Perspective, 1955—2007*. Palgrave Macmillan and the World Bank.

Bandara, J. & Jayasuriya, S. (2009). "Sri Lanka", in K. Anderson and W. Martin (eds.) *Distortions to Agricultural Incentives in Asia*, The World Bank, Washington, D. C.

Barret, C. (2010). "Smallholder market participation: concepts and evidence from Eastern and Southern Africa". In Sarris and Morrison (eds) *Food Security in Africa: Market and Trade Policy for Staple Foods in Eastern and Southern Africa*. FAO and Edward Elgar.

Brooks, J. , Croppenstedt, A. & Aggrey – Fynn, E. (2009). "Ghana", *in* Kym Anderson and W. Masters (ed). *Distortions to Agricultural Incentives in Africa*, The World Bank, Washington, D. C.

Buffie, E. F. (2010). "Trade, agriculture and optimal commercial policy in Eastern and Southern Africa", *in* A. Sarris and J. Morrison (ed). *Food Security in Africa: Market and Trade Policy for Staple Foods in Eastern and Southern Africa*. FAO and Edward Elgar.

Dawe, D. (2010). "Can the next rice crisis be prevented?" Chapter 17 *in* Dawe, D. (ed.) *The Rice Crisis: Markets, Policies and Food Security*, FAO and Earthscan.

Diao, X. & Hazell, P. (2004). Exploring market opportunities for African smallholders. 2020 Africa Conference Brief No. 6, IFPRI, Washington D. C.

Dorward, A. , Kydd, J. , Morrison, J. & Urey, I. (2004). A policy agenda for pro – poor agricultural growth. *World Development*, 32 (1): 73 – 89.

Dorward, A, Fan, S. , Kydd, J. , Lofgren, H. , Morrison, J. , Poulton, C. , Rao, N. , Smith, L. , Tchale, H. , Thorat, S. , Urey, I. , & Wobst, P. (2006). Institutions and economic policies for pro – poor agricultural growth. *DSGD Discussion Paper No.* 15. Washington DC: IFPRI.

FAO (2008a). "National policy responses to high food prices". *Economic and Social Perspectives Policy Brief*, No. 1. ES Department, FAO, Rome, July 2008. ftp: // ftp. fao. org/docrep/fao/011/aj221e/.

FAO (2008b). "The breakdown of the Doha Round negotiations – what does it mean for dealing with soaring food prices?". *Economic and Social Perspectives Policy Brief*, No. 3. ES Department, FAO, Rome, August 2008.

Hazell, P. (2006). Transformations in agriculture and the impacts on rural development. Paper prepared for a conference on *Beyond agriculture: the promise of the rural economy for growth and poverty reduction*. January 16 – 18, 2006. FAO, Rome.

Jha, V. (2008). *Import substitution versus export promotion in the DTIS for LDCs*. Study conducted for Trade and Markets Division, FAO.

Krueger, A., Schiff, M., & Valdes, A. (1988). Agricultural incentives in developing countries: measuring the effect of sectoral and economy-wide policies. *World Bank Economic Review*, 2 (3): 255-271.

Morrison, J., & Sarris, A. (2007). Determining the appropriate level of import protection consistent with agriculture led development in the advancement of poverty reduction and improved food security, in J. Morrison and A. Sarris (eds). *WTO rules for agriculture compatible with development*, 2007, FAO, Rome.

Morrissey, O. (2007). What types of WTO-compatible trade policies are appropriate for different stages of development?, in J. Morrison and A. Sarris, eds. 2007. *WTO rules for agriculture compatible with development*, 2007, Rome: FAO.

Morrissey, O., & Vincent, L. (2009). "Tanzania", in K. Anderson and W. Masters (ed) *Distortions to Agricultural Incentives in Africa*, The World Bank, Washington, D. C.

Sarris, A. & Morrison, J. (eds.) (2010). *Food Security in Africa: Market and Trade Policy for Staple Foods in Eastern and Southern Africa*. FAO and Edward Elgar.

Sharma, R., (2002). *The transmission of world price signals: concepts, issues and some evidence from Asian cereal markets*, OECD Global Forum on Agriculture, Paris: OECD.

Sharma, R. & Morrison, J. (2009). *Trade Policy for Agricultural Development and Food Security: Reflections from Asia*. Paper presented at Asia-Pacific Trade Economists' Conference on Trade-Led Growth in Times of Crisis, Bangkok, November 2009.

Thomas, H. & Morrison, J. (2006). Trade related reforms and food security: synthesis of case study findings. In H. Thomas (ed.). *Trade reforms and food security: Case studies and synthesis*. FAO, Rome. ftp: //ftp. fao. org/docrep/fao/009/a0581e/a0581e00. pdf.

Timmer, P. (2005). Food security and economic growth: an Asian Perspective. H. W. Arndt Memorial Lecture, Australian National University, Canberra (November 22). in Asian-Pacific Economic Literature, Vol. 19, 1-27.

Timmer, P. (2009). Agricultural trade policy during structural transformation, in A. Sarris and J. Morrison. eds. The evolving structure of world agricultural trade: implications for trade policy and trade agreements. Rome: FAO.

Timmer, P., & Dawe, D. (2007). Managing food price instability in Asia: a macro food security perspective, Asian Economic Journal, 21 (1): 1-18.

第三章　发展战略中的贸易主流化
——国家案例综合研究

Ramesh Sharma 和 Jamie Morrison

1 概况介绍

本章将综合分析在发展政策框架，尤其是 PRSP 中实现贸易政策主流化的相关问题。关于 PRSP 背景下贸易主流化的概念和内涵究竟是什么，相关文献有大量含混之处。在对 5 个国家进行案例分析的背景研究过程中，有必要对其加以澄清。事实上，概念的模糊正是相关研究总得出 PRSP 中贸易主流化成果相当有限这一结论的原因之一。第 2 节 2.1 部分会对贸易主流化概念做出说明。

2.2 部分会概括已有 PRSP 评价研究对贸易主流化问题的主要观点，这些研究指出，PRSP 中贸易主流化工作存在若干不足，不过更近期的 PRSP 已有所改善。作为 5 个国家案例分析的背景研究，这部分会归纳和讨论贸易主流化的概念及存在的不足。第 3 节介绍 5 个案例的分析研究，包括使用的分析方法，采信使用的信息以及关注的问题等。第 4 节选取了几个方面来讨论如何在未来的 PRSP 及相关文件中完善贸易政策主流化工作。

2 贸易主流化——概念和问题

2.1 什么是贸易主流化

文献中缺少对贸易主流化清晰、有用的定义。这方面研究的一个重要贡献来自联合国非洲经济委员会（UNECA），它发表过相关的专题研究报告和国家案例研究。在它的专题研究报告（2004）中，对主流化的定义是"对国家发展战略中贸易政策主流化具有操作意义的定义是，在政府部门和机构间推广相辅相成的政策行动，为实现商定的发展目标发挥协同效应……所以，更深刻理解怎样运用贸易政策才能在整个系统中全面弥补和强化贸易活动对实现更好的发展目标至关重要。"不过，报告没有进一步在操作方面进行阐述。该系列研究中的坦桑尼亚案例（Wangwe 等，2007）也有个有趣的发现："在发展战略中实现贸易主流化有个假设前提，就是贸易政策和以发展为目标的贸易管理将取代自由贸易时代。"根据这种观点，贸易主流化实际上是主动利用贸易政策为实现发展目标而进行贸易管理，而不仅仅是贸易自由化问题。

在某个关于贸易主流化的专家研讨会上，Rahman（2004）也在发言中提到了有关贸易主流化概念的几个有趣的话题：①在国家发展计划和战略大背景下反思贸易政策和行动优先领域的过程；②在主要利益关系群体间进行讨价还价的过程；③努力在贸易自由化和配套政策间达到适当平衡；④在减贫对话中引入贸易问题；⑤在发展讨论中提高贸易地位。

世界银行的扶贫战略文件（PRSP）资料大全（世界银行，2002）是一部用来帮助各国制定 PRSP 的出版物。该出版物有关贸易政策的章节（第13章）提供了众多有关贸易问题的简述，包括贸易政策工具和机制、关税制度、非关税贸易壁垒、出口补贴和税收、出口加工区、区域贸易协定（RTA）、辅助性政策等。这些介绍很有用，但是这章没有具体说明这些具体贸易政策如何成为完整、主流化的行业政策体系。产生这一问题的原因是这本书没有专门的章节分析农业和工业等生产部门的情况，而贸易主流化在这些部门又是最相关的问题。

基于有限的信息资源，能够得到的普遍共识是——正如 UNECA 定义的——主流化就是以避免矛盾的、战略和贸易政策相一致的方式制定 PRSP 的过程。同时，应该重视 Rahman 的观点，即贸易主流化还要在贸易自由化和相关配套政策间找到合理平衡。其潜藏的含义是，贸易自由化的程度要与配套政策落实的能力相关联。这一理念对分析其他贸易支持措施也很重要。Wangwe 等的观点也很有趣，因为他们认为主流化是为实现发展目标主动管理贸易政策的过程。

在样本国家案例研究中，笔者注意到了上述贸易主流化的定义，并且将从分析切实可行的贸易主流化方式的角度出发，对它们进行研究。这并不容易。最后，笔者确定了一个两步走的方法：①首先，好好研读各国的贸易政策框架，从 PRSP 开始，以研究贸易和相关政策在这些框架中如何被提及和设计；②其次，对选定的争议性更大的政策领域，研究不同政策框架对这些问题采取或者不采取的立场，一方面研究其一致或者协同性，一方面研究其差异或者矛盾。这种两步走的方法与上述 UNECA 研究使用的方法类似。

2.2　贸易主流化要解决的问题

PRSP 是世界银行（WB）和国际货币基金组织（IMF）等国际机构、双边捐赠项目、非政府组织及研究者评价研究的对象。这些研究对其缺点有相当高的共识，比如行业政策主流化不足，PRSP 包容性和参与性不够，贸易与贫困的关系没有得到重视等。

关于贸易主流化，有几个重要研究成果需要留意。英国海外发展研究所（ODI）曾经做过与 PRSP 中贸易内容有关的相当全面的研究（Hewitt 和 Gillson，2003），涵盖了 17 个样本国家，分析了 PRSP 和相关文件中有关贸易、PRSP 和贫困的 6 个重要问题，该研究后来又被 Ladd（2003）进行了归纳总结。另一个涉及相同领域的重要研究来自荷兰 NOVIB（van der Borgh 和 Bieckmann，2002），该研究同时涉及 PRSP 文件和 WB/IMF 贷款相关文件，重点研究在 PRSP 中贸易政策社会影响分析（PSIA）的地位。联合国贸易和发展会议（UNCTAD）在其 2002 年最不发达国家（LDC）报告中

（UNCTAD, 2002）研究了非洲国家近 30 个 PRSP 案例，这一研究后来又被乐施会/牛津饥荒救济委员会（Oxfam）贸易与扶贫战略项目进一步推进。

上述研究得出的最主要结论包括：

（1）PRSP 文件中涉及贸易政策问题的很少。

（2）尽管一再强调农业对发展和减贫的重要意义，这些文件对农业贸易问题提及的很少。

（3）PRSP 文件似乎很少考虑替代性的观点和立场，所以这些文件中的建议总是"一刀切"（比如总是要求贸易更加自由化，不成比例地强调出口，对其他贸易问题、进口问题和食品问题不关注）。

（4）在这些文件中很少能找到对贸易与减贫问题关系的分析，包括 PSIA 分析。

（5）大部分开展了对利益相关群体的咨询，但是咨询质量不高，一是利益相关群体覆盖范围不够（有时连相关政府部门的意见都没征求全面），二是准备不充分，这也解释了为什么文件中很少提及替代性贸易政策。

（6）国家所有制性质的主体参与 PRSP 制定过程带来复杂的影响——这也是导致相关方质疑制定过程到底在由谁主导的原因。

上述研究的主要对象都是旧的，或者第一代的 PRSP。作为债务减免和优惠贷款条件的一种新形式，第一代 PRSP 出现于 1999 年。当时将重点集中在社会领域（比如健康和教育等），以此作为减少贫困的途径。也许正因如此，其中缺少有关发展和贸易的内容。随着更近期的 PRSP 将关注重点转移到发展问题，转移到生产性领域，如农业和工业上来，情况有所改变。比较新的一个 ODI 研究（Driscoll 等，2007）涵盖了 6 个近期的非洲 PRSP，研究发现新近 PRSP 中明显涉及更多的贸易问题，但是其分析质量依旧不高。这些 PRSP 无法充分考虑替代性立场和政策选择，也没有分析贸易和减贫之间到底是什么关系。同样的，其中的贸易政策依旧是不平衡的，总是主要关注出口促进，而忽略更加广泛的贸易问题。另外，尽管区域性政策的影响被证明正在不断扩大，但这些 PRSP 都很少关注如何结合区域性政策来提高国家竞争力和促进贸易。

3 案例研究介绍

国家案例研究的内容包括：①通过对专家和利益相关群体的咨询分析主流化的含义；②研究相关政策文件，尤其是 PRSP 和贸易、农业政策文件，一方面研究其一致或者协同性，一方面研究其差异或者矛盾；③就主流化提出意见建议。下面先简要介绍 5 个样本国的案例研究，随后讨论改进建议。

加纳案例研究，分析了一系列政策文件：2006 年 PRSP（GPRSⅡ），国家贸易政策，农业政策即加纳食品和农业部门发展政策Ⅱ（ASDEPⅡ）以及两个 ECOWAS 区域政策。GPRSⅡ围绕三大支柱展开，农业主导型发展模式是第一支柱中经济发展和减贫的战略核心。

研究总结，整体来讲加纳政策框架对贸易的定位具有高度的一致性或称主流化，这在很大程度上得益于 GPRSⅡ确定的农业主导型发展战略。与此对应，加纳的贸易政策显示出较好的平衡，同时支持两个平行的战略，一个是"出口带动型增长"，另一个是"基于进口竞争的国内市场引领型产业化"。主要因为第二个平行战略，贸易政策也与农业和农工业相匹配。贸易政策为这些生产部门提供了必不可少的措施工具，比如有选择性的保护措施、针对战略性产品及其分支的发展促进措施以及针对进口激增干扰采取的保障措施等。在制定统一和主流化的贸易政策方面，加纳向其他国家提供了很好的示范。

加纳在 ECOWAS 政策，尤其是共同对外关税和西非国家经济共同体区域性农业政策（ECOWAP）最终敲定前就制定了国家政策。所以，该国需要调整国家政策确保其与区域性政策相一致。研究发现，二者潜在不一致之处包括国家自给率目标（尤其是大米自给率目标）、ECOWAS 敏感产品列表中的战略产品清单、关税同盟下的国家粮食储备和价格稳定政策。

坦桑尼亚案例研究针对 7 个贸易政策文件，包括 5 个国家政策（PRSP、贸易政策、DTIS、农业政策和农业第一政策——新 Kilimo Kwanza）和 2 个区域性政策（EAC 贸易政策和 EAC 粮食安全战略）。该国 2005 年的 PRSP（坦桑尼亚增长和扶贫战略）与其他国家不同，因为它采取了一种以成果为判定基础的策略，也就是先确定要得到什么样的成果，之后才依此确定战略、干预措施、实施主体等。贸易和农业问题作为第一类或称首要问题来确定期望的结果。该国贸易政策的一个重要特点是，认为对外贸易应该刺激本国国内生产和竞争力提升。这是一个很重要的信息，但是没有被充分阐述。

除了这一信息，NSGRP 本身对贸易问题的涉及很有限。ODI 的研究也这样认为（Driscoll 等，2007）。该研究发现，与其研究的其他 PRSP 相比，NSGRP 明显缺少贸易相关性特征。尽管涉及的贸易问题不多，但 NSGRP 的确提及了该国的贸易政策及其实施问题。因此，该国案例研究需要回答一个问题：在已经另有完整的贸易措施的前提下，PRSP 在多大程度上还需要对贸易问题进行阐述。

坦桑尼亚案例研究集中于 5 个问题：确定"战略意义"产品、针对进口竞争产品实施保护和保障措施、粮食储备的作用、出口征税与激励措施、国内补贴与激励措施。总体而言，对该国政策统一性研究得到的结果比较混杂，未来还有较大的政策修订完善空间。

尼泊尔案例研究涉及至少 5 个关键文件，PRSP 和贸易政策（以及 2003

和 2020 年 DTIS)、农业政策、农业经营政策、粮食安全政策和农工业部门政策。尼泊尔的 PRSP 与其他国家不同，它是一个阶段性计划（第 11 期计划），其表述和内容与之前几期计划相似，涵盖大量针对具体部门的章节。这一特征让其贸易政策主流化工作，比如保证政策间协同统一变得更加困难。研究发现，尽管各项政策有相同的愿景和目标，贸易政策和产业部门政策间依旧不可避免地存在实质性脱节问题。

该国贸易政策以及两个 DTIS 的重点都绝对集中于出口，而未对进口问题作任何阐述。农业和工业政策比较平衡。即使在贸易政策与 2010 年 DTIS 之间，也存在特殊和优先产品清单不一致的情况。2009 贸易政策列出了 19 类出口产品，其中 9 类是农产品，而尽管几乎所有农产品都列在农业的产业部门政策中，农业和农业经济政策却没有列明上述这些特殊和优先产品。案例研究提出一个问题，就是是否应在贸易政策中列出隶属于农业等产业政策范畴的优先级产品。这对公共资源，包括投资和激励政策的优化分配至关重要。PRSP 的设计也存在问题，即 PRSP 应该与传统计划模式类似，还是应该像加纳或者坦桑尼亚 PRSP 那样集中关注 2～3 个目标或者结果。

斯里兰卡案例着重于研究 20 世纪 90 年代末以来取得的经验。通过研究 PRSP 以及与 PRSP 类似的政策框架，研究分析政治进程如何对这些文件的目标定位和政策设计产生影响。举例来说，有些政策提案，尽管其主要目标是加强对减贫问题的关注，但和从前一样，其提出的措施还是更多倾向于解决出口和经济自由化问题。这些提案一经提出立刻受到民间团体的指责。

大约在 2005 年前后，该国政治立场的平衡从之前几乎排他性地关注自由化贸易政策和出口导向型增长转向同时关注非出口农产品生产、减贫和发挥政府职能的战略。这种战略转变反应在现行的 PRSP（2006—2016 十年发展框架）中。这种战略要求将注意力重新转移到农业产业、必要的进口替代、政府职能进一步发挥和更加精确主动的贸易政策上，同时依旧肯定自由化政策对发展也是必要的。

尽管新的 PRSP 强调建立稳定和透明的农产品贸易政策，近年该国的政策却相当不稳定（关税经常变化）。这刚好指出了贸易政策主流化面对的一些挑战。出现这一情况的原因可能是过度依赖贸易工具来同时解决过多经济主体的利益问题（生产者、消费者、加工企业），而没有好好考虑可做替代的非贸易工具。这也证明了由同一个主体统筹和统一制定贸易和产业（农业和工业）政策的重要性。

孟加拉国案例分析研究了其在最近一系列文件中的贸易政策立场：包括过渡期 PRSP 和 2004 年 PRSP、进出口政令、国家食品政策。研究内容之一是更近期的 PRSP 是否更关注贸易政策。过渡期 PRSP 是在时间紧迫的情况下出台的，所以缺乏足够协商咨询，有一些缺漏，其中一项缺漏就是没有关注未来的贸易政策。

该国 PRSP 和两个政令的贸易关注完全集中在支持特定的出口类产品，以创造更多就业机会和消除贫困上。从这个角度讲，这几个文件相互支持、立场一致。但是当涉及食品、农业、农工业时，它们的规定都相当有限。国家食品政策专注解决这些产业的发展问题，但它不可能替代产业发展所需要的来自贸易政策的支持。从这个角度讲，这两套政策文件是脱节的。缺少部门间对话和利益集团咨询是造成脱节的主要原因。尽管无法得到公开文件来分析政策制定过程中出现的（以及被忽略的）问题，但背景研究可以支持这一结论。

4　结论——实现主流化的贸易政策框架

2.2 列出了贸易主流化要解决的几个问题，这正是进行国家案例研究时需要分析解答的。在背景研究中，又发现了一些附加的问题。通过总结这些国家案例研究成果，下面将针对如何改善贸易政策主流化相关工作概括性地提出几点重要建议。首先，会针对两个实质性问题，即 PRSP 中贸易内容的涵盖范围和 PRSP 中贸易主流化问题提出建议；随后，还会提出三个额外建议。

（1）连续性的贸易政策制定进程有利于主流化

现代社会的贸易议程更加复杂。WTO 乌拉圭回合谈判成果形成的法律性文件有足足 558 页。仅仅作为一项协议，多哈回合谈判达成的农业协定就长达 108 页。同样的，贸易援助的范围也非常广泛。一个国家的贸易政策也总是试图涵盖各种事项。

并不是贸易议程的所有内容都导致争议、分歧巨大，主流化也并不是每个单独政策都面临的挑战和问题。举例来说，贸易议题涵盖众多政策内容，包括贸易便利化（如更好的海关措施）、SPS/TBT 措施（提高食品标准要求）、绿箱措施（水利设施、科技研发、培训教育）、知识产权问题、贸易促进行动、与贸易有关的立法问题、贸易谈判等。这些内容大都是任何国家开展经济活动所必需的、并不偏向于任何单独产业的、发展性的措施和服务。因此，涉及这些政策时很容易达成某种共识。比如，政府应该提供公共服务或者让这些服务便利化（而且越多越好）。在这些领域，真正的问题是，在资源有限的情况下，如何在各项措施、服务中排出优先序，而不是是否应采取措施或者提供服务。

但是，针对另外一些与贸易有关的措施，比如关税和保护措施、出口税和国内支持，情况就大不一样了。这些是导致国家间和多哈回合谈判分歧的关键点。这些容易引发争议的措施有两个特征：①从其性质上讲，这些措施就容易引起社会分歧；②这些措施本身都有明显的行业或者产业针对性（比如大米产业保护措施，水果行业补贴措施等）。5 个案例中很多有关主流化的争议都与政策措施的这两种特性有关。

举例来说，研究中不断发现，国家贸易政策总是不成比例地集中在出口上，而对进口竞争性产业（食品业，农工业）的关心则少得多。相比之下，农业政策和农工业政策，以及从很大程度上讲，PRSP 政策对二者的重视就平衡多了。正因如此，加纳 2004 年贸易政策认为，对进口的限制政策可以为被保护产业部门带来更多投资，而加纳在这些部门具有较大的竞争潜力。勒纳对称定理可能是加纳这一观点的来源，该定理的核心就是（基于一些假设）在完全的出口导向型贸易领域，根本不应该有针对进口的贸易保护措施存在。当某国一个政策文件宣扬极度出口导向的政策形式，而另一个政策文件却反对这种观念时，就产生了混乱和冲突。好在在加纳的案例里，政府的贸易政策没有将这一观点推到极致，而且政府也出台了涉及进口竞争产品的贸易政策。PRSP 需要在有分歧的事项上提供明确的立场，这是很重要的，因为只有这样，其下的各项分类政策才不互相冲突，而是协调作用支持共同的政策立场。

这些国家案例研究提供的一个重要结论是，当制定生产性部门的贸易政策时，如果有前后衔接的连续性政策制定过程，可以明显提高贸易政策的主流化。首先，PRSP 应该就产业部门的发展提供清晰的指向，但是要求它涉及细节并不现实。所以，在现实中，主流化过程应该从部门政策（农业、农工业）入手。只有这样才能确定产业对贸易侧支持的特定需求，包括对贸易政策的需求（比如针对产业链的恰当关税结构）以及支持措施的需求（比如投资、激励措施）等。部门政策还应该花些篇幅来明确产品和行业的优先顺序。明确的优先标准同样是必需的，所以也应该在 PRSP 中做出规定。这类标准应该包括，比如，对经济发展和减贫以及粮食安全的贡献能力、上下游产业链影响能力（如尼泊尔的 PRSP）、政策包容性等[①]。只有在确定了这一系列的细节之后，才能制定有针对性的支持性贸易政策。通过这种连续性的过程，可以将案例研究反映的贸易政策主流化所遇问题最小化。举例来说，缺乏这种连续性是 3～4 个国家的政策框架中出现好几个各不相同的战略产品和优先产品名单的原因。这也是贸易政策总缺乏对进口的关注，而 PRSP 和部门政策对进口关注更充分的原因。

有两个例子可以具体说明这种方法。在 WTO 确定特殊农业产品时，发展目标成为首先要明确的事项（如粮食和生计安全、农村发展等）。同时，要考

---

① 经常可以在国家贸易政策和其他政策文件中找到诸如"将在贸易比较优势基础上明确产品和行业"甚至"政府将根据明确透明的标准对战略性生产部门提供支持政策"，但是，很少在实践中阐释这些表述到底是什么意思。

虑这些产品的生产行业应对进一步关税削减的能力，也就是产业的脆弱性。尽管多哈回合关于特殊产品的谈判仅限于关税领域，可以预期，成员国也会特别考虑针对这些产品的发展支持政策（这也的确是多哈回合谈判发展箱最初提议的潜在理念）。这一过程的最后一环是贸易部门为了实现上述需求制定支持性贸易政策，以及就所需要的政策空间进行 WTO 谈判。希望这也可以成为区域贸易协定（RTA）制定负面清单时采取的步骤。

另一个范例是 20 世纪 60～70 年代制定欧盟农业贸易政策的步骤。这个进程始于共同农业政策（CAP）。基于 CAP 的目标和定位需要，随后制定了一系列专门的贸易政策。当 CAP 政策被修改时（比如 1992 年和 2003 年），这些贸易政策也做出了相应调整。欧盟确定了特定的程序，保证贸易政策与农业政策协调一致。

（2）完善 PRSP 中的贸易内容

除了确保贸易主流化，另一个需要解决的问题是 PRSP 中应该涵盖多少、涵盖什么范围的贸易内容。这也是样本国案例研究的重点之一，并在 PRSP 评估分析中得到进一步阐述（详见 2.2）。研究主要分析了样本国在这一领域存在的四个突出问题：①在 PRSP 中甚少涉及贸易内容（农业贸易内容尤其少）；②很少有证据证明制定政策时考虑了替代性方案和替代性措施；③对进口和出口需求的关注不平衡，经常把"贸易"直接理解成"出口"；④政策选择时没有充分考虑贸易和减贫的关系。Driscol 等人 2007 年的研究围绕 16 个贸易相关问题展开，这与 Hewitt 和 Gillson（2003）研究中的做法类似。

作为一种顶层设计，PRSP 总是涵盖众多问题、涉及众多领域，所以它能够分配给贸易内容的篇幅有限。这也解释了为什么一个国家总是在制定 PRSP 以外还要制定贸易政策。在对样本国的案例研究中发现，除了尼泊尔，各国 PRSP 都没有专章论述贸易内容，但是都在多处（一般是 4～5 处）涉及了贸易内容。有关贸易的内容尤其常见于宏观经济部分、私人部门竞争力部分、国际经济外交部分、行业政策部分（比如农业和工业）。很难说这样的表述是否足够。从样本国案例分析可以发现，贸易内容是否充分，不在于 PRSP 给它多少篇幅和表述，而在于这些表述的质量如何。最理想的状态是，PRSP 对贸易战略和核心贸易问题提出方向性指导，而具体问题交给具体贸易政策解决。举例来说，从贸易内容篇幅和表述分析，加纳的 PRSP 比其他三个国家（不包括尼泊尔）[①] 更加成功，坦桑尼亚 PRSP 的贸易篇幅比加纳少得多，但是两国的

---

① 尼泊尔的 PRSP 是一种传统的阶段性计划，所以它包含了许多分部门章节，也包括了专门的贸易章节。这与大部分国家的 PRSP 都是不一样的。对尼泊尔进行的案例研究显示，这种制定方式令贸易主流化更加困难。

PRSP 都被认为比其他样本国好。这基于一个很重要的原因——两国制定的贸易战略是全面平衡的，对出口的国内市场刺激作用和进口替代性行业的重要性给予同样的重视。加纳的"农业主导型发展战略"和两个平行战略尤其突出了这一点。

针对上面提到的第四个问题，案例研究发现 PRSP（以及国家贸易政策）对贸易与减贫关系的研究在战略制定和政策选择中总是被忽略。Driscoll 等人对 6 个 PRSP 的研究也得到了同样结论。于是，PRSP 应该在什么范围、涉及多少贸易与减贫内容，又成为需要解决的问题。理想的状况是，PRSP 从开始就是在贫困与社会影响分析（PSIA）的基础上制定的，这种分析应该包括对利益相关群体的咨询。这样做不但能令政策制定的立场更广泛，还能识别对经济增长和减贫贡献最大的潜在产品和行业部门，并将它们作为发展战略的重点。案例研究得到的结论是，尽管 PRSP 不可能利用大量篇幅开展此类对比分析，PRSP 制定部门至少应该归纳和引用这一领域已有研究成果，以此支持PRSP 中采取某项方案或者不采取某项方案的决策。同时，应将研究文献提供给公众知晓，这点至关重要。尽管在自由经济政策领域已经积累了 20 年左右的经验，关于贸易与减贫之间关系的争论还在持续。PRSP（以及国家贸易政策）需要证明社会中存在的这种争论已经被充分考虑。这样做的好处是防止每届新政府都对 PRSP 和贸易政策进行调整甚至逆转，从而提高政策框架的延续性。有效的利益相关群体咨询在这一过程中非常重要。

鉴于区域贸易协定（RTA）和区域贸易政策的重要性日益突出，样本国案例研究也对 PRSP、国家贸易及相关政策对区域贸易安排的反应进行了分析。总体来讲，研究发现样本国 PRSP 和国家贸易政策对区域贸易安排和贸易政策的反应不足。出现这一问题的原因是部分国家的现行 PRSP 和国家贸易政策的出台时间要早于区域贸易协定和政策的缔结时间（比如加纳参加的 ECO-WAS CET 和 ECOWAP，坦桑尼亚参加的 EAC 关税同盟等）。在南亚地区，南亚自贸协定（SAFTA）对贸易的影响被认为不值得过分关注。尼泊尔与印度间有数量和数额巨大的双边贸易，所以尼泊尔 PRSP 和贸易政策应该给予SAFTA 足够的重视，但实际上尼泊尔没有这样做。研究得出的结论是，各国贸易政策框架应该给予区域性贸易问题更多应有的关注。Driscoll 等人的 6 个PRSP 研究也给出了同样的结论。

（3）完善特殊待遇战略或者优先产品认定过程

五个样本国以及很多其他国家的政策文件都证明，政府喜欢促进目标行业和产品，尤其是出口型产品的发展。加纳、坦桑尼亚和尼泊尔都有明确的相关文件。加纳的 GPRSⅡ 和贸易政策中，这种政策选择多次出现并被冠以不同的名称——比如战略出口产品、总统倡议产品、促进竞争优势新领域发展（棉花、油棕榈、木薯淀粉等）、辨别和定位的特定发展行业、以选择性干预稳定物价的战略产品。ECOWAP/非洲农业全面发展项目（CAADP）协约同样列出了几种产品（小米/高粱、玉米和大米、块根和块茎产品、水果和蔬菜产品、肉类和乳制品）作为区域性价值链内部贸易产品。正如上文第 3 部分所述，尼泊尔的贸易政策定位了 19 种出口产品，其中 9 种是农产品。在坦桑尼亚案例中，PRSP 要求针对特殊产品/服务制定具体的发展战略，产品选择基于竞争优势。Kilimo Kwanza 也支持这样的战略和优先选择。不过其他的政策框架，比如农业政策、DTIS 和贸易政策都没有这样明确和有针对性。EAC 也列出了 31 个敏感性农产品关税细目。

对于这种战略，研究团队认为：第一，至关重要的是，所有政策框架都支持同一立场；同时，也很重要的是，它们都指向同一个或者至少是很类似的清单。第二，这类产品的数量应该大大缩减，避免"特殊待遇"过度分散滥用。第三，确定这类产品的标准应该非常明确，尤其重要的是要在 PRSP 中非常明确，这样做的意义首先是避免在每届新政府上台后对产品清单进行修改，其次是避免政府因政治压力而对某些产品进行特别关照。第四，无论是在政策（比如关税保护、出口税、增值税）还是投资政策方面，在价值链各个环节，都没有对这类产品的"特殊待遇"到底是什么给出确切、清晰的说法。

（4）与利益相关群体的协商应该更加高效以推进贸易主流化

如今对利益相关群体进行咨询已经成为政策制定的常规程序，但真正决定其效果的是这些咨询的"质量"。所有的案例研究，包括那些对贸易政策及支持政策的研究，都在不同范围内提到了咨询程序。案例研究也都花了大力气来评价利益相关群体咨询的质量如何。此外，对尼泊尔和斯里兰卡的案例研究中，还专门针对咨询过程中的分析和证据采信进行了背景研究。

总结起来，尽管大量对利益相关群体进行咨询的会议日期和地点都是可得的，但几乎没有关于它们质量和效果的记录（可供研究的）。在加纳的案例中，制定贸易政策之前准备了一份"备选"文件，记录了很多有关贸易问题的替代性立场、观点（比如，是否要对出口征税）。在对五个样本国进行背景研究时，利益相关群体都在此类咨询会议中提出了不同的替代性措施建议。由此可见，参会不同利益群体对相关贸易事项的确有不同的意见。但是，在正式的咨询会上，这些意见有时并不被听取，所以，真正的问题出在咨询之后的环节。有两个问题特别值得注意：首先，要确保咨询范围的广度，也就是说，会议应该邀请所有持不同意见的重要利益相关群体参加。其次，咨询会议组织者应该做好功课，也就是要准备好简报或者报告，阐述所有的备选或者替代性方案和措施，并分析它们的含义。组织者还应确保所有利益相关群体在咨询前得到这些简报或者报告。

这类问题同样存在于部际或者机构间咨询会议中。案例研究显示，除了主导或者牵头部门或者机构，其他部门和机构的参与"质量"一般都较低。这其中有多重原因——参与会议的部门对咨询内容兴趣有限，参会的官员级别有限（比如当一个部门的官员为低位级官员，其他部门官员都是高位级时，前者参与讨论的机会可能较小），因为没有好好准备所以对咨询问题根本不熟悉，缺乏背景情况分析等。这是五个样本国都存在的系统性缺陷，也是很难克服的缺陷。

（5）对不同国家贸易政策文件中相关术语澄清的需要

案例研究发现，造成国家贸易政策间不一致的原因之一，是政策文件中使用了一些本身没有清晰界定的概念和术语，导致这些概念和术语被不同的利益相关方，包括不同的政府部门和私营部门进行了差异较大的解读。比如，"贸易比较和竞争优势"这个短语被所有五个样本国的贸易政策文件所使用，但是没有一个政策文件对它的概念进行明晰。还有"粮食安全"这个概念，可能是最常见的造成理解分歧的概念。一部分人认为它的含义是食品的自给自足，另一部分人则认为它的含义是家庭有经济能力获得足够食物。这两类不同的认识会导致明显的政策差异。根据前一种理解，一个国家的贸易政策文件就会指出出口限制措施是保证粮食安全的需要。ECOWAP还在没有明确定义的情况下使用了"粮食主权"这个概念。这个概念引发了有关贸易和粮食安全的大量分歧巨大的争议。当不同群体以不同方式解释同一概念时，贸易主流化会遭遇困难。

下面列出了部分经常出现在不同贸易政策文件中，却没有得到明确界定的概念和术语："保护敏感产业""维持适度保护水平""以部门为基础保护所有国内生产者""特殊、敏感和战略产品""为了社会利益可以采取非关税壁垒措施""粮食安全是验证出口控制措施合理的重要参考标准""政府将根据确定和透明的标准向战略生产部门提供支持""通过规模经济和技术进步提高农产品加工行业的竞争力"。

参 考 文 献

van der Borgh，C. & Bieckmann，F. （2002）. *Social Impact Analysis of Trade Reform in PRSPs and Loan - Related Documents*，Report prepared for NOVIB, the Netherlands, June 2002. http：//www. wereldinwoorden. nl/upload/prspnovib28aug2002. doc.

Driscoll，R. , Agha，Z. K. , Cali，M. & te Velde，D. W. （2007）. *Growth and Trade in*

Africa's Second Generation Poverty Reduction Strategies, Overseas Development Institute, London, July 2007.

Hewitt, A. & Gillson, I. (2003) . A Review of the Trade and Poverty Content in PRSPs and Loan - Related Documents, ODI, London, June 2003.

Ladd, P. (2003) . Too hot to handle? The absence of trade policy from PRSPs, Christian Aid, April 2003.

Oxfam (2004) . *From "Donorship" to Ownership? Moving Towards PRSP Round Two*, Oxfam Briefing Paper Number 51, January 2004. http: //www. un - ngls. org/cso/OxfamV1. pdf.

Rahman, T. (2006) . Concepts and Approaches to Mainstreaming TradeAd - HocExpert Group Meeting on Mainstreaming Trade into National Development Strategies 29 - 31 May, 2006 Casablanca, Morocco. www. uneca. org/eca.../trade.../Mainstreaming/concepts _ approches _ wto. ppt.

UNCTAD (2002) . The Least Developed Countries Report 2002: Escaping the Poverty Trap, UNCTAD, Geneva.

UNECA (2004) . *Mainstreaming Trade in National Development Strategies - An Issues Paper*, Document E/ECA/CM. 37/2, 8 April 2004, UNECA, Addis Ababa.

Wangwe, S. & Wanga, G. (2007) . "The process of trade mainstreaming into national development strategies in Tanzania", *ATPC Work In Progress*, No. 50, ATPC/AU, January 2007, Addis Ababa.

World Bank (2002) . *A Sourcebook for Poverty Reduction Strategies* (2 - *volume set*) . Edited by Jeni Klugman, World Bank.

第四章　与贸易有关的支持措施
——国家案例综合研究

Ramesh Sharma 和 Jamie Morrison

1　概况介绍

接着上面两章关于贸易政策和主流化的研究，本章将综合研究 5 个样本国与贸易相关的支持措施（TRSM）。与国别研究一样，这一章也需要与前两章结合起来看，因为 TRSM 也应该和一个国家的贸易政策及其他政策框架连贯一致。

下面会解释为什么进行案例研究时使用的是 TRSM 而不是更加耳熟能详的贸易援助（AfT）措施。第 3 节将具体介绍 5 个样本国的案例研究。第 4 节则会以经验总结或者完善 TRSM 制定过程建议的方式总结最重要的几点结论。这同时还是从国家层面对正在起步的全球 AfT 发起项目的一种支持。

2　案例研究中贸易相关支持措施的概念

本章案例研究中使用了 TRSM 而不是 AfT 这个术语。这样做主要出于两个原因，一是 AfT 专门指资金来自外部的对贸易的支持，而 TRSM 没有这种限制，泛指政府提供或者应该提供的一些支持措施，而不论资金来源。事实上，很多与贸易有关的激励措施或者补贴措施都是政府用自己的资源来支持的，没有理由将它们排除在分析范围之外。二是 TRSM 应该涵盖所有贸易产品，包括那些需要从贸易侧得到支持的进口产品，而 AfT 经常被认为是对出口的支持，尽管 2006 年 WTO 工作小组 AfT 报告中没有对其明确定义。在该报告中，有几处明确清楚地表述说 AfT 是针对出口的[①]，不过，从该报告强调发展和减贫这一目标，并且引用 PRSP 这一角度分析，也可以认为 AfT 的初衷是涵盖进出口所有领域的。

除了这两点，其实本章使用的 TRSM 和 AfT 的概念没有太大区别。因此，从范围上讲，WTO 的 AfT 工作小组报告中列出的 6 类 AfT 可以涵盖所有内容。其中的"建设生产能力"这一种类 AfT 完全涵盖了农业和工业，所以也不构成问题。同样，在底层具体方法层面，一国 AfT 在操作上也会要求 PRSP 和其他政策中明确制订支持措施。这种方法也同样适用于案例研究中 TRSM 的分析。

在国家案例研究中也会讨论 WTO 工作小组建议的 AfT 的定义及其外延，尤其是关于出口和利益相关群体咨询方面的内容。正如最近几个与 AfT 相关

---

① 比如，报告分析部分有以下表述："AfT 帮助发展中国家增加出口产品和服务的机会，让它们能够融入多边贸易体系中，并从贸易自由化和市场准入中获益。"

的研究报告指出的：要清楚界定什么措施属于 AfT，什么措施不是，并不是一个容易的任务。

3　五个案例研究的介绍

尽管关于 TRSM，5 个国家案例研究使用的参考文献相同，但由于 TRSM 数据可得性、可供研究和分析的材料范围、和利益相关群体咨询结果等因素的差异，国别研究报告间依旧存在差异。从某种意义上讲，这是有好处的，因为这能更好体现针对相关问题的不同视角。下面将从两个角度介绍这些研究：①信息和文件的采信使用；②研究报告的框架结构。以下是案例研究的主要信息来源：OECD/CRS 有关 AfT 的数据流、来自样本国本身的类似数据、贸易一体化诊断性研究（DTIS）、WTO 收到的国内支持和农业投资支出通报。所有案例都力求分析当前的 TRSM 和 AfT 的状态，但是正如下文指出的，对某些案例这是难以实现的。

从研究报告的框架结构来说，所有五个案例研究的基本分析框架是相同的，都是分析 TRSM 当前的制定过程以及如何确定优先顺序。这里的重点是"过程"而不是"数字"或者"数量"。相应的，研究从最核心的贸易政策分析开始。本文中最核心的贸易政策文件包括 PRSP 相关文件、贸易政策文件、农业工业和粮食安全文件。尽管在贸易主流化的案例研究中也用了类似方法，但此处关注的核心是支持措施、项目和计划。在这个大框架下，各案例研究可以自由确定研究思路和分析重点。所以，在各国案例研究完成后，会有一些区别。

尼泊尔的案例研究有两个主要部分。第一部分研究与贸易最相关的，一直以来由贸易部管理的 TRSM，研究资料主要来自国家贸易政策、两个 DTIS 和一体化框架/强化的一体化框架（IF/EIF）文件。第二部分重点关注农业，研究对象包括一个曾经实施，旨在发展几种符合市场和贸易需求的高价值产品的农业商业化项目，以及两个正在实施中的农业商业化项目。这些项目都是尼泊尔农业部负责实施的。这种一面研究贸易政策，一面研究农业项目的做法很有用，因为与那些被列为优先产品的农产品相关的贸易政策能否成功最终依赖于农业部实施的这些农业项目的效果。值得注意的是，在尼泊尔的政策制定过程中，要实现 TRSM 的主流化和优先化，还需要弥补一些缺陷、克服一些挑战。

在设计初始框架阶段，加纳的框架在战略层面上令人印象深刻，是 5 个样本国中最先进的。框架涵盖了一系列互相联系且绝大部分都保持一致性的政策——PRSP（GPRSⅡ）、贸易政策及其实施计划（贸易领域支持计划或者称为 TSSP）、农业政策（加纳食品和农业部门发展政策，FASDEPⅡ）及其实施计划。该 PRSP 的设计围绕明确的核心目标展开，所有的生产部门政策都基于该国"农业主导型发展战略"。所有的政策框架都强调了市场、竞争力和私营企业商业环境的重要作用。此外，与其他一些国家不同，加纳的政策框架足够突出食品生产的重要性。

加纳并不是不发达国家（LDC），所以没有 DTIS，但它的"加纳贸易领域支持项目（TSSP）"的作用原理与 DTIS 类似，所以弥补了 DTIS 的空缺。TSSP 指定了 26 项计划和众多项目。这些计划综合性很强，涵盖贸易发展各方面，包括进口方面。在农业领域，加纳的农业计划（2009—2015）制定了投资等细节。因为这些文件都是近期的，所以也与 GPRS II 相一致。由于这个原因，贸易政策在 GPRS II 中主流化的情形比其他样本国更好。在国家案例研究中发现的问题之一是：如何定位享受特殊待遇的"战略性"行业和产品。因为这些产品的名单太长，根本无法体现其在 TRSM 中优先地位。另外，也缺少对这些产品到底应该享受怎样特殊待遇的具体说明。在特殊和战略产品上，各国还有很多要做的工作。

坦桑尼亚案例研究的特点是充分利用贸易援助（AfT）和 TRSM 数据。研究涵盖 3 个数据来源：①OECD/CRS 数据；②国家层面 AfT/TRSM 的 DTIS 行动矩阵数据；③农业领域财政支出数据。综合利用这些数据就可以分析出当前的整体情况和问题。

在坦桑尼亚的 PRSP（NSGRP）中，贸易内容被认为是相对薄弱的，不过该国的贸易政策比较全面。根据 NSGPR，国际贸易并不仅仅涉及出口本身，还应该成为提高国内生产能力和竞争力的重要途径。这一理念令该国贸易政策更加注重全价值链发展。该国政策不仅仅关注初级生产，也关注商业化和贸易。此外，该国同时、均衡地关注出口和粮食作物生产，包括面向国内和地区市场的粮食加工产业链发展。农业投资预算显示，政府和私人出资大都集中在初级生产领域，所以该国发展战略呼吁将国内支持更平均地在整个价值链上进行分配。

因为 PRSP 做出了这样的安排，并且因为该国的贸易和农业政策思路，坦桑尼亚的 DTIS 可能将关注点过分集中在了出口产品上。不过，除此之外，坦桑尼亚的 DTIS 的确很好落实了科学合理的出口产略。该国最近做出的合理安排贸易和农业政策的尝试——Kilimo Kwanza（农业第一政策），在促进发展和减贫型战略产品的优先选择上比较平均。它还尝试挖掘坦桑尼亚生产盈余粮食并出口到区域农产品市场的潜力。EAC 的区域性政策框架倡导进一步发展区域内贸易，并出台了旨在发展区域性价值链，尤其是食品生产价值链的项目。这些项目的目标是：到 2015 年，将 EAC 区域内食品贸易量翻倍，达到 30%。

斯里兰卡的案例研究也利用了 OECD/CRS 数据库资源，不过该国 AfT 数据信息并不完整，还有误导性。因为数据难以获得，研究无法找到该国本身提供的配套性措施来与 AfT 数据库呼应。斯里兰卡也不是 LDC，所以没有 DTIS。与其他国家案例研究不同的是，除了讨论普遍的、比较宏观的事项，研究还选择蔬菜和椰子产品两个产业价值链来分析该国的贸易限制和潜在的干预措施。研究还对斯里兰卡 2004—2008 年国家出口战略（NES）进行了批判性分析。这个战略是识别和分析斯里兰卡出口限制措施及政策反应的主要文件，其准备过程也进行了利益关系群体咨询。

对两个产业价值链贸易限制及干预政策的分析，证明了从全价值链框架入手分析制定 TRSM 的优点。尽管大多数支持措施需要针对特定产品（比如蔬菜滴灌支持措施），但从价值链出发也能找到很多通用的方法和途径，比如针对土地和劳动力限制采取的政策。NES 是该国 TRSM 主要的出口产品战略，它被认为是一个自上而下推进，但连续性和执行情况都不尽理想的战略。一个自下而上的规划可能更加合理，而要做这样的规划最好先进行产业价值链分析，因为只有这样才能发现容易被忽视的微观层面的问题。利益相关群体咨询应该成为这一过程的一部分。

斯里兰卡案例研究主要针对出口产品开展，不过也提到一些重要的进口问题，尤其是进口食品问题同样需要 TRSM 关注。研究注意到，从 1977 年开始，出口粮食产品的问题就被 PRSP 重点关注，但是只有在最近的、2005 年左右的 PRSP 中，传统的农业和食品生产才得到充分关注。所以，将食品问题纳入 TRSM 和 AfT 的考量至关重要，这就要求制定与当前出口产品 NES 类似的食品 TRSM 战略。

尽管孟加拉国是 LDC，却没有 DTIS。作为替代，案例研究分析了孟加拉国有关国内支持措施的 WTO 通报，这些通报都很详细。研究还涉及 2003 年 WTO 秘书处对该国的贸易工作组审议，它能提供与 DTIS 行动矩阵类似的信息，它详细描述了政府出台的发展贸易和农基产业的行动和政策。此外，研究者还开展了一系列背景研究，包括针对该国出口促进机制和对蔬菜、虾产品出口限制的研究。

与贸易政策案例研究得出的结论，即出口促进得到了贸易政策文件最多的关注一致，孟加拉国 TRSM 也主要关注出口促进领域。但是，对该国农业国内支持整体支出情况的分析却与政策文件列出的关注点并不相符：进口竞争性食品生产行业通过化肥补贴、灌溉补贴和研究补贴得到了相当大一部分经费支持。

孟加拉国国内支持数据显示，在近些年，该国用于 WTO 定义的扭曲贸易的补贴（黄箱政策）的支出不但已经超过了投资（绿箱政策）而且增长速度也更快。与黄箱政策相比，经济学家更青睐绿箱政策，如何找到二者之间的平衡是个长期存在的问题。鉴于资源的有限性，这同时还是一个 TRSM 问题。对贸易工作组审议的分析指出，在该国 19 个行动计划中，有 14 个包含一个或者几个激励措施（税收减免、关税减少、现金激励等）。激励措施也是一个备受争议的问题，关键点是其有效性和优先级的确定方法。针对孟加拉国案例的背景研究对此进行了值得关注的讨论分析。

4　实现 TRSM 主流化

这一部分将总结案例研究中得到的，有关如何完善 TRSM 制定过程、实现 TRSM 在贸易和发展政策框架中主流化的核心建议。这些研究同时还就如何弥补迅速发展的 AfT 的薄弱环节进行了探讨。

（1）在 PRSP 和其他政策框架中实现 TRSM 主流化的挑战

第三章发展框架中贸易政策主流化研究也讨论过相关问题，不过本章关注的是实现 TRSM 主流化，确保 TRSM 定位和优先顺序与 PRSP 和其他政策框架的战略及政策相一致。鉴于与第三章讨论的问题类似，有关论述将相对简化。

现今的贸易议程涵盖很广，从 WTO 协议和其他国际贸易政策的涵盖范围可见一斑。TRSM 的范围也很宽，比如 AfT 工作小组就列举了范围广泛的 6 类支持措施。

TRSM 可以大致分为两类。第一类 TRSM 包括传统上与贸易关系更加密切，而没有产业倾向性的发展措施。这类措施包括：贸易便利化措施（海关措施优化）、贸易谈判、贸易相关立法、贸易促进措施、知识产权保护措施、实施动植物卫生检疫措施协议（SPS）/技术性贸易壁垒协议（TBT）措施便利化等。对照 AfT 的 6 个类别，这主要包括①和②（贸易政策和规则，贸易发展措施）。这些措施传统上由贸易部门实施，对任何经济体都至关重要。各国对政府应该提供这些服务已经形成共识，并且一般认为这类服务多多益善，并不存在太多分歧争议。在制定与这类 TRSM 相关的政策时，首要考虑的问题是如何安排相关措施的优先顺序，比如决定哪些海关应该首先实施现代化升级以及如何升级等。

第二类 TRSM 包括那些针对专门产品和行业的、往往需要做出艰难政策取舍的措施。在贸易政策主流化中（第二和第三章）涉及这类 TRSM 的一个明显的例子就是 PRSP 和贸易政策中敏感及特殊产品的优先选择。举例来说，尼泊尔的贸易政策列出了 19 种具有战略和特殊性的出口产品，有大概一半都是农产品。选择这些产品的过程已经包含了一轮 TRSM 优先排序的过程（也就是决定把有限的资源分配给这些而不是那些产品的过程）。针对每种产品指定支持和激励措施是第二轮优先排序过程。资源分配有机会成本，而第一轮优先排序（产品选择）中出现的错误将会导致随后进展中这类成本的扩大。正因如此，研究者对主流化问题给予大量关注。

第三章得出的结论"当制定生产性部门贸易政策时，如果政策有前后衔接的连续制定过程，可以明显提高贸易政策的主流化。"同样适用于 TRSM。换而言之，确定产品优先序和相应 TRSM 的过程应该从产业政策（农业、农工业）入手，并应遵循 PRSP 确定的明确标准和条件。如果能够制定完整的 TRSM 体系，比如制定基于一个价值链的整体框架，TRSM 应该包括贸易相关政策（比如针对高附加值和出口产品的激励政策、合理的投入品和竞争性产出品关税结构，贸易促进措施等）和非贸易政策（比如农业研究、农业功能扩展、乡村道路建设等）。深入的研究还应该考虑政策的权衡和互补性。这样一来，贸易政策的地位和作用就很明显了，那就是保证 TRSM 确定的优先产品得到足够支持。这样一个连续的制定过程可以避免案例研究中发现的很多影响主流化的问题。

（2）确保 TRSM 在出口和进口间平衡分配

所有 5 个案例研究得出的一个共同的实质性结论是，进口竞争性农产品和农工产品面临这样一种风险，就是它们无法从 TRSM 得到应有的关注，尤其是无法得到足够的 AfT 资源。产生这一问题的根源是国家贸易政策，包括 DTIS 政策总倾向于过度关注出口，缺乏对进口竞争性农业和农工产业的关注。尽管这两个产业有各自的产业政策和支持措施，贸易政策也应该平衡地向所有重要经济领域提供支持。相比而言，鉴于对这两个产业重要性的认识，PRSP 总能做到更平衡。

加纳案例为如何制定平衡的 TRSM 体系提供了好经验。根据 PRSP 的指向，该国的农业战略包括 6 个组成部分：第一部分针对高附加值农产品出口，旨在提高收入和收入机会；第二部分针对粮食产品生产和经营，旨在减少贫困和保证粮食安全（其他四部分是支持措施）。这也是 PRSP 和国家贸易政策确定的两大平行支柱。与加纳案例形成反差的是，尼泊尔的贸易政策和 DTIS 都专门针对出口，该国确定的所有 19 个特殊产品和行业都是出口型的。促使尼泊尔这样做的理由是该国国内市场很小，所以要重点关注出口产品。尽管不能说这种观点是完全错误的，但是它肯定和 PRSP 的指向不符，而且也没有充分考虑近年来出现的进口食品价格飞涨带来的问题。该国的贸易政策，包括 TRSM 政策对这一趋势的加速起了重要作用。

在孟加拉国的案例中，2003 年工作组审议的大部分措施也都专注于出口。

该国大部分农业相关措施都被列在"出口导向型农基产业发展"这一标题下。坦桑尼亚 DTIS 的重点，包括相关支持措施，也都针对出口，这与其 PRSP 的立场不符，也与该国各界普遍持有的"坦桑尼亚有生产盈余食品的比较优势，可以出口到区域贸易市场"的认知不符。EAC 区域贸易和粮食安全政策也要求该国优化 TRSM 措施。

过去 20 年左右，食品生产行业与出口产品相比受到了政策的忽略，这个问题在近期，尤其是 2007—2008 年全球粮食危机之后，已经引起了重视。现行贸易政策框架的后续跟进政策，包括适用的 DTIS，应该更加平衡。

（3）投资和补贴的合理平衡

相对于贸易，这个问题对生产性行业，比如农业和工业更加有意义。这是一个长期发展问题，也是政策制定者经常面对的艰难抉择。在发展中国家，大量预算被用于提供肥料补贴和其他补贴，这些补贴与农业领域的投资，比如灌溉设施投资、乡村公路投资和基础设施投资互相竞争。很多研究显示，农业投资的回报率要高于农业补贴，而且对农业生产能力建设更加重要。这些经验应该反映在 TRSM 制定过程中。

5 个案例研究对这个问题都有涉及。研究显示，所有的主要政策框架都提供了投资和补贴或者激励措施的组合。在某些情况下，相对于投资补贴更具实质性。孟加拉国的国内支持 WTO 通报显示，2001/2002—2003/2004 年度，46％的支持通报是化肥补贴，54％是公共性服务（科研、拓展、灌溉等）。2005/2006 年度向农业行业提供的补贴和支持预算翻了一倍。孟加国拉的案例研究也发现了大量激励计划（像对出口的现金补贴）。

鉴于这方面的研究文献很少，要提供更加详细深入的研究结论和建议确有难度。但是，因为国家政策文件中有大量范围广泛的 TRSM 涉及这一问题，所以很有必要对其进行深入分析研究。研究和讨论的重点应该集中在投资和补贴（包括二者适当形式的组合）在缓解贸易限制和约束因素方面，如减少产品市场营销成本方面，到底有多少效果。从产品全价值链分析是比较合适的分析角度（下详）。

（4）制订有效的"激励措施"

除了在补贴和投资之间找到恰当的平衡，确定适宜的激励措施实施方式（包括放弃税收）是另一个需要解决的问题。因为国家贸易和产业政策都给予激励措施特别的重视，这类措施往往应归于 TRSM 或者 AfT 范畴。所有 5 个案例研究都讨论了这个问题。比如在尼泊尔的案例中，所有 19 个优先出口产品都得到了一个甚至几个激励措施的支持，该国产业政策也有类似激励措施。政策文件并没有好好解释制定这些措施的基础，也从没有单独的研究来评价它们的有效性。在孟加拉国的案例中，工作组审议的 19 个行动计划中有 14 个制定有一个或者几个激励措施（税收减免、关税减少或者现金激励等）。与之类似，加纳的 TSSP 也有不少激励措施，并且提供出口激励措施、贷款补贴措施、私人部门基础设施投资补贴措施等。坦桑尼亚也有与上述措施类似的贸易发展措施工具。

确定正确的激励措施是所有政策制定者面对的挑战，而有两方面的挑战又尤其突出：①确定哪种措施对特定产品最为有效；②确定合适的支持和补贴水平。①的挑战性毋庸置疑，②也同样很重要。比如，在尼泊尔的案例中，如果真像初始设计的那样向全部 19 个出口产品提供激励措施，鉴于总的预算有限，每个产品的激励措施力度将很小，以至于起不到作用。作为替代，也可以将激励措施集中在更少数的产品上，但是那样就要很小心地进行处理，因为选择激励一个产品而不是另一个（比如茶而不是姜）往往会带来政治压力。这是困难的政策问题，没有经过深入的分析研究，尤其是对过去支持措施有效性的评估和对别国经验的学习是很难得到令人满意的结果的。

（5）在价值链框架内制订支持措施，构建平衡的 TRSM 体系

传统的农业项目一般更加关注初级生产，预算也大部分用于这一领域。不过这种观点正在迅速转变。在所有 5 个案例研究（以及其他研究）中，都意识到从整体价值链角度识别和解决制约性因素的重要性。这种观点的转变源自以商业化和市场化为特征的农业发展模式的转变。举例来说，坦桑尼亚案例研究中就提出，尽管现在很少发现得到支持的涵盖整个农业价值链的项目，坦桑尼亚政策文件已经明确提出转变支持措施过度集中于初级生产领域这一现实，实现支持向全价值链扩散的目标。尼泊尔也通过两个大规模的农业商品化项目表达了转变的意愿，已在其中的一个项目下开展了众多的价值链研究，并针对各个环节制定了干预措施。加纳也被证实在尝试一些基于价值链构建的新的支持措施，包括丹麦国际发展署（DANIDA）SDSD Ⅱ项目下的农业价值链支持措施和一个研究团队向美国国际发展署（USAID）建议的加纳农业综合开发框架。这些行动和措施被认为与国家发展计划，比如 PRSP 紧密相连。斯里兰卡案例中的蔬菜和椰子产品研究也证明了从价值链角度进行限制性因素识别和应对的有效性。

上述关于投资和补贴（以及二者的组合使用），以及激励方案的讨论，证明了从价值链框架出发制定 TRSM 的重要性。不论是不同形式干预措施之间的权衡，还是实现特定目标时措施间的互补性关系，都要通过全面、整体的产业发展研究才能明确把握。

（6）强化升级双边和区域计划项目

案例研究中发现的一些贸易限制因素，和其他因素一样，是区域性、次区

域性和跨境性的。因此，跨境的基础设施建设和区域性政策合作应是 TRSM 制定中不可缺少的部分。所有 5 个样本国都是一个或者多个区域贸易协定（RTA）的成员。坦桑尼亚已经成为 EAC 关税同盟成员而加纳正向 ECOWAS 靠拢。加纳案例研究讨论了最近出现的 ECOWAP - CAADP 区域整合。形成于 2007—2008 年全球食物价格危机背景下，这项区域性食品生产合作旨在通过加强区域内贸易和减少食品进口来发展部分食品产业的价值链。在南亚，南亚区域合作联盟（SAARC）推动着区域协议的发展。SAARC 建立于 1996 年，初始融资机制为南亚发展基金（SADF）。2008 年，SAARC 启动了"区域粮食安全"计划，旨在通过马尼拉亚洲开发银行（ADB）的协助实施区域项目。到 2010 年，有 5 个这样的计划已经起步，内容涉及（从贸易领域）提升 SAARC 成员的粮食安全水平和实现区域内跨境动物、水生动物和植物疫病控制的制度化。

各国需要在区域层面做更多工作，这很重要，也已经成为共识。有两个问题需要特别注意：一是让多边贷款机构有途径向区域计划提供贷款。这需要 RTA 所有成员开展合作，建设某种区域性工程，贷款机构也需要付出更多努力。二是针对 PRSP 不关注区域性措施的问题。当前的 PRSP 的确存在这样的问题，而未来的 PRSP 应该做出改变。在非洲，部分 RTA 最新的进展（比如 ECA 关税同盟）发生在成员 PRSP 出台之后。各国下轮 PRSP 制定中需要充分关注区域贸易协议和安排的存在。

（7）在 TRSM 制定中保证有效的利益相关群体咨询

所有案例研究都强调了利益相关群体咨询对制定贸易和发展政策以及保证其主流化的重要性，这在 TRSM 制定中这也同样适用。因为正确的 TRSM 源自正确的政策框架。现在利益相关群体咨询已经成为固定程序，重点是怎样保证其效果。第三章政策主流化中已经总结了利益相关群体咨询存在的问题并提出了建议。简而言之，有两个突出问题：一是这个过程的涵盖范围不够，也就是并非所有持不同意见的利益相关群体都能参加咨询；这也是政策文件经常在关键立场和追求上不连贯的原因。二是这类咨询会议的组织不够有效，既没有提供相关研究成果，也没有列出替代措施及说明其意义。因此，与会代表的意见贡献不大。更重要的是，这类缺点也存在于政府部门和机构间的咨询会议中。除了宏观层面的、政策层面的完善，也需要在微观层面提高利益相关群体咨询的有效性。要保证咨询有效性应该从产品价值链角度出发进行组织，这样才能将价值链上所有经济主体、它们面临的问题和它们的要求集中起来。这也是进行政策和支持措施（投资、补贴和激励措施）权衡、决定取舍的重要平台。举例来说，尼泊尔的价值链研究工作就为两个农业商业化项目提供了重要的信息收集和分析平台。

（8）为了确定优先序和进展监督实现 TRSM 与 AfT 量化

尽管案例研究首先关注的是 TRSM 的制定过程，但基准数据和 TRSM 资源分配也是关键性问题。因此，所有案例研究都花时间进行了 TRSM 和 AfT 的梳理与量化。由于核心部门的关键数据并不易获得，这样做相当困难。为了弥补数据不足，一些研究使用了 OECD/CRS 的 AfT 数据库，尽管这仅仅包括了来自捐助的支持措施而不是全部 TRSM。坦桑尼亚案例研究分析了 OECD/CRS 数据的一些问题。除了仅仅包括来自捐助的支持措施，该数据还遗漏了那些并非以行业为单位进行分配的具体援助措施。如果如案例研究怀疑的，数据库没有计入对国家的一般预算支持（GBS），那 OECD/CRS 数据可能大大低估了 AfT 整体体量。即使在国家层面，也很难在这么多年之后找到和分解分布在各领域的所有 GBS。

如果研究目标不仅仅是跟踪 AfT 流向，而是希望将支持措施与优先领域和需求结合起来分析，那么数据就必须进一步分解。举例来说，对 PRSP 和贸易政策的分析显示，5 个样本国所采取的一个共同的战略就是将资源集中分配给一些优先产品和行业。尼泊尔的案例中，19 个此类优先产品中的 9 个是农产品。要实现资源向优先产品倾斜的战略，首先，也是最重要的是确定对所有产品（包括没有被列为优先的产品，因为整体资源有限）的当前基准支持水平，再开始根据优先序重新分配。同样的，对贸易和农业政策的研究显示，为了提高贸易竞争力，政府会希望对产品价值链的上游环节加强支持。准确把握当前正执行的支持措施重点在哪里、是怎样的，是进行再分配的重要前提。要做到这些并不容易，需要花费时间精确确定当前支持政策的流向，需要根据优先序对它们进行重新分配，还要监测跟踪其随后进展。

除此之外，研究还讨论了 TRSM 的定义和外延。WTO 工作组已经确定了6 类 AfT：①贸易政策和规则；②贸易发展计划；③贸易相关基础设施建设；④生产能力建设；⑤贸易相关调整；⑥其他贸易相关需求。在这些讨论中，一些研究者认为通盘考虑与贸易关系更加紧密的措施（①、②、⑤和⑥）和其他措施（③和④），综合分析 AfT 或者 TRSM 体系的想法并不可行。另外值得注意的是，针对种类繁多的③和④类，要就何为"贸易内容"达成共识也很艰难。

有研究者建议，更加务实和有效的做法是按照以下三类措施分别进行监测研究：1）贸易发展计划（AfT 分类的①，②，⑤和⑥）；2）生产能力建设（AfT 分类的④，与主要产业，如农业和工业的政策分开）；3）基础设施建设（AfT 分类的③）。不过，即使遵循这样的思路，也必须对数据进行进一步分解才能准确分析 TRSM 措施。

第五章 孟加拉国农业贸易政策问题

Jamie Morrison 和 M. A. Rashid

1　概况介绍

本章将探讨孟加拉国的农业贸易及相关政策的特征，从而强调现有政策衔接过程的复杂性。

本章采用了一系列由孟加拉农业大学社会经济研究和培训部开展或委托的关于贸易政策制定和实施的不同方面的研究成果。本章的目的不是对过去几十年的贸易和相关政策改革作全面概述，也不是对由这些政策带来的农业部门总支持或税收水平的总结。上述相关内容在近年来如 Ahmed 等（2007）和政策对话中心（2008）的出版物中均有详细阐述。

此外，为做进一步研究，本文将首先确认一系列问题：①贸易政策制度的利弊，虽然农业部门的自由化水平比二十年前更高了，但仍然保留了相对高水平的保护；②粮食生产自给的理由和相关政策的影响；③为应对由诸如印度等主要出口国实行的市场和贸易干预措施，而对大米采用的特定贸易政策工具；④关注农业贸易政策中的出口促进，及为支持其实施所采用的政策工具带来的影响。

研究的一个重要目标是协助开展贸易支持措施的识别，并把握贸易政策制定和更广泛的减贫战略之间的关系。本章前两节阐述得出的结论，下一节将研究贸易主流化范围和减贫过程中所需的适当支持措施，随后的章节将通过相关的案例来分析如何确定适当的支持措施。本章还将对国内贸易衔接相关问题（在讨论贸易政策和相关的支持措施时通常被忽视）进行评论，并重点讨论物理性基础设施条款。

2　贸易政策环境

最近的孟加拉国 WTO 贸易政策审议（世贸组织，2006）指出，孟加拉国追求出口导向的增长战略，并努力减少反出口偏见。自 20 世纪 90 年代以来，孟加拉国取消了大量的非关税壁垒（如定量限制），并更多地转为采用从价关税。目前关税收入约占其国家总税收收入的 25%。

该战略与孟加拉国引人注目的经济贸易开放进程相关。1981—1991 年，孟加拉国贸易开放指数（出口额加进口额除以 GDP）增长相对缓慢，从 13.5% 增至 16.8%，此后，在 20 世纪 90 年代至 21 世纪，该指数增长迅速，2007 年达到 43.32%（Alam 等，2007，表 5-1）。

这种开放程度也反映在农产品贸易逆差的快速增加上，孟加拉国农产品贸易逆差从 1980 年的 3.54 亿美元大幅增加至 2009 年的 52.59 亿美元（其中，粮食贸易逆差从 3.76 亿美元增加到 40.02 亿美元)。20 世纪 80 年代至 21 世纪,孟加拉国农产品进口的实际价值每年增加 2.1%,与此相比,农产品出口年增速较为缓慢,仅为 1.4%。主要进口产品包括原棉(孟加拉国对服装的出口有 25% 的补贴)、食用油、小麦、大米、糖和牛奶。

此外,还值得注意的是,在 Ahmed 等(2007)的报告中,引用了 Bakht(1999)的研究成果,即孟加拉国自印度非法进口的商品额占孟加拉国记录在案进口总额的 20% 左右。其中,非法进口占牛产品进口总量的 42%、糖的 7%、豆类的 6%、奶粉和香料各 3%、大米的 2%。

与此同时,农业贸易政策,尤其是与特定商品相关的农业贸易政策,被认为是相当严格的。1991/1992 年度,孟加拉国农产品平均关税(非加权)约 77%,但 2004/2005 年度削减至 20%。此外,关税分类结构简化为四档。但是,随着越来越多超关税措施的使用,孟加拉国平均关税水平相当于 13%,而农产品平均关税保护水平却高达 33%。根据 FAO 2005 年[①]数据,发展中国家农产品加权平均实施税率约为 24%,发达工业国家约为 14%。

表 5-1　孟加拉国的贸易数据和经济开放情况(1996/1997 年度至 2007/2008 年度)

年度	出口额	进口额	贸易额	当前价格计算的 GDP	经济开放指数	国内 CPI 水平(以 1995/1996 数据为基期)
1996—1997	18 813	30 540	49 353	180 701	0.27	104
1997—1998	23 416	34 183	57 600	200 177	0.29	113
1998—1999	25 491	38 480	63 971	219 697	0.29	121
1999—2000	28 819	42 131	70 949	237 086	0.3	124
2000—2001	34 859	50 371	85 230	253 546	0.34	127
2001—2002	34 366	49 049	83 415	273 201	0.31	130
2002—2003	37 915	55 918	93 833	300 580	0.31	136
2003—2004	44 827	64 257	109 084	332 973	0.33	144
2004—2005	53 234	80 895	134 129	370 707	0.36	153
2005—2006	70 746	99 130	169 876	415 728	0.41	164
2006—2007	84 100	118 490	202 590	467 497	0.43	176
2007—2008	96 800	148 372	245 172	545 822	0.45	194

注:1 千万卢比塔卡相当于 10 亿。

数据来源:Shamsul Alam(2010),基于政府统计数据整理。

---

① 各国间的平均关税税率应值得关注,详细解释见 FAO(2005)。

2004/2005 年度，超关税[1]约占非加权平均保护水平的 40%，并应用于 21% 的关税税目（农业和非农）。政府有权决定是否在正常关税的基础上实施 15%、35% 或 90% 的补充关税。例如，1997/1998—2003/2004 年度，水产加工品的补充关税从 35% 增加至 88%，奶粉从 47% 增至 62%（世界银行，2004）。除 13 个关税税目农产品的约束关税为 50% 外，其他农产品的约束关税统一设定了 200% 的上限，孟加拉国在其关税上限内有很大的提高其实施关税税率的权利[2]。

孟加拉国也有关于出口商品的积极贸易政策，该政策支持一定数量的诸如新鲜蔬菜和虾等产品的出口促进（见第 5 节）。

此外，不同产品的保护和支持水平存在相当大的差异。

Ahmed 等（2007）和 Rashid（2009）的研究中列出的各种保护和支持指标，反映了这种综合模式的干预。Ahmed 等（2007）的研究还关注 NRA，它探讨了政府实施扭曲政策所产生的国内价格和自由市场价格之间的差距。图 5-1 描述了选定产品的 NRA 变化趋势，反映了不同的出口和进口立场。

黄麻是孟加拉国的传统出口产品，1974—2005 年期间，受定价和贸易政策影响，其名义援助率基本不变，维持在 -30% 左右。

其黄麻的国内价格一直低于世界价格。为了给国内生产部门提供低价原料，20 世纪 80 年代中期，孟加拉国出台了禁止生黄麻出口的政策，压低了国内黄麻农场价格，仅为世界价格的 74%[3]。小麦的名义援助率已逐渐从 1974 年的 38.9% 下降至 2000—2004 年的 -0.3%，而水稻的名义援助率波动较大，从 1974 年的 -25.7%，增长至 1985—1989 年的 24.4%，又下降至 2000—2004 年的 6.1%。相比之下，食糖的名义援助率（图中未显示）一直保持着高水平，例如 1974 年为 73.7%，1985—1989 年为 436%，2000—2004 年为 223.9%。

同时，NRA 部分反映了政府对各部门的相对支持，在下面章节中，Rashid（2009）列出的其他指标将展示政府是如何实施这些支持/税收的。

虽然重要的主食和大米的进口相对不受限制，关税概览还是反映了孟加拉国存在明显的关税升级现象。第一份 PRSP 对此也有所反映，其指出"现实的关税合理化措施使国内依赖进口中间产品的行业受益良多"。事实上，关税升级是种产业政策目标，而且该问题仍然突出。世界银行（2004）注意到，一种较普遍的政策是，通过对销售到国内市场的进口产品提高关税来保护进口竞争

---

① 许可费，监管关税，基础设施发展附加费，补充关税，保护增值税。
② 只有绿茶和红茶的实施税率超过约束税率。
③ 关于黄麻价格的更多变化请见第 5 节。

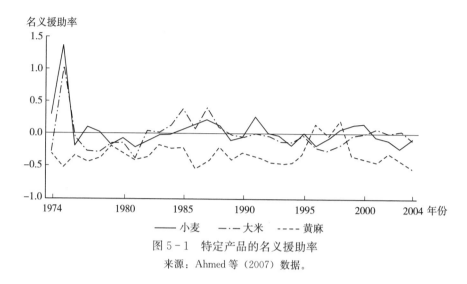

图 5-1　特定产品的名义援助率

来源：Ahmed 等（2007）数据。

性行业的产出品加工利润，同时减少中间投入品的关税。

　　这种混合模式反映出一种决策的融合，它既受国内利益群体压力影响（尤其是当农产品用作更高附加值加工品的投入品时），又受结构调整项目压力影响。后者形成的原因是，世界银行、亚洲开发银行和美国国际开发署等都将项目贷款和进口信贷与政策改革日程挂钩，对受贷国农业政策的制定和实施产生重大影响（Ahmed 等，2007，第 25 页）。

　　然而，来自各方的冲突压力导致了一系列政策，主要是商务部（MOC）的出口和进口政策更侧重于支持部分出口商品。同时这些政策和农业部颁布的国内农业政策几乎没有任何关联（Khan，2009）。例如，2009—2012 年度出口政策对一些农业出口行业进行了支持，但国内农业支持政策仅简要提及了这些行业。

　　Alam（2010）提出，PRSP 的首要目的是方便出口促进行动的强化和加速，并在实现政府的减贫目标时发挥强大的作用，"按照 PRSP 目标，政府已经采取措施促进出口多样化，避免出口部门对有限商品的依赖；通过重视进出口程序的便利化和简单化，利用企业现代科技，扩张市场，实现以生产率提高、高质量产品生产、减少企业费用以及政府全面发展等为内容的能力建设，确保以有国际市场竞争力的价格提供产品。"

　　此外，Alam 指出，目前出口政策（2009—2012）中，促进出口商品生产，尤其是女性生产的产品是优先考虑的。"出口政策强调，提高用于出口货物的原材料的可得性，提高商品生产率和多元化，通过电子商务和电子政务提高效率和活力，建立配套基础设施，培养出口部门高素质人力资源的培养"。

政策中，农产品和农产品加工品是被确认为推动经济发展的8组产业之一。

孟加拉国进口政策规则（2009—2012）对产业进行广泛支持，并重点指出，"需要为技术进口提供便利，从而发展现代科技，为出口支持型产品进口提供便利，从而为出口产业发展打下良好的基础，并最终协调进口政策、国内产业政策、出口政策和其他发展规划；通过逐步取消进口成品的限制，提高工业原材料的可获得性，从而提高产业的竞争力和效率。"然而，进口政策很少关注进口竞争性农作物和可用于食品进口管理的相关措施。

综上所述，孟加拉国贸易政策体系比此前更加自由，但在农业领域仍然相对保守。事实上，如Talukder（2010，第23页）所述，"开放的贸易政策并不意味着政府在粮食行业处于被动的角色。"

虽然决定进一步削减关税水平对粮食安全和贫困指标有多大影响是困难的，而且这种削减需要以逐个产品为基础进行评估［例如Thomas和Morrison（2006）、Morrison和Sarris（2007）］，贸易政策实现更加透明和可预见性是有益的。在需要私营部门支持销售渠道发展和相关基础设施建设时这甚至是必需的。

然而，最近孟加拉国政府实行的各种出口限制反映了政府参与粮食贸易的倾向。2008年5月，孟加拉国对非芳香大米出口实施了六个月期的禁令。2008年11月至2009年5月，禁令扩展适用于所有大米出口。2009年9月，政府放松禁令，允许出口10 000吨芳香大米（世界银行，2009）。粮食价格危机带来的一系列事件让粮食产量欠丰时一国从全球市场获取粮食的能力重新被广泛关注。

上述讨论提出的一个关键问题是，将重点倾斜性放在出口促进和出口导向型增长上是否合适，换而言之，那些"微薄的"进口商品政策是否足以确保主要减贫和粮食安全目标的实现，特别是考虑到对全球市场依赖的关注逐步增加。

这一问题会在下文通过3项具体研究被进一步分析[①]：①粮食自给相关贸易政策；②与印度和其他出口商相关的贸易政策；③促进虾和新鲜蔬菜出口的政策实施。

3 谷物自给

世界银行指出，在过去的30年里，政府的中心目标是粮食的自给自足（Ahmed，2007）。Deb等（2009）提出，"从1993年开始，自力更生便成为一

---

① 应该认识到，研究限于粮食生产领域企业，不涉及畜牧业（疫苗、饲料）企业或渔业企业（例如，养殖培育）。与粮食企业相关的结论也不必定适用于其他行业。

个更加正式的国家战略，其背景是，政府对出口大米实施了部分自由化的贸易政策同时又从印度进口便宜大米"。通过私营部门及时进口足够的大米满足需要，一般情况下运转良好（Dorosh，2001）。因为虽然孟加拉国能够生产足够的大米养活其 1.5 亿人，但为应对自然干旱和洪水等灾害，进口大米还是必需的。

然而，当主要粮食出口商采取出口限制措施，使得从全球进口主食的来源出现问题时，试行了 2007/2008 的战略措施面临挑战。需要注意的是，虽然这一时期从国际市场进口是非常困难的，孟加拉国持续的大米高产减轻了潜在的负面影响。但是，政府开始担心全球市场并不总是可靠的食物来源，而这种担心反映在新政府的选举承诺中：它承诺到 2012 年实现粮食的自给自足（Deb 等，2009）。

在政府承诺粮食自给自足后，2009 年 1 月政府降低了化肥价格，并通过向农民提供现金补贴的方式降低了柴油的价格。2009 年 6 月，财政部长提出，为实现 2012 年粮食自给自足目标，需要扩大灌溉。2010 年 4 月，为实现"粮食自给自足"的目标，总理增加了农民补贴，从 300 亿塔卡提高至 500 亿塔卡（《每日星报》文章）。

本节中一个关键问题是对孟加拉国而言，解决粮食自给自足的意义何在，它是否是一个合适的政策立场以及可以使用的贸易政策工具。

作为背景，值得一提的是，Ahmed 等（2007，第 21 页）指出，"关于孟加拉国比较优势的各种研究显示，实现大米生产的自给自足不仅是一个重要的社会政治目标，而且从严格的经济学角度讲，是一个非常明智的目标。"因此，这意味着孟加拉国确保自给自足的策略可能不会像其他产品和国家一样存在争议。

作为孟加拉国的主食，大米生产是孟加拉国农村最重要的经济行为。水稻种植有三个生长季，耕地面积约占全国总耕地面积的 77%，约 1 390 万公顷。目前，每年水稻产量占孟加拉国粮食总量的 92% 左右（粮农组织，2010）。事实上，孟加拉国是世界第四大大米生产国。大米产量从 1971/1972 年度的 600 万吨快速增加至 1981/1982 年度的 1 360 万吨，又进一步增加至 2007/2008 年度的 2 980 万吨。约有 80% 的产量增长来自灌溉种植的 Boro 大米。

孟加拉国主食消费主要以大米为主，还有少量的小麦。小麦是孟加拉国除大米外生产的唯一主食，且产量相对较小。虽然没有小麦进口时，大米价格会稍高一些（Ahmed 等，2007），但因为小麦不是大米国内消费的代替品，因此其进口（主要是粮食援助）对大米价格影响很小。

尽管过去四十年孟加拉国国内粮食产量显著增加，但构成国内粮食供给量的很大一部分是进口。1998/1999 年度，一场灾难性的洪水发生，1998 年，因孟加拉国内产量严重下降，进口约占国内粮食总供给量的10%。表5-2对历年比例作了回顾。同样值得注意的是，虽然在20世纪90年代，政府进口是国家总进口的重要组成部分，尽管最近政府的商业进口明显增长，私营企业进口在最近的十年中正日益主导进口总量（Talukder，2010）。

表5-2　粮食总供给量中的进口份额

单位：千吨

年份	政府进口			私营部门进口	总进口	进口占总供给比重
	援助	商业	总计			
1991—1992	1 414	150	1 564	—	1 564	8.36
1992—1993	736	93	829	355	1 184	6.31
1993—1994	654	—	654	312	966	5.14
1994—1995	935	620	1 555	1 013	2 568	13.82
1995—1996	743	841	1 584	850	2 434	12.56
1996—1997	618	112	730	237	967	5.02
1997—1998	549	249	798	1 149	1 947	9.38
1998—1999	1 235	777	2 012	3 200	5 212	21.42
1999—2000	870	—	870	1 234	2 104	8.56
2000—2001	492	—	492	1 063	1 555	6.02
2001—2002	511	—	511	1 289	1 800	7.2
2002—2003	254	—	254	2 966	3 220	11.72
2003—2004	289	29	318	2 480	2 798	10.24
2004—2005	290	101	391	2 980	3 371	12.5
2005—2006	194	103	297	2 264	2 561	9.5
2006—2007	87	121	208	2 209	2 417	8.7
2007—2008	258	296	554	29 161 564	3 470	11.5

数据来源：粮食政策管理部门（FPMU）粮食形势数据库，孟加拉国商务部，达卡。

1993年后，政府向私营部门交易商给出了促进贸易改革的重要信号，不但消除关税和附加费，还指导加速海关清关。虽然总的来说这种做法是积极的，但也存在相关风险（Dorosh，2001）。由于大米是农民的重要营生，因此国内生产率的动态增长也需要保证。

通过鼓励贸易，孟加拉国无疑增强了国内供给，而除了2007—2009年间粮价较高外，其他时间粮食均保持了稳定价格（表5-3）。实际上，即使在这段时间，孟加拉国粮价也没有增至全球市场的水平（图5-2）。

表 5-3　1981—2008 年孟加拉国实际粮食价格

年份	粮食名义价格（塔卡/吨）		非粮食 CPI	粮食实际价格（塔卡/吨）	
	大米	小麦	（1985/1986＝100）	大米	小麦
1980/1981—1984/1985	6 352	4 006	76.6	8.2	5.2
1985/1986—1989/1990	9 076	5 632	123.3	7.5	4.7
1990/1991—1994/1995	6 574	7 034	186.4	5.6	3.8
1995/1996—1999/2000	11 864	8 760	215.3	5.5	4.1
2000/2001—2002/2003	12 250	8 742.3	246.7	5	3.5
2006/2007	23 000	27 500	310	7.4	8.8
2007/2008	24 000	19 000	328	7.3	5.7
2008/2009	22 100	18 110	—	—	—

数据来源：Talukder（2010）引用 Chowdhury（2009）。

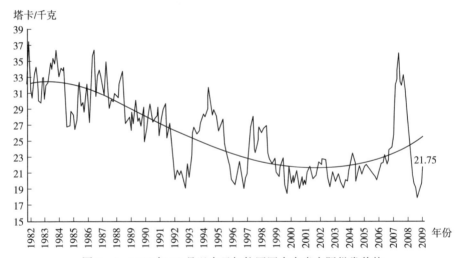

图 5-2　1982 年 12 月以来孟加拉国国内大米实际批发价格

来源：孟加拉国农业市场部。

注：价格是从电子公告牌系统（BBS）上获取的，是经过 2009 年 10 月的居民消费价格指数（CPI）平抑后的价格；价格截取到 2009 年 12 月 31 日。

　　尽管 1980—2004 年，大米进口平均只占大米净供给量的 3%，但在粮食安全和大米价格形成中发挥了至关重要的作用。而小麦的进口占供给量的三分之二。

　　自 20 世纪 90 年代以来，影响孟加拉国大米贸易的主要因素发生了重大变化。Dorosh 指出，宏观经济政策的变化，即贸易逐步自由化和卢比的贬值提高了大米出口利润；同时，1994 年孟加拉国①贸易自由化政策允许私营企业进口大米，明显改变了大米的进口来源，进口从泰国转向了印度。1996/1997 年度，从印度进口的大米约占孟加国拉大米进口的 92%。Dorosh 估计，如果 1998/1999 年度印度没有成为孟加拉国大米的重要进口来源，那么从泰国进口的大米价格将比实际平均进口价格高出 21%，导致需求减少约 5%，约减少 50 万吨的大米进口。

　　有趣的是，1973—2004 年，孟加拉国小麦进口每年下降 2.9%，契合了国内产量从 1972—1978 年的 25.9 万吨增长到 1999—2004 年的 147 万吨的情况。进口占净供给量的比例从 1973—1978 年的 81.7% 下降至 1999—2004 年的 59.7%。

　　2007—2008 年食品价格危机引起了对两个重要问题的重新关注：①短期供应量和库存管理；②长期生产潜力。

3.1　短期供应量和库存管理

　　孟加拉国政府计划在 2010 财年 6 月前通过国际贸易进口 300 万吨大米来"支撑我们的库存"。这一计划被理解为政府在无法从本地购买足够的食物后，转向建立粮食储备机制。根据 Gurumia 网②报道，政府还计划在 2010 年 6 月前进口 750 吨小麦，重建小麦库存。同时，2010 年 1 月，政府为抑制价格上涨，扩大了水稻出口禁令，以确保国内市场供应量。首都及周边地区的公开市场销售也以保持较低的市场价格为目的。然而，因为公开招标过程及相关的复杂程序，有关何时进口和进口量的决策被延缓，潜在增加了国内市场的不确定性和波动性。

　　砷污染不断增加和水位下降，也引发了国家对增加水稻产量能力的长期担忧（Ahmad，2010）。引用最近 Boro 大米产量的增长情况，农业部长 Chowdhury 主张需要考虑转向 Aman 品种的种植③。认识到旱作水稻的生产风险，政府免费在干旱/延误季节提供电力灌溉（Ahmad，2010）。

3.2　这些战略符合国家的比较优势吗?

　　Talukder（2010）引用了 Rashid（2009）的数据，认为孟加拉国有生产大米的比较优势，特别是在进口平价方面（表 5 - 4）。Deb 等（2009）也得出

---

　　①　此前 1992/1993 年度所有大米进口均由政府负责。

　　②　http：//gurumia.com。

　　③　1971—1972 年 Boro 产量仅为 1.7 吨，而 Aman 产量为 4.1 吨。1997/1998 年，两种作物产量基本相当，分别为 8.1 吨和 8 吨，但 2008/2009 年度，Boro 产量达到 18 吨，远超出 Aman 产量的 12 吨。

结论，认为孟加拉国在水稻生产方面相对于进口具有价格比较优势，因此在国内生产大米比进口更便宜，但其大米出口却不具备竞争力。他们还建议，因为发生自然灾害时孟加拉国需要依赖进口和库存解决困境，因此政府需要采取相关预防性措施。

应该注意到，孟加拉国政府已经着手刺激水稻产量增长。20 世纪 70 年代和 80 年代，政府大力支持农业现代化发展（种子、灌溉、化肥、研发、扩展）。同样，Deb 等人（2009，第 22 页）指出，孟加拉国大米"出口"的不同市场的生产成本明显受到政府干预，这也会影响孟加拉国措施实施结果。

Deb 等人通过比较印度、越南和孟加拉国的大米生产成本（表 5-5）进一步说明了这一点。他们指出，政府用于肥料（越南是有限的）和灌溉（越南和印度投入都很大）方面的补贴水平存在显著差异。他们还提出，监测国际价格是很重要的，印度和其他出口国家在制定和修改贸易政策时都会监测国际价格和国内生产情况。

他们建议，应监测分析其他出口来源国满足孟加拉国需求的能力：缅甸的盈余通常太小，难以满足孟加拉国的进口需求；泰国是一个可靠但价格高的进口来源[①]（反映了一个事实，即该国政策主要受生产商利益驱动），从泰国进口大米的成本高于孟加拉国国内生产的成本；印度的可靠性值得质疑，因为其贸易政策受国内消费者利益驱动。他们也计算出，如果印度减少肥料补贴，大米产量将下降 9%，就不会有出口了。所有这些观点均指出，消费过于依赖进口存在风险。

4 印度和大米贸易政策

印度大米出口的大规模扩张明显与印度的宏观经济和贸易政策相关。印度大米对粮食消费总量、生产季节性模式、政府粮食储备水平、政府粮食分配渠道和贸易政策的整体重要性与孟加拉国有显著差异。这些因素严重影响了两国间大米贸易的发展。

表 5-4 国内大米成本（要素成本，DRC）

年份	要素成本比率			
	精米		糙米	
	进口平价	出口平价	进口平价	出口平价
2005	0.570	0.857	0.681	0.798

---

① 泰国曼谷价格（离岸价）仍远高于加尔各答价格和达卡信用证结算价格，约高 5%。一旦海洋运费率调整，平均进口价格（到岸价）会更高。因此泰国不太可能是孟加拉国可靠的大米进口来源。大米可以从邻国和其他亚洲国家进口，如印度、巴基斯坦、缅甸和越南（Talduker，2010）。

（续）

年份	要素成本比率			
	精米		糙米	
	进口平价	出口平价	进口平价	出口平价
2006	0.621	0.900	0.738	0.868
2007	0.612	0.882	0.680	0.783
2008	0.279	0.284	0.482	0.529
2009	0.561	0.800	0.433	0.477

注：要素成本比率反映了一个产品的比较优势。

数据来源：Talduker（2010）引用 Rashid（2009）的数据。

表 5 - 5　2007/2008 年印度、越南和孟加拉国的稻谷生产成本

	湄公三角洲，越南	旁遮普邦，印度	安得拉邦，印度	孟加拉邦，印度	Aman 高产品种，孟加拉国	Boro 高产品种，孟加拉国
种子（美元）	26.69	16.02	22.49	17.85	17.21	18.14
化肥（美元）	205.24	62.63	61.00	42.98	66.67	114.15
肥料（美元）	无	3.29	14.04	9.85	5.45	14.46
农药（美元）	56.50	34.75	30.03	4.59	5.85	11.88
灌溉（美元）	34.88	94.48	25.79	38.17	2.80	149.76
机械租金（美元）	36.65	115.81	58.30	26.11	60.44	59.15
牲畜劳力（美元）	无	1.70	24.46	64.95	9.46	5.37
人力（美元）	288.66	128.87	242.94	253.76	235.50	278.80
总成本（美元）	648.62	457.54	479.04	458.25	356.28	651.71
产量（吨/公顷）	5.79	6.48	5.24	3.60	3.66	5.34
单位成本（美元/吨）	112.02	70.66	91.49	127.26	97.34	122.04
价格（美元/吨）	145.79	160.60	160.80	167.50	207.96	182.74

数据来源：Deb 等（2009）。

　　Dorosh（2001）警告说，如果，例如，孟加拉国货币升值，它可能成为某种稳定的文化商品，导致孟加拉国农业发展和农村经济增长放缓。

　　Dorosh 的论文发表后不久，印度政府的另一个重大的决策影响了大米贸易。从 2000 年开始，印度促进大米出口来解决严重的库存问题，政府向出口商出售低于成本价的政府库存粮食来为出口商提供粮食补贴。孟加拉国大米价格约等于印度贫困线（BPL）以下大米的进口平价的全部成本（包括税收），所以从印度进口大米较少。

　　2001 年 7 月，印度贫困线上（APL）大米销售价格降低了。孟加拉国提高了进口关税和税收，从 5% 提至 37.5%，提高贫困线下进口平价至高出国内价格的 33%，取消对私营贸易的激励。虽然表 5-6 只提供至 2003 年的数据，它说明了从 20 世纪 90 年代早期到 2001 年，孟加拉国大米保护率的下降，以及为应对印度出口补贴而进行的保护率再次提高。

鉴于贫困线下进口平价（包括税收）决定了孟加拉国内大米价格，进口关税的实施提高了国内价格大约 10%，接近印度补贴后的贫困线下的进口平价（不含税）。Ahmed 等（2007）指出，鉴于 PDS 大米实际上并不出口，孟加拉国进口价格和印度贫困线上的价格（PDS 补贴）之间存在的密切关系，反映了非正常途径贸易的存在。

同时，在印度禁止谷物出口到孟加拉国后，借道尼泊尔的出口实际上还在继续。据说印度向尼泊尔出口的 1 500 亿吨至 2 000 亿吨大米，被转口至孟加拉国。

5　出口促进

与进口主食相关的贸易政策的特点是行政干预，这主要是基于粮食安全的考虑。因此，这些政策干预就保护和支持水平而言是不断变化的。农产品出口的相关政策相比之下更加连贯。

根据 Ahmed 等（2007）的研究（20 世纪 70 年代至 21 世纪），当时孟加拉国对农业出口有很大偏见。NRA 约维持在 -30%（图 5-3）[1]。然而，Ahmed 等人提出的反出口偏见可能是误导，因为他们研究的"出口商品"仅包括黄麻和茶[2]。下图出口商品的加权平均反映了这样一个事实：生黄麻作为出口品，已经被隐性征税（通过第二节中列出的各种出口限制）来保证当地以黄麻为原料的加工业的发展。然而，这种政策并没有反映在其他商品上。同时，黄麻（作为 20 世纪 70 年代主要的出口农产品）曾受到负面影响，并不是说近年来孟加拉国出口农产品还在被征税。

表 5-6　大米的关税和补充税

年份	关税	补充税	增值税	预提收入税	土地费用	基础设施建设费	税收负担
1991	30	0	0	2.5	2.5		35
1992	60	0	15	2.5	2.5		89

[1]　然而，21 世纪中期一个事实是，黄麻价格快速提高（国际和国内），导致 2009 年和 2010 年利润显著提高，随之供应量增加，此前以亏损为由关闭的国有黄麻工厂重新开工（Mandal，2010）。这个例子说明了在当代决策环境中解释历史数据的困难性。

[2]　同样，Ahmed 等人研究中，小麦、大米和食糖被视作进口产品，土豆被视为非贸易产品。

（续）

年份	关税	补充税	增值税	预提收入税	土地费用	基础设施建设费	税收负担
1993	7.5	0	0	2.5	2.5		12.5
1994	7.5	0	0	2.5	2.5		12.5
1995	0	0	0	2.5	0		2.5
1996	0	0	0	2.5	0		2.5
1998	0	0	0	3	2.5		2.5
1999	5	0	0	0	0		5
2000	5	0	0	0	0		5
2001	25	0	0	3	2.5	2.5	33
2002	22.5	0	0	3	0	3.5	29
2003	0	0	0	3	0	4	7

数据来源：取自 Ahmed 研究（2007，附表 A7，第 57～67 页）。1997 年的数据没有包括在表中。

事实上，过去十年出口政策的一个重要部分是采取现金激励措施，促进某些农产品的出口创汇，同时还对这些商品的生产商提供支持。

现金激励机制最初是用于促进当地生产的黄麻产品和其他纺织品出口。此后，逐步增加适用范围（增加现金奖励的总体支出，并将适用的产品数量增加至 14 种），2002—2003 年度，将其他冷冻虾和鱼、水果和蔬菜、农产品加工品列入计划，2004 年加入马铃薯，2005 年加入孵化鸡蛋和小鸡。现金激励可用于国内外加工、运输和国际运费，这是 WTO 农业协定第 9.4 条允许的。

现金激励根据 FOB 净值提供，用一个由孟加拉国银行设定的固定限定性价格计算。现金激励在不同产品和年度间各不相同，变化幅度为 10%～30%。虽然现金激励计划的总支出并没有显著增加（从 2002/2003 年度的 1.32 亿美元下降到 2005/2006 年度的 8 900 万美元，2007/2008 年度又攀升至 1.85 亿美元），但其在产品间的分配和平衡发生了重大的变化，主要是从对当地纺织品支持转向对冷冻虾和其他鱼的支持，其中对冷冻虾和其他鱼的支持费用从 2002/2003 年度的 864 万美元增加至 2007/2008 年度的 5 260 万美元，同时，对水果和蔬菜的支持费用从 13 万美元增至 942 万美元（Deb 和 Bairagi，2009）。

尽管它们已经是主要出口产品，孟加拉国政府还实施高关税，进一步对冰冻的虾、鱼和黄麻进行保护，支持这些出口行业的发展。部分进口替代产品的关税也非常高，例如蔬菜、水果、坚果、香料以及进口替代食品加工行业。Khan（2010）指出，事实上，"2009—2012 年出口政策也禁止出口原料虾"，而且"包括冷冻食品在内，农产品加工品是最优先保护的部门"。

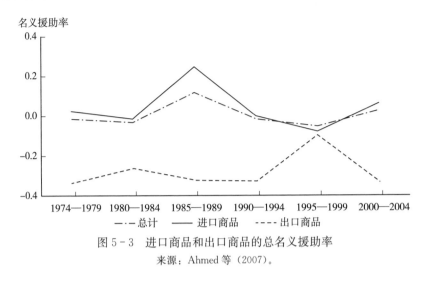

图 5-3　进口商品和出口商品的总名义援助率

来源：Ahmed 等（2007）。

对出口商品的贸易政策导向反映了加工和贸易部门的重要性，该政策综合运用了出口促进和关税升级手段。

对不同子部门的特定支持似乎已经造成了出口模式的显著改变。世界银行研究（Ahmed 等，2007，第 4 页）指出，尽管农业在出口总额中所占份额已从 20 世纪 70 年代的 37％下降至 2004/2005 年度的 7％（由于成衣的出口增加），占农产品出口额 65％的虾产品最近的出口量增长以及占农产品出口额 6％的蔬菜出口量增长，很大程度上是由现金奖励和补贴运费驱动的。

Deb 和 Bairagi（2009）认为，现金激励和产量之间有一个显著的积极关系，但最明显的影响体现在现金奖励对出口数量、质量以及产业价值链上收入和生产要素的影响。他们比较了现金激励实施前（1985/1986—2001/2002）和实施后（2002/2003—2007/2008）的增长。就产量增长速度而言，趋势好坏参半。例如，每年虾捕捞量的增速明显增长，但虾养殖量有所下降。同样，在实施现金激励时期，蔬菜产量年增长率整体放缓，但是多数蔬菜的产量还是增长的。

就出口表现而言，虾的出口量增加非常快。例如，冷冻虾出口从 2001/2002 年度的 9 860 吨增加到 2007/2008 年度的 2.352 万吨，而出口额从 2.52 亿美元增加到 4.17 亿美元。其他冻鱼的出口增长速度甚至更高，尽管其基数较低。

蔬菜的出口量和出口额均显著增加，出口量从 1990/1991 年度的 3 750 吨增加到 2007/2008 年的 3.093 万吨。就出口额而言，从 437 万美元增加至 6 047万美元。实施现金奖励期间，出口量增长了 2.4 倍，出口额增长了 4 倍。

应该注意的是，尽管出口量显著增加，但蔬菜和虾的出口量不仅取决于现金激励，也取决于各部门达到 HAACP、SPS、农药残留等标准的能力。这一方面的进一步发展可以提供大量的额外刺激（见随后的贸易支持措施章节）。

通过分解价值链和观察利润的变化，Deb 和 Bairagi 证明，在实施现金激励时期，渔民的纯收入比没有现金激励时期的纯收入高 52%，而种植蔬菜的农民收入增加了 79%。同样，从事出口虾生产和加工的劳动力数量增加了 85%，尽管从事蔬菜生产的劳动力数量仅增加了 7.5%。

现金激励计划在促进出口方面的"成功"经验，也给其他部门带来使用现金激励的压力，而这些部门可能并不需要这种政策支持该部门的发展。

例如，土豆出口商的现金激励从 2010 年 4 月的 10% 增加到 2010 年 7 月 30 日的 20%，原因是国内丰产导致产量超出国内消费量 200 万吨，过剩的供应量面临冷藏处理设施不足（The Financial Express‐bd. com，《每日星报》，2010），导致国内市场价格下降（价格下跌到 6～7 塔卡/千克，而生产成本为 10 塔卡/千克）。然而，这只是一个短期解决方案，增建冷藏设施是长期的解决方案。

也有人担心现金激励计划的滥用，比如支付环节的腐败以及该政策可能被利用成为有目的地取悦特定竞选/游说团体的工具。为此，对该措施持续的分析和辩论仍然是一个需要重点考虑的问题。

6　结论

孟加拉国的农业贸易政策一方面日益对进口开放，但另一方面又存在明显的反出口偏见。对政策制定者的相关建议往往是一致的，主张进一步降低进口的关税和相关的补充税费，同时减少对出口商品的隐性税收（黄麻经常被用来作为例子）。

然而，事实上，贸易政策一直被积极地利用，一方面促进当地高附加值产品的出口，一方面进行主粮生产管理。在出口方面，政策相对一致，尽管容易受到游说的压力。在进口方面，鉴于贸易政策的使用更多是为缓解对粮食安全的潜在负面影响，干预措施在本质上更临时和特殊。

在实践中，进出口都使用了贸易促进和贸易管制的政策工具。

为了分析这种使用模式及其适当性，从价值链角度考虑贸易政策的影响是必要的，而不应仅关注原材料（在构建保护和支持指标时容易犯的错误）。例如，黄麻价值链的贸易政策特征是黄麻及黄麻产品的高关税，生黄麻的出口限制和黄麻出口产品的现金激励。类似的措施也使用在虾和蔬菜贸易中（Deb 和 Bairagi，2009）。

总体而言，谷物贸易的关税相对较低，但当从主要出口商处进口谷物的进口平价太具竞争优势时，政府将大量使用补充关税（例如在印度实施出口补贴后）。谷物贸易还面临着出口限制，例如对小麦实施了相对长期的出口禁令，自 2007 年以来对大米暂时使用出口管制，这些措施旨在结合粮食储备管理国内价格。

自食品价格危机爆发后，主粮贸易的管理严格了。这反映出自 20 世纪 90 年代初期以来，自力更生的策略逐渐转向自给自足。严格贸易管理和国内丰产的结合足够防止世界市场价格高企和进口大米购买困难带来的显著负面影响。

同样，对部分出口商品的选择性支持看起来除了有利于提高外汇收入，对提高生产者的收入也有积极的影响。

尽管可能有人认为孟加拉国贸易政策自由化程度不高，但该国政策的确将"竞争性"进口给当地农业生产和相关行业带来的潜在负面影响控制在最小，同时确保主粮的可获得性没有受到负面影响。然而，对于该国过分强调和针对某些行业，导致其他行业受损的担忧也一直存在。例如，Hossain 和 Saha（2010）认为，孟加拉国政策的弱点包括对谷物生产的过分强调导致对蔬菜企业的负面影响。如果因子中立型技术容易遭遇国内市场吸收适用困难的担忧成真，那么这个问题就比较突出了，这可能导致需要进一步开拓出口市场来弥补国内放缓的需求（Mandal，珀耳斯通讯，2010）。

此外，通过政府干预来实施贸易管理，虽然总的来说不一定会产生负面影响，但已经在实践中给贸易商带来困扰。私人贸易商和政府之间更多沟通，以及和政府在贸易政策衔接、实施方面的合作，可以改善贸易政策干预的负面影响。

上述这些差异性观点证明，想要使用贸易政策手段同时实现与农业部门贡献有关的多个相互冲突的目标的确存在困难。然而，通常认为，这并不证明必须建立更自由或更统一的农业贸易政策体系。

参 考 文 献

Ahmad，R. (2010). Government plans paradigm shift in agriculture. The Daily Star 16 January 2010.

Ahmed，N.，Bakht，Z.，Dorosh，P. & Shahabuddin，Q. (2007). Distortions to Agricultural Incentives in Bangladesh. Agricultural Distortions Working Paper 32，December. World Bank，Washington DC.

Alam，S. (2010). Current Scenario of Trade Policy and Trade Support Measures in PRSP II (Revised) and Trade–Real GDP Growth relationship in Bangladesh. Project Background Paper.

Bakht，Z. (1999). Impact of SAFTA on the Official and Unofficial Trade of Bangladesh. Mimeo. Bangladesh Institute of Development Studies. Dhaka.

Centre for Policy Dialogue (2008). Training Manual on WTO and Bangladesh Trade Policy, published by the CPD, 2008.

Chowdhury, N. (2009). Price Stabilization, Market Integration and Consumer Welfare in Bangladesh. Report submitted to National Food Policy Capacity Strengthening Programme. FAO/MoFDM. Dhaka.

Deb, U. & Bairagi, S. K. (2009). Cash Incentives for Agricultural Export: Impact on Farm Level Income and Employment in Bangladesh. Paper prepared for the Asia－Pacific Economists' Conference on Trade led growth in times of crisis. Bangkok 2－3 November 2009.

Deb, U., Hossain, M. & Jones, S. (2009). Rethinking Food Security Strategy: Self－sufficiency or Self－reliance. DFID. London.

Dorosh, P. (2001). Trade Liberalization and National Food Security: Rice Trade between Bangladesh and India. World Development, 29 (4): 673－689.

FAO (2005). The State of Food and Agriculture 2005. FAO, Rome.

FAO (2010). Special Programme for Food Security Bangladesh Homepage. http://www.fao.org/TC/spfs/bangladesh/index_en.asp.

Hossain, S. M. M. & Saha, M. K. (2010). Vegetables trade in Bangladesh. FAO project background paper.

Khan, S. (2009). Impact of WTO on Agricultural Trade Policy of Bangladesh 1980 to Present. FAO project background paper.

Mandal, S. (2010). personal communication.

Mondal, M. A. L. (2010). Feeding the fifteen crore. The Daily Star 9th April 2010.

Morrison, J. A. & Sarris, A. (2007). Determining the appropriate level of import protection consistent with agriculture led development in the advancement of poverty reduction and improved food security. *In:* Morrison and Sarris (eds) WTO rules for agriculture compatible with development. FAO, Rome.

Rashid, M. A. (2009a). Trade Policies and Comparative Advantage in Bangladesh Agriculture. Unpublished Ph. D. thesis, Department of Agricultural Economics, Bangladesh Agricultural University, Mymensingh, Bangladesh.

Rashid, M. A. (2009b). Domestic and International Competitiveness of Production of Selected Crops in Bangladesh. Draft Report submitted to the National Food Policy Capacity Strengthening Programme, FAO/MoFDM, Dhaka.

Rashid, M. A. (2010). Articulating appropriate trade policies in Bangladesh. FAO project background paper.

Talukder, R. K. (2010). Food grain production and trade policies in Bangladesh (1980—2009). FAO project background paper.

Thomas, H. & Morrison, J. A. (2006). Trade related reforms and food security: a synthesis of case study findings. *In:* Thomas (ed) Trade reforms and food security. FAO, Rome.

World Bank (2009). Bangladesh Trade Brief. World Trade Indicators 2009/10. World Bank

Washington D. C.

WTO（2006）. Trade Policy Review: Bangladesh. WTO, Geneva.

World Bank（2004）. Trade Policies in South Asia: An Overview. World Bank, Washington DC.

第六章　孟加拉国的主要贸易政策

M. Harun‑Ar Rashid 和 Jamie Morrison

1 概况介绍

本文引用前一章贸易政策和下一章支持措施论述的关键主题，研究贸易政策的制定与孟加拉国一系列政策框架的一致程度，并通过上述研究，探索如何协调贸易政策和更广泛的减贫战略制定间的关系。

作为一个案例回顾研究，本文通过引用一系列与第一份 PRSP 同时期的历史文献，考察了孟加拉国的贸易政策立场。这些文献主要包括：

（1）暂行 PRSP（I‐PRSP）、PRSP 及其相关的政策文件（2004）。

（2）2003—2006 年进口规则。

（3）2003—2006 年出口政策。

（4）2006 年国家食品政策。

案例回顾研究的目的是通过综合考虑不同的政策文件，评估贸易和贸易政策在多大程度上被政策制定过程所考虑；PRSP 制定在多大程度上允许贸易主流化以及 PRSP 是否基于此而引申形成了更多近期的贸易和贸易政策文件，比如 2006—2009 年的出口政策以及它们在实现政策简化目标中的作用。

受每个政策文件以及可获取文件范围的约束，本文主要关注这些文件中贸易和贸易政策的重点，尤其是前一章探讨的相关问题，即：①创造一个更加自由的贸易环境，尽管农业部门仍然保留相对高的保护水平；②粮食的自给自足；③对主要粮食出口国出口决策的应对能力；④在以下方面的强化：a. 出口促进，b. 政策文件之间的关系，c. 文件制定的过程。在此基础上，本文研究了主要制定者与更广泛的利益相关群体咨询协调的程度。

2 政策文件中的贸易内容

2.1 I‐PRSP、PRSP 及其相关的政策文件[①]

暂行 PRSP（I‐PRSP）总结了国家的贫困情况，描述了现有的减贫战略并通过叙述参与过程展示了制定全面的减贫战略的机制。通过上述分析，全面扼要地介绍了现有的减贫战略，提供了全面减贫战略文件的发展路线图。例如，贫困诊断的时间表、需要评估和改革的政策领域的识别、设想的参与过程等（孟加拉国政策对话中心，2004）。

孟加拉国起草了一个 I‐PRSP 文件——《孟加拉国经济增长、减少贫困和社会发展战略》，文件于 2003 年 3 月完成。I‐PRSP 是于 2003 年 6 月 17 日

---

① 孟加拉国政策对话中心（2004）采用了本子节。

正式提交给世界银行和国际货币基金组织理事的。随后，孟加拉国在 I－PRSP 的基础上起草了 PRSP。

孟加拉国政策对话中心（2004）指出："I－PRSP 的起草受制于有限的磋商机会和专题研究机会，在此后的文件回顾审查中发现了一些问题。"随后的 PRSP 起草过程中指出的主要问题包括：

- 环境-贫困事项。
- 水资源管理战略。
- 教育质量改善。
- 主流化的农业性别问题，乡村发展和劳动力市场。
- 私营部门发展。
- 贸易政策改革中期计划。
- 财政部门改革。
- 农村非农活动的政策和制度。
- 产业政策重点的中期框架。

有意思的是，缺乏对未来贸易政策的关注也被认为是存在的主要问题之一。要全面评估贸易及相关政策的不同组成部分在 PRSP 中的表现，需要了解 PRSP 文件整体战略的推进。PRSP 框架如图 6－1 所示。

文件中具体列出了追求加速减贫目标所涉及的 8 个特定领域（四个战略区块和四个支持战略）：

- 第一个战略区块关注的是快速增长所需的条件（即宏观经济平衡稳定增长，监管环境改善，私人投资提高和外国直接投资流入增加，有效的贸易和竞争政策，贫困和性别敏感预算）。
- 第二个战略区块是需要确定一些关键部门使贫困人口在经济增长过程中受益最大化，特别强调农村、农业、非正式和中小企业部门以及改善部门间联通关系。
- 第三个战略区块是安全网措施，保护穷人，尤其是女性，抵御预期和意外收入/消费方面的冲击。
- 第四个战略区块是通过教育、健康、营养和社会干预措施提高穷人的能力，从而促进社会和人类发展。

四个支持战略包括：①穷人的参与和赋权；②促进良好治理；③改善基本需求领域服务的供应；④环境可持续性。

PRSP 通篇反映了一个事实，即孟加拉国此前相对快速增长的模式已经造成了不平等，而且增加就业被视为摆脱贫困的基本路线。

与前一章谈到的问题相关的一个值得注意的问题是，虽然行动纲要简明地指出"出口和蓬勃发展的国内市场的潜力一样重要，不能被抛在一边。实际上，这是要协调两个焦点即出口和国内市场，是益贫式增长的最佳模式。"但在孟加拉国 PRSP 中，贸易相关成分旨在提高出口潜力从而创造就业机会，除了在关于粮食安全的政策体系中涉及一些贸易政策外（见下文），没有具体提及进口竞争性粮食产业所需的贸易政策或支持措施。

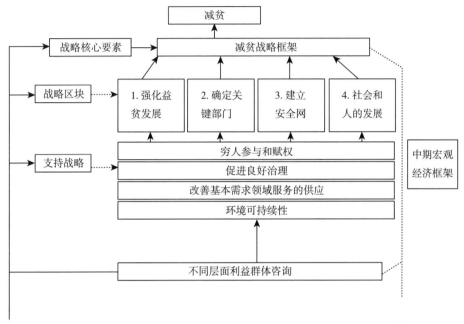

图 6-1 减贫战略框架图

来源：孟加拉国政策对话中心，2004 年。

例如，PRSP 指出，"政府的出口导向型增长政策赋予出口在减贫事业中一个独特的地位。由于它对促进经济尤其是促进贫困妇女的就业的重要意义，它被单独且更广泛地研究分析"。

对出口方面的关注不仅仅是出口促进政策，也包括自由化计划，文件中的内容主要包括"简化进口手续，减少数量限制（QRs），合理化和降低进口关税，保持有竞争力的汇率，成为出口促进的关键驱动力"。

此外，PRSP 提出"自由化计划已经成功地激励了出口。在 20 世纪 90 年代，出口实际年均增长 12.5%，而 20 世纪 80 年代 GDP 年均增长 4.8%，出口年均增长 3.9%。贸易-GDP 比率从 20 世纪 80 年代中期的 17% 增至 2000 年的 33%"。

然而，它还指出，成衣（RMG）部门的出口增长一直占主导地位，该部门出口为孟加拉国出口总收入贡献了约 75%。同时，2004 年底前由《多种纤维协定》提供的保护也逐渐消除，这可能严重影响外贸部门甚至总体经济的发展。

尤其需指出，"其他主要商品的出口，如生黄麻、黄麻制品、茶、皮革和皮革制品、冷冻食品和虾等形势一直存在偏差。过去十年左右的时间里，除了服装外，其他主要出口产品并未显示持续的活力。因此，仅仅是贸易体制自由化（从而减少反出口偏见）并不一定能保证出口多样化或刺激供应侧反应"。

PRSP 中有关推进贸易发展的内容，主要集中于 12 个部门（参见下文介绍）。插文 6-1 总结了各部门对贸易改革和出口的建议。

插文 6-1 再次强调了贸易和贸易政策的出口维度，这同样见于出口政策（毫无疑问）以及进口规则中。

关于 2003—2006 年出口政策，PRSP 指出，"贸易政策将因此寻求实现充分的出口增长与就业。如果出口导向型行业创造了大量实质性就业机会，那么出口增长将直接利于扶贫。"它接着指出，"因此，2003—2006 年出口政策旨在增加出口、创造就业机会和减少贫困"。

关于 2003—2006 年进口政策，PRSP 强调，既然政府收入严重依赖贸易税，那么与关税自由化相关的问题就是关税收入的减少和对预算平衡的影响，这将"需要围绕整体就业目标建立政策支持体系。特别是，需要修订进口政策、进口税收和关税结构，以消除对非官方部门的偏见。"

PRSP 的主旨体现在 PRSP 附录一系列 19 个政策中。下文列出了最相关的矩阵，展示建议的整合贸易所应采取的步骤。

插文 6-1：贸易改革和出口反应涉及的主要子集团

子主题报告概述了贸易改革和促进出口对减贫的重要性，试图分析孟加拉国的贸易政策以及在后《多种纤维协定》时代的发展方向及改革措施。为实现这一目标，需要讨论和分析几个具体问题：①孟加拉国实施的贸易自由化措施；②政策性反出口偏见；③进一步取消数量限制的范围和自由化、合理化进口关税制度；④贸易自由化的出口影响；⑤面对出口影响采取的需求和供给方面的限制；⑥通过解决出口行业面临的各种约束条件促进孟加拉国出口；⑦消除《多种纤维协定》配额及其影响；⑧确定成衣产业面临的挑战及政策选择；⑨贸易-贫困概念性问题及与其相关的减贫战略。

这份报告概述了 25 项促进贸易的意见和建议。一些主要提到的观点是：①采取必要有效的措施以应对《多种纤维协定》；②调整关税，避免降低了最高关税税率但整个关税结构依然收入中性；③采用非歧视的方式将补充税和增值税应用到国内进口替代产业中，以确保它们的中立；④减少有效保护利于资源有效分配；⑤实际的关税合理化有利于国内依赖中间产品进口的产业发展；⑥为支持小型和非正式部门的增长提供积极的和可分析的政策制度，并带来显著的扶贫效应；⑦孟加拉国在关税优惠区域贸易安排（RTAs）和自由贸易区（FTA）中可能接受的关税自由化空间；⑧通过消除供给侧限制扩大潜在出口行业的出口；⑨涵盖政策、制度和企业水平的，影响干预方案或支持体系的整体方案；⑩应对后《多种纤维协定》时代潜在的不良影响的完整计划；⑪成衣部门供给侧的约束，例如基础设施薄弱、缺乏熟练工人、法律和秩序、政治动荡和经营中无形成本高等，均需要系统性解决，同时，要缩短尤其是编织成衣部门的生产周期；⑫需要采取措施巩固美国和欧盟对孟加拉国成衣部门和经济的重要地位，证明零关税和简化原产地规则（ROO）是出口持续成功的关键因素；⑬通过主要贸易伙伴消除进口关税，可能大大提高孟加拉国的出口竞争力，尤其是通过强大的产业后向联系，能够提高对那些相对发达的发展中国家的相对竞争力。

每个政策矩阵具体描述了一系列战略目标（如"改善国际竞争力"），主要目标（如"出口政策的制定"），政策计划（即政策和关键目标的改变）以及负责的部门和机构。

有趣的是，文中并没有提到政策矩阵 1 中的贸易政策：宏观经济稳定和贫困地区的经济增长。相反，这些内容列入了政策矩阵 2 的三个具体组成部分：如表 6-1 描述的促进贸易和汇付。

表中重点突出的是现金激励逐步增加的作用以及贸易任务/展览会在促进出口贸易中的重要性。进口自由化方面的重点是减少中间投入品的关税，降低税收收入对关税的依赖。然而，值得注意的是，该文没有特别提到农业部门，尽管它是吸收劳动力就业的重要部门，尤其是其进口竞争性行业。

政策矩阵 3 是私营部门和中小企业发展，指出了贸易政策改革应该以正确的速度和顺序推进，从而创造有利的政策环境，例如在自由化之前提供足够的适应期以及消除反出口措施的同时，应解决供应方面的瓶颈等。

政策矩阵 4 是实现农业增长以促进减贫，包含 24 个刺激农业生产的战略目标，但除了对出口的现金奖励外，其他部分并没有一处提及对主要农产品的贸易政策。

政策矩阵 8 食物安全中涉及了一些农业贸易政策（表 6-2）。然而，这个矩阵的内容不仅包括贸易和贸易政策，还包括：①以低成本提供食物；②稳定国内消费，它没有探讨采取何种贸易政策或者行动，确保在实施提高农业生产率的战略时，国内进口竞争性行业免受过度竞争，从而保证国内农业生产。

然而，该文再次直接关注通过进口自由化/私营部门投资来确保贸易。

PRSP 并未提出保护国内生产商免遭竞争可能需要的保护和限制措施。这些政策反映在 2006 年国家粮食政策中（参见下节）。

在本文的起草过程中，第二个 PRSP 正在制定中。虽然报告并未涉及第二个 PRSP 的一系列制定过程和内容，只是从一个历史的视角介绍孟加拉国主流贸易和相关政策的制定过程，但下面还是对第二个 PRSP 中所涉及的贸易相关政策进行了总结。

表 6-1　政策矩阵 2：贸易和汇付促进中的主要贸易相关目标

战略目标	已采取/正在制订的措施	PRSP 政策计划 （2005—2007 财年）	责任部门
3. 改善出口产业的国际竞争力	· 政府已经制定了一个三年出口政策（2003—2006），以提高出口产业的竞争力 · 通过银行提供各种贷款和现金激励，促进中小企业和政府非传统部门的出口 · 通过提供新创业技能培训促进中小型企业发展 · 由于采取贸易自由化措施，反出口倾向已经从 1992 财年的 59% 降至 2003 财年的 18% · 采取了一项通过体制改革消除反出口倾向的行动计划 · 自 2003 年 5 月 31 日起开始实施浮动汇率以提高外贸部门的竞争力 · 2003 年 12 月取消了信用证保证金要求，使外汇市场进一步自由化	· 更多的产品正在进行现金激励的审查，这些产品包括手工艺品、农产品加工产品、蔬菜和蔬菜制品以及光工程产品等 · 股份公司的注册一直在重组和自动化的进程中。重组工作由孟加拉国环境保护局、关税委员会和进出口管理局负责	商务部、林业部、孟加拉国银行
4. 出口多元化	· 采取开拓东欧国家市场的措施 · 2003—2006 年出口政策中建议对市场开发行为的支持。这些措施包括提供现金激励、建立为各部门/分部门全面发展提供服务的商业促进委员会 · 为维护和增加成衣部门目前在欧盟、美国和加拿大的市场份额提供政策支持。除了美国，孟加拉已经获得了进入欧盟、加拿大、澳大利亚、挪威和新西兰市场的配额/关税自由准入待遇 · 已加入三个区域贸易组织、SAFTA、孟加拉湾多部门技术经济合作计划、伊斯兰会议组织成员国贸易优惠体系（TPS-OIC）	· 包括开展针对非洲、南亚和东南亚市场的活动 · 2003—2006 财年对市场开发活动方面的支持 · 孟加拉服装制造及出口商协会（BG-MEA）已经聘用了一些游说者，争取为其纺织品和成衣产品获得美国免税机会	商务部、出口促进局、服装制造及出口商协会

（续）

战略目标	已采取/正在制定的措施	PRSP 政策计划 （2005—2007 财年）	责任部门
· 为更有效的国内生产提供自由贸易环境而实行的进口自由化	· 降低中间投入品关税 · 调整税率结构使之更加合理。将税率等级从 20 世纪 80 年代的 24 级调整至 2005 财年的 4 级（0、6%、13% 和 25%） · 贸易体制更加自由化，将最高关税从 1992 财年的 350% 下调至 2005 年的 25% · 减少采取数量限制的海关 8 位税目产品数量，从 1991 财年的 40% 下调至 20 世纪 90 年代中期的不到 2% · 实施禁止和限制进口的产品数量从 1997—2004 年进口政策规则的 122 个下降至目前实施的 2003—2006 年进口政策规则中的 24 个 · 降低全部商品的进口许可费用，对食糖贸易实现自由化 · 制定了三年（2003—2006 年）进口政策规则，从而确保进口政策条款最大限度的透明和持续性	· 平均关税保护水平计划降低至 20% · 继续采取合理的数量限制 · 正在考虑减少数量限制项目 · 努力实现税收转移，以减少对进口的依赖	商务部、林业部、国家收入委员会

资料来源：孟加拉国政府，2005，附录 4。

表 6 - 2　政策矩阵 8：食品安全

战略总目标	主要目标	已采取/正在制订的措施	PRSP 政策计划 （2005—2007 财年）	未来重点	责任部门
（1）	（2）	（3）	（4）	（5）	（6）
2. 保证低成本的食品供应	· 提高农业生产率 · 保证投入品的可获得性 · 引进新的农业科技 · 继续推进农业自由化 · 发展基础设施	· 各种农业政策、项目 · 投入品供给补贴 · 完成牲畜和渔业的完整评审 · 政策评估启动 · 私营部门的食品贸易许可 · 重点基础设施发展 · 孟加拉食品和灾难管理部在紧急时刻及时提供食品分配	· 对农业包括市场营销和扩展的审查 · 实施新的农业推广政策 · 鼓励私营部门贸易（国内和国际） · 合理的关税和避免市场限制 · 为避免产品价格风险进行的政府国内采购	· 农作物和食品多元化更加有效 · 农业方面适当的研发 · 为使粮食作物收获损失最小而开发的技术 · 全面灾难风险管理 · 农作物保险	农业部、商务部、财政部、渔业畜牧部、食品和灾难管理部、当地政府部门

（续）

战略总目标	主要目标	已采取/正在制订的措施	PRSP 政策计划（2005—2007 财年）	未来重点	责任部门
（1）	（2）	（3）	（4）	（5）	（6）
3. 稳定食品消费	·确保国家和地方关键食品的公共和私人库存水平 ·有针对性的食品及价格稳定项目；农场价格支持；开放市场销售及其他食品分发机制	·公共粮食库存分布在不同区域 ·更加容易操作的私人小型粮食库存项目 ·各种针对食品分配和安全网络的项目 ·进口自由化和私人进口、开放市场销售	·现代化的食品库存管理以便在需要的时候快速分发 ·通过合理农作物库存水平项目鼓励私人库存 ·充分利用公共储存设施出租或租用给私人部门用户使用	·继续实施食品管理的现代化 ·继续实施各种食品私人储存项目	农业部、商务部、食品和灾难管理部、社会福利部、社区组织

资料来源：孟加拉国政府（2005），附件 4 中斜体所示的与贸易相关的文本。

外贸部门政策的核心集中于维持出口增长，增强汇款流通和确保增加进口来满足消费者需求。政府将努力通过贸易便利措施、一站式出口设施、提高产品附加值和质量以及获得国际认证机构认可等途径来减少贸易交易成本和缩短交货时间。政府也会产生新的关注，如供应基地较少、其对国际需求变化的反应滞后、投资资金不足、由于薄弱的基础设施而缺乏与邻国的连通，以及缺乏增加产品国际竞争力所需的研究开发的高端技术基础。需求方面政策重点关注提高优惠的市场准入、复杂的原产地规则、限制性贸易政策和非关税壁垒，以及缺乏足够的市场信息等相关问题。政府致力于通过合理化的关税和消除非关税贸易壁垒，减少反出口偏见，避免对产业的负面保护，确保一个稳定的关税结构。孟加拉国作为 WTO 成员和 SAFTA、孟加拉湾倡议（BIMSTEC）的成员，将继续努力为其产品争取零关税待遇。政府认识到，提高贸易谈判能力对签订贸易协定的影响至关重要（孟加拉国政府，PRSP 第二版，2009，第 19～20 页）。

2.2 2003—2006 年进口政策规则

PRSP 中陈述的进口自由化的要点和理由符合 2003—2006 年进口政策规则（IPO），其目标是进一步实现自由化和放松进口。

PRSP 中提到"虽然有时进展不平衡，但自由化进程取得了相当大的成果"。在最新的进口政策规则中，采取控制措施的数量已经从此前进口政策规则的 122 个下降到 63 个，其中只有 22 个是因贸易原因采取的。目前，受控制的产品数量已经下降至 24 个，最高关税已经从 1992 年的 350％下降至 2005 年的 25％，关税分类类别（包括零关税）已经从 20 世纪 80 年代的 24 级下降至 4 级（0、6％、13％和 25％）。

同时，文件提到："贸易政策的一个重要内容是引入出口促销措施，包括取消机械和中间投入品进口关税、现金激励、退税以及免除增值税和其他税"。据估计，考虑到进口关税的非加权保护，孟加拉国经济的反出口偏见已明显从 1991—1992 年的高达 59％下降至 2002—2003 年的 18％。

进口政策规则的目标是：

（1）使进口政策规则更加自由化从而适应全球化的、逐渐发展的、WTO 所要求的自由市场经济。

（2）为技术进口提供便利化，从而广泛推广现代科技。

（3）为出口产业支持型进口提供便利，从而为出口产业打下坚实的基础，最终，协调考虑进口政策、国家产业政策、出口政策和其他开发项目。

（4）通过逐步取消成品进口限制，使产业原材料更容易获得，从而提高产业竞争力和效率。

尽管一些农业领域的进口竞争性行业被过度保护或管制（例如小麦进口禁令），进口政策规则又列出了部分附加措施。

例如，与食品进口的动植物检验检疫要求相关，第 16.1 条指出，"在进口任何国家生产的牛奶、牛奶食品、牛奶制品、食用油等食品时，需要强制性测试这些产品的辐射水平。值得注意的是，可以直接食用的蔬菜和种子也需要强制测试辐射水平。"然而，孟加拉国对来自南亚自贸协定（SAFTA）和东南亚国家的大米、小麦、其他谷物和加工食品的进口条件有所放松，条款指出，"上述辐射测试条款提到辐射测试应当在一定条件下给予放松，例如：提交由相关政府/出口国认可的机构签发的原产地证书，由政府/出口国的认可机构颁发证书，证明所进口的大米、小麦、谷物和加工食品的质量和标准符合人类消费，不存在有害细菌，证书应当向海关提交"。

事实上，很多对其他部门的限制也会直接影响农业相关部门，例如"除了用于出口包括虾在内的冷冻食品的叠层内箱外，其他所有类型的纸箱均禁止进口"。

2.3 2003—2006 年出口政策

出口政策的目标也与旨在提供经济发展动力和就业机会的快速的出口扩张计划一致，主要包括：

（1）加强例如出口促进局（通过其重组提高机构效率）、海关部门、陆地和海洋港口、渔业部门、孟加拉国标准和检测机构以及茶叶委员会和贸易机构等出口相关机构的能力建设。

（2）产品多元化。

（3）提高产品质量、设计水平和附加值。

（4）为促进产品出口实施新的战略，确保更好地利用电子产品或计算机技术、电子商务和其他技术。

（5）发展必要的基础设施，在必要的时候发展上下游产业，确保产品出口量最大化。

（6）培育新的出口商，为现有的出口商提供全方位协助并持友善的商业态度。

（7）培养贸易专家资源。

（8）培养具有世界贸易体系所要求知识的贸易团体、企业家和相关人员。

然而，一个战略重点是确定和具体支持一系列享受额外支持和豁免（在特定政策中，享受的待遇超过任何出口加工区）的特定部门。农产品和农产加工品、皮革产品均包括在五个确定的部门中。

特别措施所包括的类型也普遍与 PRSP 的方向一致。例如，出口促进基金（EPF）将在货物再出口退税信贷计划框架下通过贷款免费为出口企业提供便利，此基金将为企业提前提供 180 天以及 100% 的免费贷款额度；在出口促进基金下，进口原材料及相关产品将更加方便；通过软贷款利率进口设备可以降低贷款成本，促进出口。

在出口贷款方面，出口商可以在不可撤销的信用证下获得商业银行 90% 的贷款。同样，以出口为导向的行业能够每两年进口它们机械设备 10% 的配件，而且不需交税。与进口政策规则一致的是，它们"将被允许进口一般被禁止进口或在特定出口订单条件下才可以进口的原材料、包装商品和机械设备"。此外，政府将提供出口收入所得税减免，出口商将获得 50% 的所得税减免。

尽管晚于 PRSP 制定，最近 2006—2009 年的出口政策，强化了上述措施，并对 PRSP 做了明显的引用。它可分依管理规则和战略/支持措施分为几部分。战略部分特别指出了对 PRSP 的引用"根据 PRSP 中列明的目标，政府已经采取措施促进出口部门的多样化和自由化，从对部分特定商品的依赖转向确保提供具有国际市场价格竞争力的产品。这些措施包括，进出口程序的便利化和简单化、现代商业技术的推广应用、市场扩张、提高效率和产品质量、减少商业费用等能力建设内容，以及解决包括整体调整政府职能在内的合规性问题。与此同时，政府通过为服务部门（例如信息和通信技术、咨询服务和建设等）提供便利来增加出口收入。根据 PRSP 的目标，政府已经采取主动，正在起草《2006—2009 年出口促进战略文件》，作为国家《2006—2009 年出口政策》不可或缺的一部分。PRSP 的主要目标之一是，为孟加拉国广大人民创造就业机会和创造收入，到 2015 年减少一半的贫困人口。这将通过扩大出口贸易来实现。"

虽然 PRSP、进口政策规则和出口政策规则在一些方面具有相似性，例如它们都强调出口扩张，但这些政策文件在贸易的作用以及促进农业部门发展的贸易政策方面存在较大差别。在涉及国家粮食政策的领域，这些不同尤为明显。

2.4　2006 年国家粮食政策

与贸易相关政策文件通过出口创造就业不同，国家粮食政策有自己的目标。

文件开头就指出，"国家最首要的责任是确保人民在任何时候都有充足的可靠的粮食供给"，并提到"孟加拉国政府的基本责任是确保满足其公民基本的粮食需求"，它同时也指出，"目前的粮食政策是在最近实施的 PRSP 下发展起来的，从另外一个更广泛的角度看也是根据世界粮食首脑会议采用的粮食安全定义制定的。"

为实现上述总体目标，它列出了三套具体目标：

目标 1：确保充足和稳定的安全、富有营养的粮食。

目标 2：提高家庭粮食购买力。

目标 3：为人们提供充足的营养（尤其是妇女和儿童）。

从本质上讲，这比贸易政策文件制定的政策提供了更广泛的目标，因为贸易政策文件更偏重于目标 2，对目标 3 涉及的较少。

重要的是，文件指出，国内粮食生产、公共和私人库存以及国际贸易共同决定了国内粮食可获得水平，而且"贸易自由化、全球化以及粮食价格在确保国家粮食安全中的重要性日益增加。"

当然，并不是所有国家粮食政策的组成部分均包括农业贸易内容，仅仅是重要的部分才涉及农业贸易。这将在后文中分析。

目标 1：确保充足和稳定的安全、富有营养的粮食

这一目标下的第一个战略，即战略 1.1 是粮食产量的高效和可持续增加，并没有提及贸易或贸易政策。而战略 1.2 有关高效的粮食市场的一系列相关子战略却提及了。

1.2.2 鼓励私营部门粮食贸易，文件提到，私营部门的粮食贸易涉及在全国购买、加工、贮存、运输和销售粮食的许多磨坊主、批发商和小贸易商，涉及为满足国内和出口市场需求而需要提高的现代研磨、抛光、分拣、清洗和包装技术领域。以下为其重点内容：

（1）对私人粮食营销、加工、分拣和存储提供充分激励。

（2）通过调整税率和增加其他行政支持，管理私营部门粮食进口，从而鼓励企业在需要的时候进口粮食，避免过度进口可能给国内生产带来的负面影响。

（3）在生产和市场供应过剩时，鼓励农产品出口。

文件接下来提出，为改善贸易支持法规和监管环境，应重新考虑各种营销规则和贸易实践。"为使市场受贸易支持性规则管理，需要分析各种形式的营销费用、税收、征税的合理性，保障市场开放。"为此，政府将采取以下措施：

①建立一个粮食私人存储和供应监控系统。

②确保对市场中介机构积极地位的认可。

③强化和促进贸易竞争，推进反垄断规则。

目标2：提高家庭粮食购买力

在这一目标下，贸易相关内容是显而易见的，但仅局限于对短期冲击的应对。战略2.1"暂时性冲击应对"的目的是确保私营部门参与，来满足国内生产不足，提高粮食的经济可获得性。为提供便利，政府将采取以下措施：

（1）确保消除对粮食存储和流动的限制。

（2）为存储和大量库存提供信贷便利。

（3）鼓励私人通过某些贸易和财政政策措施进口粮食，从而缓冲内外部价格冲击。

（4）为私人贸易商提供价格合理的公共存储/处理设施，以确保粮食通过私人部门快速和高效地转运出去。

国家粮食政策重申，"因涉及所有维度的粮食安全（粮食的可获性和可用性），粮食政策逐渐变得更加复杂。这些维度的粮食安全政策必须通过各部委、政府部门和机构的有关活动实施。世界贸易和粮食援助环境的变化将给未来的粮食政策带来新的挑战，因此也影响当前战略。提高粮食安全水平的各项工作需要在国家层面协调"。

3 政策文件起草的协调

比较国家粮食政策与其他相关政策文件（PRSP、进口政策和出口政策），会发现它们主要存在以下区别：①国家粮食政策更多偏重农业贸易政策；②政策重点不同；③在加强必要的协调方面，国家粮食政策和其他政策文件的期望存在差距。

协调不够是各政策存在明显差异的一个潜在原因。在某种程度上，与其他政策制定相比，PRSP 在起草过程中分配给不同部委和机构不同的责任也是造成这些差异的原因。

例如，表 6-3 就列出了那些负责包括粮食安全在内的农村发展的责任部门以及那些负责宏观经济稳定和扶贫性发展的责任部门。值得注意的是，无论是商务部还是规划委员会的经济部门都与农村发展任务无关，同时，虽然农业确实是扶贫发展的关键部门，但农业部却没有被列为宏观经济稳定和扶贫性发展的责任部门。

表 6-3　不同 PRSP 主题的任务

主题名称	负责的部委/机构
农村发展，包括粮食安全、灾害管理、安全网络项目、微型信贷和农村非农活动	牵头部委：乡村发展和合作社 相关部门： 1. 救援和灾害管理部 2. 食品部 3. 财政局 4. 社会福利部 5. 当地政府部门 6. 青年和体育部 7. 孟加拉国农村发展委员会
宏观经济稳定和贫困人口增长	牵头部委：财政部门，财政部 相关部门： 1. 总经济部门（GED），计划委员会 2. 规划局，计划委员会 3. 孟加拉国全国收入委员会 4. 孟加拉国银行 5. 财政部对外经济关系局

在每个战略下实现更大的跨部协作是必要的，但显然，各不同体系的政策文件间贸易和贸易政策相关重要内容的缺失也的确是个问题。

孟加拉国政策对话中心（2004）和 Ahmed（2004）完整详细地描述了 PRSP 的制定过程。文中剖析了 PRSP 是如何制定的，以分析制定过程的缺失环节和协调的不足，并分析为何贸易政策作为一种减贫的重要替代和补充途径，但在 PRSP 中的作用设定却明显偏窄并仅以出口为重点。

随后的进口政策规则和出口政策规则起草过程与 PRSP 有些不同。1950 年实施的进出口（管理）法案赋予政府管理进出口货物和服务的权利。每五年，海关将颁布详细的进出口政策指导该时期的进口行为。商务部通过孟加拉国关税委员会（BTC）、出口促进局（EPB）和进出口首席管理办公室（CCIE）负责贸易政策的起草、实施、执行和监管。关税政策由关税委员会制定，进口政策规则由进出口首席管理办公室制定和实施，出口咨询委员会制定出口政策的初步草案，最终由商务部审核实施。值得注意的是，出口政策不同于进口政策具有法律效力，它仅是没有任何法律效力的意向指导。财政部（MOF）下面的国家税务局（NBR）管理所有税收、关税和增值税（VAT），同时管理包括其他税收在内的免税期。表6-4中列出的政府部门和相关机构均参与孟加拉国贸易和贸易相关政策的制定和实施。孟加拉国通过召开部际会议、内阁子部门间以及内阁级水平的协调会议实现政策协调。

还有一些政策咨询机构、公共和私营部门参与相关工作，例如，进口咨询委员会、出口促进委员会、国家出口委员会和全国工业发展委员会。私营部门常通过积极参与贸易政策咨询机构的活动来参与政策的制定。孟加拉国工商业联合会是代表私营部门在国家层面的最高机构。孟加拉国发展研究所（BIDS）和孟加拉国经济协会（BEA）等独立的学术机构也经常参与贸易相关政策对话。

表6-4　贸易及其与贸易相关问题的各部委的责任

部委/机构	负责的领域
农业部 ·孟加拉国农业部农业信息中心 ·孟加拉国农业研究委员会	·农业政策，SPS
商务部 ·进出口主要管理部门 ·出口促进局（EPB） ·关税委员会	·进出口政策，WTO协调，南亚优惠贸易安排及其他区域协定，保险服务 ·进出口登记 ·出口促进，纺织配额管理 ·关税政策，反倾销和反补贴调查，保障措施
财政部 ·孟加拉国银行 ·国家税务局（NBR）	·银行服务，补贴 ·出口金融，银行服务，利率补贴 ·关税，装前检验，关税估价，关税其他税、免税期和税收优惠，退税
工业部 ·孟加拉国标准和测试学会 ·孟加拉国小型工业企业 ·专利设计和商标局	·工业政策 ·标准 ·小型工业 ·专利、工业设计和商标

（续）

部委/机构	负责的领域
总理办公室 ·私有化委员会 ·投资委员会 ·孟加拉出口加工区管理局	·国有企业私有化 ·投资者登记（包括外国投资），投资设施 ·出口加工区
健康部	·SPS
计划部 ·计划委员会 ·中央采购技术组（CPTU） ·检测和评价局	·五年计划，三年连续计划，《减贫战略计划》 ·政府采购
纺织和黄麻部	·纺织和黄麻政策
渔业和畜产品部	·SPS
食品和灾害管理部	·食品和灾难管理
环境和林业部	·环境和林业政策
交通部	·公路和铁路运输

4　结论

本文的目的是在回顾孟加拉国关键政策文件及其制定过程的基础上，明确农业贸易和贸易政策主流化的一致性程度，同时分析政策间的差异和缺失，以理解各部门之间的协调程度及向利益相关群体咨询的重要意义。

PRSP、进口政策规则和出口政策规则从贸易的角度出发，完全侧重于支持创造就业和减少贫困的关键出口部门的发展。从某种程度上讲，这些文件是互相支持和统一的。

然而，贸易和贸易政策内容在 PRSP 和上述两个贸易政策文件中显然占的篇幅不多。虽然随后的国家粮食政策更多地提到了贸易政策，描述了提高私人部门在粮食贸易和确保粮食库存以应对短期冲击中的重要性，它还是缺少对贸易政策可能在促进进口竞争性部门发展和确保粮食安全中发挥的作用的关注。

虽然这些问题可能在起草 PRSP 时在分组专题讨论中讨论过，随后被省略了，但进口政策规则缺乏对这些问题的关注，更暗示了贸易政策框架构建时对这方面问题欠考虑。在某种程度上，这可能是因为农业部门很少有机会向负责贸易立场确定和相关贸易政策制定的部门表达意见，让它们认识到农业可以扮演不同的角色，需要支持性政策。

　　利益相关者群体在 I - PRSP 和 PRSP 起草中的参与方式也可能是导致农业贸易核心功能部分被忽略的一个原因。不幸的是，鉴于只有咨询讨论过程而非结果文件是公开可得的，所以很难评估这一原因的影响有多大。

参 考 文 献

Ahmed，Q M.（2004）．From I - PRSP to PRSP：Steps and Processes. Presentation made the Meeting of the National Steering Committee（NSC）with the Local Consultative Group（LCG）in Bangladesh，held on February 26，2004.

CPD（2004）．Finalization of the Poverty Reduction Strategy for Bangladesh：A Review of the Process and Interim Measures. CPD Dhaka.

GoB（2003）．Import Policy Order 2003—2006，Dhaka.

GoB（2003）．Export Policy Order 2003—2006，Dhaka.

GoB（2005）．Unlocking the Potential. National Strategy for Accelerated Poverty Reduction（PRSP 1）. General Economics Division，Planning Commission，Dhaka.

GoB（2006）．Export Policy Order 2006—2009，Dhaka.

GoB（2006）．The National Food Policy 2006，Ministry of Food & Disaster Management，Dhaka.

GoB（2008）．The National Food Policy - Plan of Action，2008—2015，Food Planning and Monitoring Unit（FPMU），Ministry of Food & Disaster Management，Dhaka.

GoB（2009）．Steps Towards Change - National Strategy for Accelerated Poverty Reduction II（Revised - 2nd PRSP）FY 2009 - 11，GED，Planning Commission，Dhaka.

WTO（2006）．Trade Policy Review：Bangladesh，WTO，Geneva.

第七章 孟加拉国农业贸易相关支持措施

Tofazzal Hossain Miah 和 Jamie Morrison

1　概况介绍

如前一章贸易政策部分所述，虽然孟加拉国经济贸易已经明显开放很多，但农业贸易政策仍然积极为出口部门发展和进口竞争产品的保护提供支持。前一章也强调，贸易政策在实现自给率等目标和促进农产品出口中同等重要。

然而，在贸易政策中，出口促进是一个比进口替代更明确的目标，与贸易相关的支持政策（TRSM）的识别也主要集中在出口促进上。

在某种程度上，进行 TRSM 识别和确定优先序过程中对出口促进的绝对关注，与前一章提到的对不同农业生产类别的实际支持措施并不一致。第二节阐明了这一事实，即政府提供了重要的支持以增加进口竞争性以及可出口产品的贸易机会。

接下来，第三节利用 2003 年 WTO 工作组政策审查，分析孟加拉国贸易相关支持措施是如何设计安排的。文中列出了工作组审查内容并突出了孟加拉国政府启动的重要行动和措施。文章引用了部分针对孟加拉国相关政策的既有的研究成果及评论，包括对蔬菜和虾出口支持措施的研究。本文也尝试将特定贸易相关支持政策与贸易政策章节阐述的问题相关联。最后，第四节得出结论，并提出改善当前贸易政策识别和优先序确定程序的建议。

根据上述第四章综合论述的解释，本案例研究采用 TRSM 这个术语而不使用 AfT，有两个原因。一个原因是，AfT 局限于外部资金支持的援助，而 TRSM 不区分内外部资金，可以涵盖来自所有资金来源的支持措施。另一个原因是，这里使用 TRSM 意味着涵盖包括进口在内的所有产品和行业，而 AfT 常被视为是支持出口的，虽然世贸组织工作组 AfT 报告中并没有明确指出这一点。除上述两点，两者之间没有其他差别。AfT 六个类别全面覆盖贸易措施，也全面覆盖农业、工业等产业。

2　与贸易相关的支持措施定义的界定

要研究 TRSM 的识别和确定优先序程序，确定它的定义和范围是一个主要困难。正如下文第三节所描述的，从狭义上讲，制定这些措施通常是为了给提高出口提供便利。

然而，在大多数国家，以提高生产力水平为目的的支持同时也可以提高该国非传统出口农作物的交易性和竞争力。因此，贸易相关支持措施的定义就存在一定争议了。

总体经济部门有关农业增长重点的信息（表 7 - 1）表明，孟加拉国重要的支持措施不仅针对出口行业也针对进口竞争性行业。这反映了一个事实，即孟加拉国正在最近的减贫工作中优先考虑增加农作物和非农作物的生产力以及盈利能力。

表 7-1　以减贫为目的的农业增长

战略目标	投入指标/政策变化	产出指标	结果/影响指标
提高农业（农作物和非农作物）生产率和利润率	· 农业各子部门支出占总公共支出的百分比 · 农业研究和推广支出 · 灌溉支出 · 市场服务支出 · 农业加工和营销支出 · 农业补贴支出 · 农业投入的及时可获性 · 有质量保证的种子支出 · 基于子部门和农场规模的农业信贷支出 · 针对非农用途的耕地保护 · 改善土地资源基础	· 种子新品种 · 市场投入供应 · 对贫困人口的服务 · 灌溉基础设施 · 高质量种子供应	· 谷物、蔬菜、蛋白质、牛奶和乳制品人均消费量 · 男性/女性农业薪酬率 · 农业增长速度 · 家庭食品安全 · 各子部门分性别就业情况 · 贫困人口比率 · 价格区域和时间变化 · 各部门农业产出 · 产量差距减小 · 经济作物和高价值作物的产出 · 农产品加工品的产出

资料来源：总体经济部门计划委员会（2008）。

政府通过加强对农业投入品市场干预（例如，种子、肥料、灌溉、优惠利率和电价）和公共食品采购的方式，给农民提供援助。这样的措施旨在降低农业生产成本，帮助生产者应对提高的生产成本和面对来自邻国的竞争。

孟加拉国对 WTO 的国内支持措施通报提供了各种支持措施信息。在孟加拉国第一次通报期间（1997/1998 到 1999/2000），综合支持量（AMS）超出绿箱支出，达 36%，而且支持措施总量的增长速度快于绿箱措施。所有特定产品的支持措施总量支出均被用于 1995/1996 年度和 2003/2004 年度对大米和小麦的价格支持。直到 1999/2000 年度，绿箱支持才被大幅用于研究和开发活动，从 2001/2002 年度则开始转向对扩展和咨询服务的支持（表 7-2）。

除了贸易政策章节讨论的通过各种贸易和相关政策提供支持外，WTO 贸易政策研讨会还注意到了该国"各种形式的对农业的公共支持，还包括农业研究、农业推广、害虫和疾病控制措施、培训、营销服务和各种基础设施服务。这些援助有些针对特定产品，有些是在普遍基础上提供的，其中很大一部分包括水利发展基础设施建设，如洪水控制堤防和排水"。

这些数据没有提供措施实施的内容。例如，灌溉的每单位土地的柴油补贴是提前制定的，有针对性地提供给受现金限制的农民。然而，小农户的总灌溉面积并不多，因此这些补贴的效益是最小的（Mandal，2010，私人交流）。政策实施过程中存在的缺陷加剧了这一问题。主要受益局限于深机井所有者的相关用电补贴也存在类似的困难。然而，研究也发现投入品的及时交付带来了显著好处。

表 7 - 2　1997—2004 年农业和畜牧业国内支持发展（百万美元）

	1997/1998	1998/1999	1999/2000	2000/2001	2001/2002	2002/2003	2003/2004
国内总支持（I＋II＋III）	69.90	92.63	99.01	—	116.07	97.66	142.31
国内总支持占 GDP 比重	0.16	0.20	0.21	—	0.24	0.19	0.25
国内总支持占总税收比重	2.06	2.75	3.01	—	3.13	2.27	2.96
国内总支持占政府总支出比重	1.23	1.50	1.45	—	1.64	1.29	1.70
I. 综合支持量（AMS）							
(a) 特定产品综合支持量							
大米	9.25	14.02	15.14	—	6.77	3.85	11.97
小麦	5.33	3.62	1.46	—	−4.39	−0.58	
(b) 非特定产品综合支持量				—			
按照一定补贴率对灌溉电力进行的间接补贴	6.65	8.93	7.14		7.68	7.32	8.24
通过肥料制造提供的补贴和通过进口尿素提供给农民的间接补贴	15.40	26.83	33.04	—	64.22	44.53	58.50
II. 免于减让承诺的措施——"绿箱"							
总服务	33.20	39.02	42.01	—	55.12	50.06	87.42

（续）

	1997/1998	1998/1999	1999/2000	2000/2001	2001/2002	2002/2003	2003/2004
II. 免于减让承诺的措施——"绿箱"							
（1）除甘蔗、黄麻、棉花和茶以外的非大米作物的研究和开发（1996/1997、1997/1998、1998/1999 年的水果、蔬菜和香料）	12.77	12.66	15.25	—	10.34	9.32	12.58
（2）大米作物的研究和开发	3.93	7.66	7.21	—	1.06	2.73	3.76
（3）甘蔗的研究和开发	0.97	1.31	1.44	—	0.99	1.07	1.05
（4）棉花的研究和开发	0.40	0.40	0.39	—	0.37	0.35	0.38
（5）黄麻的研究和开发	0.38	0.45	1.04	—	0.48	0.52	0.53
（6）害虫和疫病控制	0.01	0.01	0.01	—	0.02	0.46	0.47
（7）培训服务	0.08	0.14	0.34	—	4.10	1.21	1.28
（8）扩张和广告服务	0.53	0.95	1.95	—	30.50	27.44	59.39
（9）市场和促进服务	0.94	1.13	1.03	—	0.60	1.49	2.11
（10）基础设施服务	0.99	0.44	0.61	—	2.29	0.06	0.06
（11）乳制品部门研究和开发	5.12	5.06	4.82	—	2.12	2.19	3.22
（12）禽类部门研究和开发	7.48	8.81	7.92	—	2.25	3.22	2.59
III. 免于减让承诺的措施——"发展计划"特殊和差别待遇							
对贫穷和弱小农民（包括各渔业和畜牧业子部门）的投资补贴	0.07	0.21	0.22	—	0.21	0.18	0.12

（续）

	1997/1998	1998/1999	1999/2000	2000/2001	2001/2002	2002/2003	2003/2004
III. 免于减让承诺的措施——"发展计划"特殊和差别待遇							
（1）提供再融资设施，每年为"国家特殊经济区"的农民提供优惠利率为1.5%的贷款	0.03	0.14	0.12	—	0.10	0.09	0.09
（2）如果按时还款，将有2%的利率返还。这对弱小农民通常是适用的	0.04	0.07	0.10	—	0.11	0.09	0.03

注：—指不可获得。

资料来源：从 WTO 贸易政策审议（2006）中节取。

上述措施，尽管提高了进口竞争性作物的可交易性，但并不是严格意义上的"贸易支持措施"。在某种程度上，支持改善生产力的措施都包含在2003—2006年出口政策中，政策提到"采取特殊措施促进茶产业发展，包括恢复茶园、为茶园接入煤气来确保他们的价格竞争力、为产生疫病的茶园提供贷款以及更传统的'贸易支持措施'，如为促进茶叶质量、提高生产率和现代化程度提供分期贷款，为进口包装材料提供退税/受担保的仓库设施"（WTO，2006）。

同时，孟加拉国政府也已采取行动来支持黄麻产业发展。在贸易政策章节已经提到，黄麻产业发展已经受到政府参与采购和加工的负面影响。2002年，孟加拉国政府通过提供2亿塔卡财政援助周转金，成立了纺织品和黄麻部下属的黄麻多样化推广中心（JDPC）；提供了3 000万塔卡捐赠基金，以不超过机械成本的15%为限，支持黄麻企业扩展，用于支持企业家获取新技术和相关的培训、市场调研、情报或者弥补推广成本；还提供了一个投资基金，确保企业家有充足的资金投资多元化的黄麻产品（WTO，2006）。

贸易政策章节已经分析，2003年孟加拉国还对某些农产品和渔产品（冻虾和冻鱼、水果、蔬菜和农产品加工品）实行高达30%的直接现金出口补贴。事实上，2005/2006年度对农业部门和其他农业相关部门的补贴预算已经翻番，农产品贸易已逐渐成为对外贸易的重要组成部分。

3 为农基产业发展提供的贸易相关支持措施

一个明显的事实是，孟加拉国农业，无论是出口还是进口竞争性行业，都得到了各种形式的支持，此过程中对贸易便利化相关支持措施的识别较多，而确定优先序的程序却比较少。

与其他最不发达国家不同，孟加拉国没有 DTIS。然而，由世贸组织秘书处组织的工作组政策审查（2003）是与之类似的工作。工作组审查的部分内容是政府为促进以农业为基础的产业发展而采取或决定的主要措施和行动。因此，虽然很少有文件提及过程本身，但它展示了这些政策确定优先序和实施的方式。

接下来，文章对 19 个最相关行动进行了讨论，这些行动中的大多数几乎完全集中在出口上。实施上，大部分农业相关措施都隶属于"以农业为基础的出口导向型产业发展"的范畴。

政府所采取的行动和措施都被逐字重现。然而，审议对最近的蔬菜和虾出口支持措施及其意义的分析评论更丰满。有关内容反映在 Monowar Hossain 和 Mitul Saha 的"孟加拉国蔬菜贸易"（Hossain 和 Saha，2010）、AHM Monirul Haque 的"对提高孟加拉国蔬菜生产和改善出口市场的支持措施"（Haque，2010）、Md. Nazrul Islam 的"对提高孟加拉国虾生产和改善出口市场的支持措施"（Islam，2010）和 Md. Taj Uddin 的"孟加拉国虾贸易中的价值链"（Uddin，2010）中。

Islam（2010）指出，一般来说，虾的产量非常低，约 250 千克/（公顷·年），许多因素导致了这种低产量。在营销方面，原材料的长供应链、基础设施不足、冷链维护水平低，以及缺少足够的基于卫生和环境卫生的 HACCP 质量体系认证培训是导致原材料质量降低的主要问题。

Haque（2010）指出了制约用于出口的高质量蔬菜数量的一系列问题。包括收获前因缺少灌溉使得农作物减产；品种和作物没有使用正确的收获方式，影响了易腐烂蔬菜的收获后质量。举例来说，如果番茄在全部变红后采摘，果实将无法运输到主要外部市场。由于处理不当引起的机械损伤，产品在储存、包装和运输过程中的微生物感染都是导致收获后变质的原因。据估计，大概 16%～43% 的收获后损失发生在易腐烂的蔬菜和水果上。各种研究表明，由于较大的收获后损失（占产量的 20%～30%），水果和蔬菜的总产量与净获得之间有相当大的差距。研究对象包括洋葱（35%）、番茄（20%～30%）、甘蓝（42%～47%）、花椰菜（45%～49%）和生菜（60%～62%）。培育和收获可能造成 2%～5% 的损失，运输损失占 5%～10%，存储损失占 10%～15%，其他操作占 2%～5%。对损失估计的研究将特定水果和蔬菜在整个收获后处理链中的损失进行了量化。

当收获后损失较小时，产量略有增加，便可抵消收获后损失。当损失的百分比增加，需要增加的产量将迅速提高。需要增加 25％的产量以抵消 20％的收获损失，66％的产量抵消 40％的损失，150％的产量抵消 60％的损失（Haque，2010）。

WTO 工作组政策审查报告审查的措施和行动[①]

（1）提供贷款、贴息以及其他设施和/或激励促进外向型农产品加工。

孟加拉国政府（GOB）举措：2002 年，孟加拉国政府宣布给予冷冻食品行业 15％的现金奖励（见贸易政策章节）。商务部建议财政部免除企业部分利息，并在转移给封存账户贷款后批准企业新的相同数量贷款。孟加拉国政府于2002 年 5 月 2 日发布通知，要求银行免除部分利息和提供封存账户设备。孟加拉国政府已经采取一些措施，降低以农业为基础的企业获得资金的成本，但这取决于银行和客户的关系，不同银行、客户间这种关系的差异很大。

评论：加工虾的企业需要通过获得关键技术和实施相关进口国家的质量管理措施来获取信贷措施支持，从而更新加工技术。Islam（2010）指出，央行（孟加拉国银行）鼓励商业银行通过提供信贷担保基金或退还措施为虾项目提供资金支持。根据信贷担保计划，一个企业家可以在没有任何担保的情况下，获得等于他投资 4 倍的银行贷款。

（2）进口相关设备，例如应免除收割货车和冷藏容器的关税和增值税，以支持对园艺作物的保护。

孟加拉国举措：政府没有采取任何措施。

（3）为支持食品加工业发展，应免征化学防腐剂和防腐技术进口税和增值税。

孟加拉国举措：为支持食品加工业发展，政府已经免除了部分投入品的关税，但尚未免除增值税。

（4）为技术进口提供信贷、关税和增值税优惠从而支持标准包装的发展。

孟加拉国举措：政府已经降低了许多包装项目的投入品关税，但是没有建立一个专门负责食品国际标准包装发展的机构。

（5）建立基于出口市场的"出口公司集团"，并通过提供优惠信贷、免除关税和增值税以及提供技术转移鼓励和支持该集团发展。

孟加拉国举措：政府没有采取任何措施。

（6）应该增加农产品出口的空运货物空间以及加强诸如货物卸载和储存中

[①]　本节基于 WTO 工作组审议内容，评论基于项目论文。

的冷冻设施建设。

孟加拉国举措：政府没有采取任何措施。

补充：由于出口的新鲜农产品主要是航空运输，运送过程迫切要求升级位于孟加拉国达卡的齐亚国际机场的设施。对现有和必需条件的专门和详细的研究，有助于评估当前从业人员的专业技能水平和资格，以及审查需要加强的设施和设备。吉大港的检疫设施也同样需要升级，但对新鲜农产品出口而言，主要的迫切需求为国际机场设备的升级。

孟加拉国可以增加同等的出口补贴来替换园艺产品出口的特殊引导价格（SIP），将出口商注意力从确保获得孟加拉国航空的货舱位转向发展出口的其他措施，同时在适当的领域开发海运来代替空运，从而提高园艺产品的出口。

（7）降低出口运费至区域水平。

孟加拉国举措：已经降低了蔬菜出口的空运运费。

补充：Hossain 和 Saha（2010）指出，出口农产品应该得到飞机上额外的空间，并安排单独的货物存储，而且农产品的空运和海运费用应降低至一个合理水平。他指出，孟加拉国航空公司将计划从欧洲引进一项正规的"货物运输服务"。

（8）质量控制措施的制度化和落实。孟加拉国标准和检验机构（BSTI）应配备现代和适当的技术和最合格的人力，支持以出口为导向的农产加工品的标准化发展。

孟加拉国举措：为促进孟加拉国标准和检验机构（BSTI）现代化发展，政府已采取了一些措施。尽管如此，孟加拉国标准和检验机构（BSTI）应该采取更有效的措施提高能力建设，以满足 WTO 的要求。

显然，如果要充分利用出口市场，提高质量控制是一个关键问题。欧盟国家一直对 HACCP 合规问题非常敏感，这迫使孟加拉国的冷冻食品出口商转向提高对美国的出口。孟加拉国向美国市场出口冷冻食品有一个很好的机会，因为印度等其他主要出口国正面临着美国的反倾销壁垒。

水产品检验与质量控制中心（FIQC）有三个办公地点，分别位于达卡、吉大港和库尔纳，它们都有现代的实验室设施。然而，它们需要更多的合格科技人才资源和更复杂的设施才能更有效进行质量评估。

进口国要求鱼产品加工企业在它们的工厂建立有效质量保障系统的压力越来越大（Hussein 和 Islam，2005）。这些在生物反恐法案、反倾销法案和冷却系统及可追溯性管理规则中有进一步复杂的阐述。孟加拉国政府主要强调两个问题：①质量和安全（细菌、污染物残留、添加剂和可追溯性）；②贸易问题（商标、文件和普惠制）。

到目前为止，危害分析与关键控制点（HACCP）应用于加工工厂，但为确保产品质量和降低风险，养虾场也需要采用 HACCP。加工厂是大型投资者，也是经营中的最终冒险者，它们已经采用了 HACCP 中提到的程序，但HACCP 却一直很难适用到小型养虾场。大多数虾农意识到经营中的风险，但他们没有充分的动机去积极采用 HACCP。此外，大多数农民需要得到化学物质对虾质量的影响（生产期间使用）方面的培训（Haque，2003），需要孟加拉国政府在这方面给予支持。

同时，对于蔬菜，建议蔬菜冷冻应该设定一个单独的 HACCP 计划，并应类似孟加拉国鱼产品加工业的相关要求。Hossain 和 Saha（2010）提出，应该升级实验室的其他污染物/重金属和农药残留测试设备，为利益相关者提供测试费用补贴。此外，需要严格的监管和监控劣质种子、掺假化肥和农药销售。加强农业化学品和药类在内的所有类型农业投入品的质量控制方面的食品安全立法。

（9）通过类似于格兰特配套设施（MGF）这样的项目，支持出口农产品的海外市场研究。

孟加拉国举措：通过格兰特配套设施（MGF）项目支持农产品出口已经显示了成效，但 MGF 项目已经接近结束，需要以更集中的形式对其进行发展，并提高支出效益。

（10）现有关税结构的异常将使原材料、投入品和包装的关税更高，减少加工品进口会使国内农产品缺少比较竞争力，因此应解决这种异常的关税结构。

孟加拉国举措：2001 年的关税结构异常现象已经在某种程度上得到了缓解。但是，下文提到的部分异常的确阻碍了孟加拉国以农业为基础的产业的高速发展：

（a）延长已经不符合免税条件的以农业为基础的产业免税期。为鼓励以农业为基础的产业扩张，也应为现有农基产业提供免税期。

（b）如果上市公司交 20% 的最低股息税，目前将得到 10% 的退税。为刺激农业部门发展，上市的农基企业仅需交付 15% 的最低股息税，就可以得到10% 的退税。

（c）上市公司需支付 30% 的所得税。农基上市公司可支付 20% 的所得税。

（d）目前所有农基产品征收 15% 的增值税。为鼓励农基产业发展，增值税可以完全免除或只针对增值部分征收 15% 的增值税。对本土生产的原材料不征收增值税。

（e）对奶制品征收增值税，而免征原料奶增值税。为刺激牛奶生产和消费，应该只收取奶制品增值部分的增值税。

（f）不将几个月的退税申请合并在一起处理。申请应由当地银行根据出口单据做退税处理。

（g）政府将给予农基出口产品 15% 的现金激励，这是公布的预算中有但尚未支付的。这应由当地银行根据出口单据支付，从而提高出口竞争力。

补充：出乎意料，在 WTO 工作组政策审查中，这一行动受到了评审专家组的高度关注。Hossain 和 Saha（2010）指出，政府的政策大大影响了蔬菜出口。以下是政府采取的有关政策（2006—2009 年出口政策），这些政策作为最重要的农产品和农产品加工品的出口原则被公布：

（a）鼓励出口蔬菜的生产采用订单农业方式。

（b）政府（国有）土地，适时分配给有兴趣的出口商去生产蔬菜和水果，鼓励建立出口基地。

（c）鼓励蔬菜、植物和水果出口所必需的现代和科学的包装材料生产。

（d）鼓励马铃薯的种植、生产和出口。

（e）继续对蔬菜、花卉植物和水果生产商和出口商进行培训。

（f）严格的边境检查来防止低质量和掺假产品进口。

（11）针对农产品加工行业实施 2000/2001 预算中提出的创业者基金（EEF）。

孟加拉国举措：创业者基金（EEF）目前包括农产品加工行业。然而，申请 EEF 贷款的费用已从 2000/2001 年度的 10 亿卢比增加至 30 亿卢比，如果这项措施要广泛实施，则需要进一步简化程序。

（12）提供保税仓库设施，使农业产业可以进口它们需要的投入品。

孟加拉国举措：政府没有采取任何措施。

（13）建立包装、装瓶和印刷等中间投入产业。

孟加拉国举措：政府没有采取任何措施建立中间投入产业，但一些私营部门采取了相关措施。

（14）成立农业行业发展研究机构。

孟加拉国举措：政府没有采取任何措施。

（15）支持小玉米、法国豆、秋葵、蘑菇等适宜种植的品种发展，促进它们的国内外市场营销。

孟加拉国举措：政府没有采取任何措施。

（16）建立一个高产量（HYV）种子研究和培育机构。

孟加拉国举措：政府没有采取任何措施。

（17）建立统一为当地农产品出口商和外国进口商服务的农产品贸易服务部门。

孟加拉国举措：政府没有采取任何措施。

补充：尽管孟加拉国园艺作物生产具有较大优势，且逐渐从自给转向商业经营，但水果和蔬菜的出口仍然很困难。生产商和出口商一样，都必须采取各种措施，开发和维持自己的出口市场。及时采摘、高效操作、包装、托盘化和冷链运输是它们维持出口市场采取的最重要的措施。

Hossain 和 Saha（2010）指出，应该调整和评估振兴园艺出口发展基金会（HORTEX），使其转换为在人力、物流设施和财务能力方面更有效的机构。他们还指出，应成立"农产品贸易促进委员会"来改善和控制农业和农产品的质量。

（18）通过建立配备有现代设施的食品科技机构，确保培养充足的人才资源。

孟加拉国举措：政府没有采取任何措施。

（19）推动高效率的易腐品运输基础设施建设。

孟加拉国举措：政府未采取任何发展高效易腐品运输基础设施建设的措施。

补充：对于蔬菜行业，Hossain 和 Saha（2010）提出，需要发展基础设施（包装车间、冷链、测试实验服务），改善包装系统和质量管理，从而应对买家关注的健康和环境问题。有趣的是，他们建议通过这项措施，加强私人部门与政府在包装和运输等市场基础设施建设方面的合作。

此外，除了上述措施，还应采取措施提高商务部工作人员了解及从事贸易政策制定和谈判的能力，特别是与世贸组织相关的政策和谈判。此外，需要扩大其与主要政府部委以外的个人和组织（例如孟加拉国银行、孟加拉国发展研究机构和大学）在贸易问题上的沟通。

4　结论

综上，贸易支持措施的识别和优先选择似乎总是集中在有出口增长潜力的产品上。上述分析反映出两个关键问题。

（1）依次消除限制

虽然相当数量的潜在限制可以通过文件和相关文献列出的贸易支持措施来消除，但很多这样的措施都没有或者没有完全落实。

优先次序似乎没有得到足够的重视。然而，在资源和能力有限的情况下，优先次序是至关重要的。Haque（2010）得出的一个结论值得关注的：

"在解决或改善单个限制因素时有一个小问题。就像金属链的强度只由最薄弱环节的强度决定一样，生产加工新鲜农产品的供应和运输链也是如此。在开始整体升级或升级单个组件时，明智的举动是考虑可能产生的新限制因素（最弱链接）。例如，增加出口产品的产量毫无意义，除非空运瓶颈可以突破，而这需要确实有效、有保证的合同使货运服务更加可靠。同样，以为增加空运能力就能打开欧洲市场是非理性的预期，因为产品需要满足目标市场 SPS 标准和控制要求。"

因此，有必要更加关注优先次序问题，应该考虑减轻限制的顺序，而不是简单列出这些限制因素的清单，并试图不管顺序单个解决。

(2) 更平衡的措施制订方法

尽管促进出口的贸易相关支持措施在文件中得到了明确的界定，但尚不能保证：①与国产商品存在潜在竞争的进口商品的管理；②提高国产进口替代性产品的可交易性这两点已经得到了充分关注。

贸易政策部分已经阐述了，进口产品被相对积极地限制（通常是短期内）。然而，为有效地管理贸易，很需要包括进口量和价格监测、提高贸易政策研究执行能力等内容在内的措施。这些措施也需要更多地反映在相关贸易支持措施中。

为了解决贸易合作伙伴日益增长的环境和气候变化关注，需要增加贸易政策支持措施的内涵，因为环境和气候因素可能对未来粮食安全构成重大威胁。相应政策可能包括，例如，改善道路基础设施、灵活的贸易协定等，但是这些措施需要在对变化的潜在影响和最适当的干预措施有了系统理解的基础上确定。

参 考 文 献

EPD/ Planning Commission (1998). *Fifth Five Year Plan 1997—2002*, Ministry of Planning, Government of the People's Republic of Bangladesh, Dhaka.

Haque, A. H. M. Monirul (2009). Export programme of fresh fruits and vegetables in Bangladesh - present scenario, problem and prospects. Paper presented at the workshop on Appropriate Trade Policies for Bangladesh, Bureau of Socioeconomic Research and Training, BAU Mymensingh, 13 May 2009.

Haque, A. H. M. Monirul (2010). Support Measures for Improving Vegetable Production and Export Market of Bangladesh (1980 - present). FAO Project Background Paper.

Hossain, M. & Saham M. (2010). Vegetables Trade in Bangladesh. FAO Project Background Paper.

Islam, Md. N. (2010). Support measures for improving shrimp production and export market of Bangladesh. FAO Project Background Paper.

Mandal, S. (2010). Personal communication.

Uddin, Md. T. (2010). Value Chain in Bangladesh Shrimp Trade. FAO Project Background Paper.

WTO Trade Policy Review (2006). Trade Policy Review - Report by the Secretariat on Bangladesh, 9 August 2006. http：//www. wto. org/english/tratop _ e/tpr269 _ e. htm.

WTO Taskforce Review (2003). Trade Policy (Bangladesh). http：//unpan1. un. org/intradoc/groups/public/documents/APCITY/UNPAN018232. pdf.

第八章　加纳农业贸易政策问题

Ramesh Sharma

1　概况介绍

本章对加纳的农业贸易政策问题进行研究，接下来的两章分别分析研究加纳的贸易主流化问题和与贸易相关的支持措施。加纳制定 2004 年贸易政策的过程非常复杂。主要包括以下几步：对相关文献资料进行全面梳理总结；起草一份"备选文件"，该文件包含几个主要领域的总计 167 项备选政策；对相关利益群体进行咨询并调整相关政策；"重点"工作组将备选政策减少至最终贸易政策文件的 67 项。虽然一些问题的政策立场是连贯的，但是贸易政策制定是一个不断发展的过程，而且争论永不休止。政策实施过程中累积的经验，以及内、外部环境的新变化，如 2008 年全球食物价格危机，都会使这一过程持续下去。

关于贸易政策的争论发生在 2003 年和 2004 年，特别是政策选择报告中记录的政策及其优、缺点，成为争论持续不断的一项重要原因。随后，又有一系列重大政策出台，包括西非国家经济共同体（ECOWAS）一般贸易和农业政策，经济伙伴协定（EPA）和临时经济伙伴协定，PRSP 和农、工业产业政策等。

在上述背景和新变化下，我们对如何制定正确的贸易政策的过程进行了研究。FAO 贸易政策研究项目的本章和相关报告都是由位于加纳的分析师团队，在文献梳理、数据分析和对利益群体进行调查咨询后完成的。约 10 个专家参与了这项工作，由阿克拉的加纳经济事务研究所（IEA）负责统筹协调。我们多次召开会议，咨询政府官员、非官方利益相关群体和民间团体对贸易政策的意见。本文的研究借鉴了 Egyir 等人（2010）的贸易政策研究报告，Nimoh 和 Yeboah（2010）关于贸易主流化问题的研究，Asuming‐Brempong（2010）关于贸易相关支持措施的研究，以及 Mensah‐Bonsu 和 Addo（2010）关于贸易政策的分析。

下一节中，我们将选取主要农产品，研究其贸易相关的支持措施和几个一般性问题。第三节是对从第二节讨论中产生的六个交叉性问题进行分析。

2　核心贸易政策问题

由于政策干预及其造成的支持或扭曲程度通常是针对特定产品的，所以要针对特定产品进行问题分析和政策研究。本文针对以下四类产品进行研究：传统和非传统出口作物、大米和其他与进口有竞争关系的主要食品。此外，对 2 个交叉性问题进行分析：西非国家经济共同体共同对外关税（ECOWAS CET）、保障措施和 ECOWAP 以及临时 EPA/正式 EPA。

2.1 传统和非传统出口产品

2.1.1 传统出口产品——可可

在所有传统的出口产品中,可可是加纳最重要的出口产品,因此值得特别关注。作为出口产品,有关可可的贸易和价格政策问题的分歧几乎没有。我们选择进行个别分析的 3 个问题是:①整体税收水平和出口价值中生产者获得的份额;②出口税;③附加值产品出口。

众所周知,历史上最不发达国家会对其出口农产品征收重税。征税途径既包括直接对出口征税,又包括以产业保护和汇率高估为由间接征税。在过去几年中,加纳的农业税显著下降。根据世界银行最新的研究结果(Brooks 等,2009),针对可可的税收从 20 世纪 80 年代的 80%大幅下降到 21 世纪的 22%,主要的征税方式是直接征收出口税。

解释这些数字的另一种方式是根据出口价值中生产者获得的份额解释。提升上述份额已成为加纳政府和可可委员会的一项既定目标。这一目标已经被实现——该份额在 1983 年仅为 21%,1995 年为 40%,2000 年为 50%,2004 年之后达到 70%。此外,给予生产者的红利也有所提高。

第二个是出口税问题。在贸易政策选择文件(加纳,2004b)中,有三项针对可可出口税的政策选择:①取消现有的出口税;②基于国家提供的服务征税,和/或免除其他税收;③保持现状。选择②最终被选入为 2004 年国家贸易政策(加纳 2004c,简称 GNTP04)。对可可征收出口税的理由是,可可生产者已经被豁免了其他税收(所得税和利润税),因此可以征收等额的出口税。可可出口税要在每年确定,2007/2008 年度的出口税为 FOB 价格的 11.1%。税收所得被用来资助可可委员会的活动(加纳针对可可和可可产品的进口关税是20%)。如果每年关税税率的确定要以国家提供的服务和优惠政策(以下称为"等价物")为基础,那么这项政策的制定需要进行复杂的分析工作。

第三个问题是可可加工产品(可可脂,可可粉和可可膏)的生产和出口问题。加纳政府制定的中期目标是将本地加工可可在可可出口总量中的份额提高到 40%。实现该目标的一个主要障碍是出口市场的关税升级,因此这在 WTO 贸易谈判中需要特别关注。原料和加工产品的出口结构也受到国内相关激励措施(如出口退税、其他的行业激励措施)的影响,但是这些问题并没有在政策选择文件中予以提出或阐明。针对这一问题需要进行进一步的研究。

2.1.2 非传统出口产品

为实现出口多元化的目标,加纳政府一直致力于促进非传统产品出口,约有15种非传统产品经常被提及。这些产品包括菠萝、木瓜、芒果、胡椒、其他香料、棉花、咖啡、乳木果、椰子、烟草和棕榈油。几年来，上述的部分产品产量和出口量大幅增加，尤其是菠萝。但对其他产品而言，其产量长期停滞不前，甚至有所减少。国家激励措施的重点目标是提高生产率和产量、质量和标准，贸易便利化和扩大市场准入。

在贸易和价格政策方面，以往的文献和政策文件表明，针对出口产品生产和加工的激励措施是主要被关注的问题。同可可不同，对非传统出口产品不征收出口税，也没有任何迹象表明出口税是影响上述产品出口的原因。

在备选政策文件中，激励措施是一个重要问题。文件中指出，需要对非传统出口作物给予一定的激励。其中一项激励措施就是对出口商给予所得税优惠政策。无论出口业绩如何，出口上述产品的企业的所得税税率都为8%，而非标准的35%。另一种方案是，根据出口企业业绩，以出口退税的形式提供直接出口奖励。出口量占总产量5%以上的企业享受出口退税优惠政策，退税比例随出口量的增加而增加。出口退税比例的上限是75%，相当于8%的税率，适用于出口量占总产量25%以上的企业。农产品和制造产品适用不同的出口退税政策。

在备选政策文件中，出口激励措施有3项：①以现金支付或出口退税的形式给予出口商出口补贴（扩大现有的出口退税范围）；②制定补贴出口商成本的更为精细的政策（WTO定义的绿箱或黄箱政策）；③不作为。

反对（针对援助）的意见如下：①难以界定受益部门和产品；②可能同出口竞争国（如尼日利亚）出现昂贵的"补贴竞赛"；③可能引起加纳一些重要贸易伙伴（欧盟和美国）的报复。但从好的方面来说，这能增加加纳产品在出口市场上的竞争力。

在GNTP04中，具体的激励措施包括出口信贷的便利化措施、现金支付、出口退税、免征主要进口产品的增值税以及"有效的符合WTO规定的补贴"。目前，还不清楚哪些措施已经被实施以及出现了哪些新问题。

2.2　与进口有竞争关系的基本食品

由于食品进口成本不断升高和以小农为主的粮食生产区域的贫困水平较高，基本食品的自给率下降引起了广泛的社会关注，因此关税在提高自给率中所起的作用成为讨论的重点。针对部分食品的讨论已经开始，其中最主要的食品是：大米、家禽、乳制品、糖、番茄酱和洋葱。以大米、家禽和番茄酱为对象，一些研究也已经开始分析进口激增及其对农民的负面影响。这一问题同样成为该区域其他国家的关注所在。

2.2.1 大米

同该区域的其他国家一样，随着城市化进程的加快和收入水平的提高，粗粮和薯类的消费不断减少，大米的消费量迅速提高，且大米需求量继续保持强劲增长。加纳大米自给率为 33%，国内大米生产增长缓慢，平均单产约为 2.27 吨/公顷。

鉴于其重要性，加纳已制定一项全国水稻发展战略（NRDS）。该战略提出，"希望加纳国内水稻产量到 2018 年翻一番，实现保证粮食安全和提高水稻种植者收入的目标。"[①] 战略提出 3 项主要目标：①通过提高生产率以及价值链上的小规模商业水稻种植者和企业的创新力，使进口减少 50%；②通过质量改进、增加附加值、开拓国内和区域市场，促进国产大米消费；③提高利益群体对大米副产品的创新利用能力，保持良好的环境管理规范。

实现 NRDS 的目标，不仅需要提高大米产量，更要增加市场需要的稻谷种类，即长粒和芳香品种。这是一项艰巨的挑战。在 2005 年财政预算案中，加纳提出将大米进口减少 30% 的目标。其中一项措施就是加快引进新的非洲新稻品种。

在关于大米政策的文献中，有两个特别重要的问题[②]。一是，在关注小规模水稻种植者产量提高的同时，是否要忽略大规模种植者，二者之间是否保持均衡。这个问题的本质是，以保证家庭粮食安全（前者）为目标，还是国家粮食安全（后者）为目标。另一个问题是，粮食自给自足是在国家层面还是区域（西非国家经济共同体）层面。随着该地区关税同盟发展进程的不断加快，研究国家层面的粮食自给自足问题很有必要。在接下来的部分会对该问题进行深入探讨。2008 年全球食品价格危机也引发了对上述问题的新一轮讨论。

2.2.2 其他食品

在其他存在争议问题中，最突出的是针对其他基本食品采取关税保护措施和防护壁垒以控制进口激增问题。由于进口迅速增加，食品进口价格上升和国内农业生产及农产品加工业竞争力削弱引发社会关注，迫使政府采取应对措施。同时，进口不断增长对当地农民和企业造成的困难成为媒体焦点，不容忽视。在加纳，甚至整个西非地区，除大米外，下列产品也需要给予特别关注：小麦和面粉、家禽、乳制品、糖、番茄酱、马铃薯和洋葱。对加纳而言，这些

---

① 全国水稻发展战略（加纳 2009a），指出 10 年内产量翻一番需要年均增长率为 7.2%，这和近年来的发展趋势非常接近。

② 具体内容详见 Lancon 和 Benz（2007）和美国国际开发署（2009a 和 2009b）。

产品都属于敏感性产品，不论进口是否激增。在 2004—2005 年，它们所适用的关税税率约为西非经济货币联盟（WAEMU）共同对外关税的 2 倍。

2004—2008 年的一些研究已经对进口激增和进口竞争力进行了分析。[①] 根据 FAO 案例研究结果（FAO，2006），禽肉进口从 1998 年的 4 000 吨大幅增至 2004 年的 124 000 吨，养殖业遭受巨大冲击（产能利用率低，孵化场为 25%，饲料厂为 42%，加工厂为 25%）。加纳各界一致认为进口激增与进口关税降低有关。这一观点得到加纳政府的认同，在其 2003 年财政预算中拟将进口关税提升至 40%。这项提案得到议会通过，但在国际货币基金组织的压力下，很快又被撤销。这一问题在 2010 年财政预算案中再次被提及，承诺提高关税以及通过各种国内支持措施来促进产业发展。

同样，番茄酱和鲜番茄生产由于类似的原因多次成为社会关注的焦点。进口激增主要归咎于结构调整下的保护缺失，尤其是欧洲大规模实施浓缩番茄酱出口补贴。根据 FAO 的研究，番茄酱进口从 1998 年的 3 300 吨大幅增至 2003 年的 24 740 吨，而国内市场份额从 92% 跌至 57%。该问题在 2007 年再次出现，加纳政府对番茄酱进口实施了临时进口冻结措施。

虽然针对上述问题的研究都是事后的，但是也有部分针对贸易自由化对产品和农产品加工业可能产生影响的事前研究。例如，一项欧盟委托的关于 EPA（SIA，2004）的研究表明，基于经济模型的分析结果，如果西非国家被要求完全开放市场，那么食品进口将显著增加（例如，洋葱增加 16%，番茄增加 15%，牛肉增加 16%，禽肉增加 18%），很可能出现同过去一样的进口激增。

同样重要的是，SIA 的研究提醒需要注意几项跨商品的关联。尽管该地区的小麦生产不具有竞争力，但小麦进口激增会对其他国产谷物的需求侧产生负面影响。家禽进口和国内牛肉生产的关系也是如此，正如过去发生的一样，家禽大量进口会对国内玉米生产产生消极影响。进口激增可能产生的负面影响并不仅仅局限于进口国，它对区域贸易和一体化也会造成影响。例如，家禽进口导致对萨赫勒地区牛肉出口国的牛肉需求减少。基于上述原因，区域一体化问题同贸易自由化息息相关，这一点在 EPA 谈判中也一直被强调。

在此基础上，如何制定正确的贸易政策？虽然上述研究都集中在贸易问题上，但众所周知，目前仍存在许多其他关于农业产业化发展方面的问题。FAO 对于进口激增的研究也认识到这一问题——虽然进口激增确实发生，损

---

① 对加纳的具体研究由 FAO（2006），行动援助（2008）和 ISODOC（2004）等共同完成。其中的部分研究也包括该地区的其他国家。参考 Khor 和 Hormeku（2006），Patel（2007）和 SIA（2004）的研究。

害也的确存在，但一些其他内部因素也对竞争力产生负面影响（即 WTO 保障措施调查中的所谓的"非归因"因素），如：对农业投资的长期不足，促进食品价值链发展的措施不足。如今，加纳认识到这些不足，并通过最新制定的政策和计划来解决这些问题（贸易支持措施在随后的章节中进行介绍）。

2.3 ECOWAS CET、保障措施和 ECOWAP

区域性贸易和农业政策对 ECOWAS 成员国的重要性日益显著。当前的一大挑战是如何保证区域性政策和国家政策的紧密结合。下一章将对 ECOWAP 的主要特征和相关问题进行介绍。以下对与贸易政策相关的 2 个问题进行分析。

提到 ECOWAP，有两点值得注意。首先，同其他 ECOWAS 成员国一样，加纳需要保证国内关税向 ECOWAS 共同对外关税平稳过渡。采用共同对外关税可能会导致某些适用较高关税水平的产品和行业出现一些调整性问题，需要在分析的基础上确定合适的可替代性支持措施来解决。

其次，需要将 ECOWAP 设定的特殊或战略性产品列表与加纳食品和农业部门发展政策（FASDEP II）和 PRSP 中的产品列表进行统一。同样，也包括 2008 年区域食品生产政策和对抗饥饿计划。这些特殊或战略性产品包括：小米/高粱、玉米和大米、块根和块茎、水果和蔬菜、肉类和奶制品。FASDEP II 已经提出某些需要给予特别关注的产品。同时，加纳等国需要对已有的政策措施进行完善，来促进 ECOWAS 内部食品和其他产品贸易的发展，特别是消除仍然存在的非关税壁垒。

对于 ECOWAS 共同对外关税和保障措施，由于该区域 90% 的进口都来源于区域外国家，因此共同对外关税水平将直接成为加纳的实际有效关税水平[①]。最新修订的版本将共同对外关税的最高限定值设为 20%（第四次修订版）。这成为各界忧虑和争论的焦点问题，因为该关税被认为较低，尤其是对敏感农产品而言。在经过多轮讨论和协商后，2009 年第五次修订版将关税最高限定值上调为 35%。部分国家和利益群体提出将关税最高限定值提高至 50% 的建议最终未被采纳。

共同对外关税过低、过高还是恰到好处是各方争论的焦点。由于 WAEMU 共同对外关税实施多年，且被普遍认为关税水平较低，第四次修订的 ECOWAS 共同对外关税对此作出调整。折中的方法是保留较低的共同对外关税，但加强保障措施（见下文）。

---

① 这也意味着加纳的 WTO 约束关税 99% 都是多余的（如果制定相关政策，可能限制 ECOWAS 共同对外关税以外的产品）。

各界对共同对外关税持有截然不同的观点。生产者联盟自然要求更高的保护水平。非洲西部农民和生产者组织网络（ROPPA），作为区域性生产者联盟，在 ECOWAS 共同对外关税协商谈判中发挥了重要作用。在第五次关税修订时，ROPPA 提出，"我们仍然坚信任何低于50％的关税都将意味着该地区无法实现战略发展目标，尤其是 WAEMU 设定的关税"（ROPPA，2009）。尼日利亚是第五次关税修订版的重要支持者。加纳由于长期实行较低的关税，因此对该问题不存在较大意见。针对该问题的最新一份经济合作与发展组织（OECD）研究报告（Debrew，2010）指出，对于报告中所研究的产品，其关税对加纳和喀麦隆而言略高（15％～20％），而对马里而言略低（5％）。关税水平降低可能产生如下影响：①与使用相同资源生产的进口保护性农产品相比，提高出口农产品的资源竞争力；②提高整体经济的资源配置效率；③减少消费者的食品消费。一项针对加纳的世界银行案例研究也提出了相同的看法（Brooks 等，2009）。在 2008 年全球食品价格危机期间和之后，随着提高粮食自给率成为各国关注的重点，对于保护性贸易政策的支持大大增加。

因为 ECOWAS 一般共同对外关税水平较低（关税最高限定值调整为35％之前），因此各国特别关注保障措施（应急保护措施）。这通常与国家首脑和政府"根据农业部门的具体情况，制定对外贸易政策"相关。谈判者和专家往往将这种"具体情况"与需要对农业部门进行"差异化保护"相连，针对三种不同情况提出以下三种贸易救济措施（Stryker，2005）[1]。

（1）累退税（DPT），旨在重建阶段提供保障（例如投资后需要较长发展期的大米、食糖等）。

（2）进口保障税（STI），针对进口激增和价格低迷。

（3）西非国家经济共同体补偿征税（ECL），旨在对抗"不公平"竞争。

这些保障措施（不同参数）的具体形式存在一些混淆，但是这些措施都会以参考价为基础，将世界市场和西非内部价格考虑在内。相对于共同对外关税，ROPPA 提出要使保障措施变得更为有效，例如，通过降低下限使保障措施被更频繁地触发。也有建议称应对敏感性产品实行差异化关税，使保障措施自动被触发。

2.4　EPA 谈判和临时 EPA

2007 年 12 月，加纳与科特迪瓦一同与欧盟签署了临时 EPA。主要原因在

---

[1]　有趣的是，官方文件将这些措施称为针对三种不同类型问题的"差异化保护"，而不是贸易防御或保障措施。

于科托努协定的贸易条款在当月到期，以防两国对欧盟的出口受到影响[①]。两国的园艺产品、加工可可制品、鱼罐头和加工食品都大量出口到欧盟，如果没有市场准入优惠政策，那么两国出口将遭受损失。临时 EPA 是暂时性的协定，会在 ECOWAS 正式 EPA 签署后被取代。

关于 EPA 相关问题的探讨已经持续多年（关于该问题有大量的文献研究——CTA 2008，CTA 2009 和 EC 2009 都对本文研究的问题有所帮助）。一个需要关注的问题是，其对与进口有竞争关系的国内食品行业可能产生的负面影响。仅就临时 EPA 而言，由于许多敏感性产品不含在关税减让列表中，所以对此不必过于担忧。上述例外产品包括：鸡肉和其他肉类、番茄、洋葱、糖、烟草、小麦、某些杂食用制剂和谷类制剂、面粉、淀粉、牛奶、糕点烹饪产品、食用水果、坚果和冷冻鱼。此外，加纳临时 EPA 有着较长的降税期：加纳需要在 15 年内降低 80% 的欧盟进口产品关税，从 2008 年 1 月开始有一个 5 年的停顿缓冲期，期间不需要降低任何进口关税。

除临时 EPA 外，正式 EPA 中应包括的例外产品列表仍在商讨中。ECOWAS针对正式 EPA 制定区域性敏感产品列表的工作仍未完成，因为成员国各自的列表并不能达成统一。即使在临时正式 EPA 中，加纳和科特迪瓦两国列表中重合的例外产品也很少。

EPA 将对非加太地区国家的食品行业产生何种影响一直是各方讨论和分析的重点。由于协议具体形式未知和模型建立存在问题，很难对影响进行量化，所以在该问题的观点上，各方分歧很大。一项欧盟委托的关于 EPA（SIA，2004）的研究表明，如果西非国家被迫完全开放市场，食品进口将显著增加，例如，洋葱增加 16%，番茄增加 15%，牛肉增加 16%，禽肉增加 18%。研究同样指出，同过去一样的进口激增很可能再次出现。

另一个问题是，欧盟要求在 EPA 中加入条款，使欧盟将同样享受 ECOWAS提供给其他"主要贸易伙伴"的优惠政策，以及，在之后的 ECOWAS 或成员国与他国签订自由贸易协定中的优惠待遇同样适用于欧盟。ECOWAS 成员国很难对该条款达成一致，因为这将限制它们与主要发展中国家（如中国、印度和巴西）签订协议。ECOWAS 希望将最惠国条款限制在同发达国家签订的自由贸易协定中，但是该谈判仍在进行。

然而，高级别非洲联盟会议对临时 EPA（也包括正式 EPA）性质存在顾虑。这个顾虑长期存在，因为 EPA 的目标可能与高级别会议中以非洲共同立

[①] 这两个国家和尼日利亚是 ECOWAS 中的唯一 3 个最不发达国家，它们无法从全部产品除军事用品外（EBA）框架中规定的对欧盟享有免税配额的市场准入中获益。同时，尼日利亚由于没有与欧盟签订临时 EPA，与欧盟贸易时仍将适用普遍优惠制条款。

场为基础而达成的预期目标相偏离，最显著的是，EPA 可能会对非洲区域一体化和粮食安全目标产生负面影响。

3 制定正确的贸易政策中的一些交叉性问题

并非所有关于贸易或农业政策的问题都存在分歧。例如，加纳的 GNTP04 涵盖了从知识产权到关税的 7 个主要领域。通常情况下，像多哈回合谈判和 EPA 一样，贸易便利化和发展措施等问题不存在争议，而关税、保障措施和补贴等问题则分歧较大。当然，对后者而言，制定正确的贸易政策更加困难，因此需要社会各界进行更详细的分析和探讨。除了第二节提到的问题外，下面将对 6 个交叉性问题进行简要分析。

（1）进口保护和反出口偏见问题。

（2）应对进口激增和进口竞争的挑战。

（3）粮食主权，粮食安全和贸易政策。

（4）大米和其他食品的自给自足——国家或区域层面。

（5）国家或家庭层面的粮食安全，政府重点努力的方向。

（6）2004 年加纳国家贸易政策修订。

（1）进口保护和反出口偏见问题

根据勒纳对称定理，进口保护就是对出口隐性征税。这一贸易理论引发了一场包括加纳在内的全世界范围的长期争议。如果实行出口导向型战略，那么不应该存在进口保护，所以应废除反出口偏见政策。这一观点在前文中的 2.1 节介绍的 GNTP04 提到，表述为"对进口实行限制措施，将会导致受保护行业的投资增加，而非加纳具有竞争力的行业。这将会降低出口潜力，并导致进口和国产商品价格的上升"。

但是该章节中后续的政策立场表明，政策制定者并没有大力推广这一观点。在政策建议 1 中，倡导以关税结构升级为基础的进口政策（与上述观点并不一致）。建议 2 援引幼稚产业理论，提出"确保所有国内生产者受到以产业为基础的合理水平的保护"。建议 3 也提出利用关税来抵制不公平贸易行为，并提供合理水平的保护。最后，建议 4 提出"政府应有效利用关税来促进战略性商品的国内生产"。

尽管加纳希望通过消除反出口偏见来大力促进出口，但关税保护仍然存在，包括关税结构升级，在"一个合理的水平"对"幼稚产业"和"战略性商品"实施关税保护。许多发展中国家的贸易政策都存在这样的矛盾。这并不是针对所有产品的关税保护，而是选择性的对某些领域以合理的水品进行保护。

在现实中，因为很难精确确定这些参数，所以很难对关税政策进行微调。

尽管加纳的立场并不像贸易政策阐述的那样清晰，但合理利用 ECOWAP，和之后的 ECOWAP/非洲农业全面发展项目（CAADP）（参见前文）的关税保护措施得到各方的有力支持。从目前来看，除非 ECOWAS 共同对外关税和 ECOWAP 工具在各成员国的贸易政策中占据主要地位，否则这一争论永远不会停止，并会继续出现在各种论坛之上。

（2）应对进口激增和进口竞争的挑战

进口激增是早已引起加纳和西非各界广泛关注的一种现象。这种现象的一种表现形式就是进口长期的迅速增长，而与进口有竞争关系的行业竞争力日益衰弱。出口商的不公平或公平贸易都会导致进口激增。无论是哪种情况，政府都有义务来解决这一问题。

找到一个公平且有效应对进口激增的方法并不容易。FAO 项目在对进口激增进行研究时试图找到解决方法。在国别案例研究中，它使用了 WTO 协议中关于保障措施的调查方法。该方法基于贸易数据衡量激增，并根据指标调查损害。但事实证明，这样也很难得到所需的结论，即损害主要是由激增引起，而非其他原因（称为保障措施调查中的"非归因"原则）。这是因为，尽管进口激增，但其他国内因素也会对产业造成损害，因此进口激增导致产业损害的说法经常受到反驳。正是出于这个原因，多数但并非所有 WTO 保障措施争端无法对实施保障措施的理由进行明确分析。

在公众无法接受的进口激增和行业损害的情况出现时，政府一般都会提高关税，一部分原因是由于其他措施（如增加投入补贴或对用电等给予政策优惠来提供救济）受到预算和其他限制性因素的制约，很难在短时期内发挥作用。但是，如何确定"合适的"附加关税水平，使其能与其他措施相结合，以达到减少进口需求、恢复竞争力的目标是一个难题。根据 FAO 和其他关于进口激增的研究结果，政府应时刻对进口趋势保持高度关注，衡量其对行业产生的影响，同时收集对行业损害造成负面影响的其他因素。

过去，加纳政府经常需要解决进口激增问题。在 20 世纪 90 年代和 21 世纪初，加纳对适用关税为 7% 的进口商品加收临时的附加"特别进口税"，这些商品多数是消费类产品，其中包括许多食品。"特别进口税"同样适用于那些原有关税水平为 20% 的商品，它有效地将关税总水平提升至 40%。但是，"特别进口税"在 2002 年被废除。前文提到，加纳利用高关税来应对鸡肉进口激增问题，但据媒体报道，此项措施因受外部压力而被迫废除。

最近，2010 年预算案中再次提到了进口激增问题。在 70 和 71 段中，政府已经意识到商品和服务倾销对国家造成的威胁，尤其是那些具有竞争优势的国家的食品和农业部门倾销。预算案中也提到，为应对 2007—2008 年食品危机而取消部分主食产品进口税的做法可能为国外进行产品倾销打开了闸门。因此，政府将恢复大米、小麦、黄玉米和植物油的进口关税，并制定相关国内支持措施（如化肥补贴、信贷支持）。

在 GNTP04 中，有迹象表明，加纳将着手解决上述问题，但是这一意愿并没有得到强烈而明显的体现。不过，未来 ECOWAS 保障措施将对成员国生效。此外，与 GNTP04 不同，ECOWAS 保障措施非常明确而坚定。尽管保障措施能提供暂时性的救济，但政府仍然需要采取措施来建立有效的贸易监控体系，并随时做好应对危机的准备，不仅仅要采取保障措施，还要利用投入品补贴、绿箱政策等措施。

(3) 粮食主权，粮食安全和贸易政策

加纳贸易政策被公认为是相当宽松的，加纳各界都普遍支持这一政策立场。在未来几年，ECOWAS 和 ECOWAP 对加纳将变得日益重要。ECOWAS 一些成员国（如马里和塞内加尔）的农业政策和 ECOWAP 存在一些差异，前者强调粮食主权概念并支持差异化的额外保护。根据对上述概念的理解和实施程度，未来的贸易政策讨论可能会产生分歧。

ECOWAP 的首要目标是确保粮食主权。第二个目标是提高粮食产量，减少进口依赖，包括整个区域层面。粮食主权通常被认为是一个框架，给予人民和政府制定其农业和粮食政策的首要权利[①]。这一概念是在 1996 年世界食品峰会上由"农民之路"（Via Campesina）提出的。当时争论的一个焦点问题就是国家制定粮食和贸易政策的首要权利和 WTO 农业协定（AoA）之争。FAO 官方文件中不存在粮食主权这一概念，但联合国"食物权"特派报告已经采用这一概念，并支持在 WTO 农业协定对食物权构成潜在威胁时行使此权利。2008 年全球食品价格危机也推动许多国家将政策目标转变为确保粮食主权。粮食主权之类的概念和与之相关的政策措施会在未来起到多大的作用，将取决于这个概念如何被理解。但至少，针对该问题的一些想法是可取的，如 GNTP04 的修订。

(4) 大米和其他食品自给自足——国家或区域层面

一般性食品，尤其是大米的自给自足问题，已经成为加纳和北非地区的一个主要研究问题。该问题主要围绕以下两个问题进行：①粮食自给自足日渐凸显的重要性；②自给自足是在国家还是区域层面？

---

① SWAC（2007）对西非的食品主权概念进行了全面阐述。

正如前文所述，ECOWAP 大力提倡粮食自给自足，这并不是指绝对100％的自给自足，而是希望保持较高的自给率。ECOWAP 在 2008 年以前就已经制定，因此这一观点的出现要早于粮食危机。该观点认为，追求高的粮食自给率不仅基于战略和食品安全/贫困等原因，也包括农业因被历史性忽略而竞争力不足的现实情况。全球粮食危机使大米受到重点关注，促使领导人作出关于粮食自给自足的政治性说明。媒体报道显示，许多北非国家制订大规模生产大米和其他食品的计划，包括发展区域性的水稻价值链。灌溉和化肥补贴增加是该计划的一个重要组成部分。粮食危机是 ECOWAS 粮食生产区域性计划实施的主要原因，该计划包括三个联盟伙伴计划（参见下章）。

在最近的一个以大米为主题的电子论坛上（美国国际开发署，2009b），一些评论员提出，在一个理想的世界里，自给自足并非是资源的最佳配置状态。但是，尤其是对大米而言，下列因素将刺激投资使大米产量增加：①由于主要大米出口国出口限制带来的粮食安全风险；②西非大米产需缺口不断扩大；③亚洲水稻生产增长率不断下降；④未来世界大米价格普遍预期较高。

第二个问题是国家还是区域层面实现粮食自给自足的问题。ECOWAP 的立场非常明确，ECOWAS 作为一个区域性联盟，将以区域内的比较优势为基础，努力实现粮食自给自足，并推动区域贸易的发展。如果这样，那么国家层面的粮食自给自足政策并没有太大的意义。大米将适用共同对外关税，并适用 ECOWAP 战略下的有关大米的任何关税保障措施。正如前文提到的，粮食自给自足的首要目标不是实现一国的自给自足，而是符合 ECOWAP 立场的、与 ECOWAS 内部贸易增长密切相关的整个区域的自给自足。这意味各国的农业政策需要淡化国家自给自足的概念，并促进区域内贸易的发展。这将是一个存在争议的问题，各国利益群体的接受过程需要花费相当长的时间。

（5）国家或家庭层面的粮食安全，政府重点努力的方向

保证国家还是家庭层面的粮食安全成为一个包括加纳在内的世界各国都热议的话题。争论的焦点在于公共资源和投资的分配问题，例如是否将其集中在一个层面。

在西非以大米为主题的电子论坛上，该话题再次成为争论的焦点。不同的选择，将导致不同的政策，实现不同的目标（降低进口价格还是提高家庭食品自给率）。一个备选政策是提高以城市为重点的"国家"的粮食自给率，并降低进口价格。该政策重点关注在集中的灌溉区域培育市场导向生产者，同时促进城市商业网的发展。另一个备选政策选择重点关注农村地区，尤其是加纳北部，通过提高小农的水平来提高家庭的粮食自给率。这项备选政策不会导致收入增加和进口价格降低，但会对食品安全和贫困减少产生积极影响。

FASDPⅡ将上述两项政策选择都包括在内，一方面，FASDPⅡ提出其显著特点是以穷人、高风险或风险厌恶型的种植者为目标群体；另一方面（第一个目标：国家粮食自给自足），FASDPⅡ也提到了国家粮食安全，尽管文件中并没有进一步清晰阐述。由于在 ECOWAP/区域食品安全背景下，加纳一国的粮食安全并不具有太大意义，所以在 FASDPⅡ进行修订时，需要明确政策选择。

根据加纳扭曲性措施作用的国别案例研究（Brooks 等，2009）结果，对两项政策的选择陷入进退两难的境地。研究指出："提高竞争力的政策可能对穷人不利，因为其目标群体是最能自给自足的农民们，政策加剧了竞争压力，并使现代商业化种植者和传统农民间的差距扩大。因此，同许多非洲国家一样，目前政策的争议点在于如何协调结构调整与减少贫困的关系。"

（6）2004 年加纳国家贸易政策修订

在文章结尾，首先我们必须认可和赞赏加纳制定 GNTP04 的过程。这的确是一个全面的、高度包容的过程。有许多经验值得其他发展中国家学习借鉴。加纳目前已颁布所有国家重点政策文件，包括 PRSP 和农、工业政策。

贸易政策的制定过程是一个不断发展的过程，而且争论永不休止。自从 GNTP04、ECOWAS 共同对外关税、ECOWAP 和临时 EPA 实施以来，整个西非区域取得重大进步。随着关税同盟进程的不断加深，这些政策将对加纳未来的贸易政策产生更为显著的影响。其他问题，如 ECOWAS 敏感性产品最终列表，正式 EPA 的形式，ECOWAS 保障措施和例外产品列表等，仍将成为讨论的话题。鉴于此，加纳目前的贸易政策，尤其是 GNTP04，需要在上述发展变化的基础上进行及时修订。

参 考 文 献

Action Aid（2008）. Impact of Agro‐import Surges in Developing Countries. http：//www. actionaid. org/docs/cheap％20imports％20and％20protection％20 of％20ag. pdf.

Agritarde（2009）. EPA negotiations，West Africa：Executive Brief，CTA，March 2009. http：//agritrade. cta. int/en/content/view/full/1790＃322.

Asuming‐Brempong，S.（2010）. Aid for Trade：The Process of Identifying and Prioritising Trade‐Related Support Measures in Agriculture，Background paper 2，IEA/FAO Trade Mainstreaming Project，Ghana.

Brooks，J.，Croppenstedt，A. & Aggrey‐Fynn，E.（2009）. "Distortions to agricultural incentives in Ghana"，in Kym Anderson and Will Martin（ed），Distortions to Agricultural Incentives in Africa，Palgrave and World Bank，2009.

CTA（2008）. Contentious Issues in EPA Negotiations：Implications and Questions in the

Agricultural Sector, October 2008, CTA.

CTA (2009). EU – West Africa EPA Negotiations, Executive Brief, March 2009, CTA.

Dewbre, J., & de Battisti A. B. (2010). Agricultural Progress in Cameroon, Ghana and Mali: Why it Happened and How to Sustain it, OECD, Paris.

EC (2009). Fact sheet on the interim Economic Partnership Agreements – West Africa: Ivory Coast and Ghana. http: //ec. europa. eu/development/icenter/repository/fact _ sheet _ epa _ cote _ ivoire _ and _ ghana. pdf.

Egyir, I., Patrick, S., Agyei Yeboah, Nimoh & Bismark (2010). Articulation of Appropriate Trade Policies, Background paper 1, IEA/FAO Trade Mainstreaming Project, Ghana.

FAO (2006). "Ghana: rice, poultry and tomato paste", FAO Briefs on Import Surges – Countries No. 5, November 2006.

Ghana (2004a). Ghana Trade Policy Background Paper, Summary Findings of Studies on Ghana's Trade and Competitiveness (1998—2004), Ministry of Trade, Industry and President's Special Initiatives, Republic of Ghana, March 2004, Accra.

Ghana (2004b). Policy Options for the Ghana National Trade Policy, Compiled and edited on behalf of the Ministry by Mark Hellyer, Lead Adviser Ghana Trade Policy Project, Ministry of Trade, Industry and President's Special Initiatives, Republic of Ghana, April 2004, Accra.

Ghana (2004c). Ghana National Trade Policy, Republic of Ghana, 2004, Accra.

Ghana (2005). Growth and Poverty reduction Strategy (GPRS II) 2006—2009. National Development Planning Commission, November 2005, Republic of Ghana.

Ghana (2007). Food and Agriculture Sector Development Policy (FASDEP II), Ministry of Food and Agriculture (MoFA), Accra. Ghana.

Ghana (2009). National Rice Development Strategy. Ministry of Food and Agriculture, 2009.

Ghana (2009). Status of Implementation – 2009: Trade Sector Support Programme.

ISODEC (2004). The EPAs: poultry and tomatoes as case studies, Integrated Social Development Centre (ISODEC), Accra, November 2004.

Khor, M., & Hormeku, T. (2006). The Impact of Globalization and Liberalization on Agriculture and Small Farmers in Developing Countries: The Experience of Ghana, Third World Network, April 2006 (available in Internet).

Lancon, F., & Benz, H. (2007), Rice imports in West Africa: trade regimes and food policy formulation, CIRAD, France (paper prepared for the 106th seminar of the EAAE).

Mensah – Bonsu, A., & Addo, K. (2010). Analysing the Impact of Trade Policy on Growth And Poverty, Background paper 4, IEA/FAO Trade Mainstreaming Project, Ghana.

Osei – Asare, Y. B. (2010). Mainstreaming Trade Policy and Trade Support Measures in Poverty Reduction Strategy Papers in Ghana, Background paper 3, IEA/FAO Trade Mainstreaming Project, Ghana.

Patel, M. (2007). Economic Partnership Agreements between the EU and African Countries: Potential Development Implications for Ghana, June 2007, Realizing Rights: The Ethical Globalization Initiative (www. realizingrights. org).

ROPPA (2009). Memorandum from Farmers' Organizations on the ECOWAS Common External Tariff Negotiations, Ouagadougou, 9th February 2009. http://www. roppa. info/ IMG/pdf/English _ memerandum _ TEC _ fev _ 09 _ 1 _ 1 _ . pdf.

SIA (2004). Sustainability Impact Assessments of the EU-ACP EPAs (2004) Phase I - Regional SIA: West African ACP Countries, January 2004. Sustainability Impact Assessments by private consultants, commissioned by the EU.

Stryker, D. (2005). ECOWAS Common External Tariff (ECOTrade): Recommendations Regarding Changes in Tariff Rates, April 2005.

SWAC (2007). Food sovereignty in West Africa: From Principles to Reality, Study by the Sahel and West Africa Club (SWAC), Paris, March 2007.

USAID (2009a). Global Food Security Response: Ghana Rice Study, Microreport ♯ 156, August 2009. http://www. microlinks. org/ev _ en. php? ID=41749 _ 201&ID2=DO _ TOPIC.

USAID (2009b). E-Consultation: West Africa Rice Value Chain Analysis. Hosted on Microlinks. Org, August 25 - 27 2009. http://www. microlinks. org/ev. php? ID=40369 _ 201&ID2=DO _ COMMUNITY.

WTO (2008). Ghana Trade Policy Review 2008, WTO, Geneva.

第九章　加纳贸易主流化政策

Ramesh Sharma

1 概况介绍

本文中贸易主流化是指以支持国家核心发展目标，如经济增长和贫困减少为宗旨制定贸易政策和支持性措施的过程。它包括在政府部门和机构间推广相辅相成的政策行动，为实现商定的发展目标发挥系统效应，以及避免矛盾。

为了分析贸易政策主流化程度，本文采取了一个两步走的方法。首先，将好好研读各国的贸易政策框架，从 PRSP 开始，以研究贸易和相关政策在这些框架中如何被提及和设计。第二节将对一系列政策框架进行梳理总结。其次，对选定的争议性更大的政策领域，研究不同政策框架对这些问题采取或者不采取的立场，一方面研究其一致或者协同性，一方面研究起差异或者矛盾。（参见第三节）。本章还将就如何改善 PRSP 和其他政策框架提出建议。

FAO 贸易政策研究项目的本章和相关报告都是由位于加纳的分析师团队，在文献梳理、数据分析和对利益群体进行调查咨询后完成的。约 10 个专家参与了这项工作，由阿克拉的加纳经济事务研究所（IEA）负责统筹协调。我们多次召开会议，咨询政府官员、非官方利益群体和民间团体对贸易政策的意见。本文的研究借鉴了 Osei - Asare（2010）的研究和 IEA/FAO 项目下的 3 份研究报告（Mensah - Bonsu 和 Addo，2010；Egyir 等，2010；Asuming - Brempong，2010）。

2 国家政策框架下的贸易和农业政策

为了研究关于农业和粮食安全的贸易和相关政策在哪里及如何被提及和设计，本文对下列政策文件进行梳理总结。

（1）PRSP——加纳增长和扶贫战略（GPRSⅡ）。

（2）2004 年加纳国家贸易政策。

（3）农业政策——加纳食品和农业部门发展政策（FASDEPⅡ）。

（4）ECOWAS 贸易政策和西非国家经济共同体区域性农业政策（ECOWAP）。

"贸易"的范围很广，例如 WTO 协定中包含的许多领域。并非在所有领域都会存在本质上的分歧，比如，尽管关税措施和补贴是具有争议性的问题，但像有助于灌溉、科研和 SPS 标准发展的支持性措施则能取得共识。本文研究的重点是分歧更大的贸易和价格政策问题。

2.1 扶贫战略文件

加纳目前的 PRSP 是加纳增长和扶贫战略（GPRSⅡ）。2003 年的加纳增长和扶贫战略（GPRS Ⅰ）的目标是与联合国年发展目标之一相一致的减少贫困，而新的 GPRS Ⅱ 将战略重点转向增长。新战略的重点目标是加快经济增长，使加纳在一个适度的规划期内实现中等收入状态。为了突出重点和内容的变化，新战略特意引入"增长"一词。

GPRS Ⅱ 从 2006 年 7 月开始正式实施，由三大支柱构成（图 9-1）。第一支柱主要包括经济增长和生产部门发展。农业部门推动经济增长和结构转型。鉴于农业对减少贫困、保证粮食安全、工业原料的重要作用和农业进步对上下游经济的积极影响，第一支柱将农业主导型增长战略作为核心战略。除了强调农业的重要作用，GPRS Ⅱ 还包括一些具有长期发展潜力的战略性产业，如旅游业、信息和通信技术、以纺织品为代表的轻工业、服装业、具有附加值的金属和非金属矿产业。

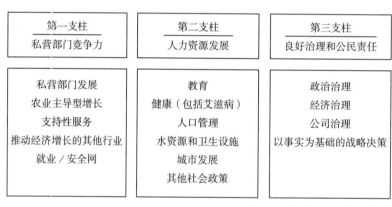

图 9-1　GPRS Ⅱ 三大支柱

GPRS Ⅱ 的总费用预计为 73 374 万亿塞地（80.63 亿美元），每年花费约 20 亿美元，其中第一支柱支出占 35%，第二支柱占 55%，第三支柱占 10%。第一支柱约有 73% 的支出将用于各种项目和方案，这些项目和方案旨在提高农业生产率，促进小规模农产品加工业发展，改善交通基础设施，促进国内贸易和对外贸易的便利化，提高国内产业的生产力和竞争力。

GPRS Ⅱ 在几处地方对贸易和农业战略进行了十分详细的阐述（插文 9-1 粗体部分）。本节将对以下两个问题作具体分析。

插文 9-1：GPRS Ⅱ 中的贸易和农业政策

第三章——私营部门竞争力的优先顺序

3.1 私营部门发展

　　3.1.1 扩大加纳全球和区域市场的准入

> 3.2 改善商业和投资环境以实现农业主导型增长
>
> **3.2.1 农业现代化**
>
> **3.2.2 贸易和工业促进政策**
>
> 第五章——良好的治理与公民责任
>
> 5.6 经济治理
>
> **5.6.4 国际贸易管理**
>
> 注：粗体部分是本文研究的贸易和农业政策问题。

2.1.1　GPRSⅡ中的贸易政策

在第三章扩大加纳全球和区域市场的准入标题下，首次提到贸易政策（2小段）[①]。其中提到的 2～3 项战略或措施包括：全面实施 2004 年加纳国家贸易政策（简称为 GNTP2004）；对提供技术标准（SPS 和 TBT 相关）的机构进行升级；实施针对特定产业的激励措施来促进战略性产品出口，尤其是加纳总统特别行动（PSI）。

在 3.2.2 节的贸易和工业促进政策中，对贸易政策进行了明确阐述。紧接着又对农业政策进行介绍："为了实现以农业为基础的工业经济的长远发展，对农业进行干预时应辅之以适当的贸易或工业干预措施"。总体目标是通过贸易相关领域的激励措施来提高农业发展议题中私营部门的参与程度。本节很短，约有 700 字，但在附录的政策矩阵（参见表 9-1）中有额外信息[②]。

第 3 次明确提到贸易政策是在 5.6.4 节国际贸易管理中（GPRSⅡ第三支柱下的经济治理中）。该节很短，只有 2 段，176 字。政策和战略的相关内容可参见表 9-2。

某些产品由于属于战略性出口产品（或其他原因）而享有特殊待遇。GPRSⅡ和以下的加纳贸易和农业政策中也包含上述内容。本文第三节将对该问题进行分析，但是这些政策文件并没有明确说明战略性出口产品究竟有哪些（除了总统倡议中提到的部分产品），也没有阐明确定这类产品的标准和享受的特殊待遇。

---

　　① 本章的多数内容、附录Ⅱ中的相关章节和政策矩阵（表格形式）都非常相似，但并不完全相同。在附录Ⅱ中极易找到政策和战略，并为其他问题和负责机构提供信息。在子章节中详细记录的内容有多种来源，但多数来自于附录表格。

　　② 在 3.2.2 节的正文部分提到 6 项政策/战略，但在附录表中只有 5 项，其中第 4 项（监管框架）在正文中完全找不到，而其他 2 项政策——农产品加工和农产品市场营销，虽然包含在贸易章节中，但不包括在附录中。表 1 中，5 项政策都来自于附录。

表 9-1　促进贸易和工业发展的政策和战略

政　策	战　略
1. 确保国内市场生产部门的适当整合	1. 新的和现有生产部门加强生产和供应链的经济性联系 2. 对小型贸易商/农民提供信用贷款
2. 扩大出口市场准入	7 个战略（2.1～2.7）提供/促进/鼓励/提升措施如下： • 特许出口信贷 • 机场货物处理竞争 • 冷链设施的私营部门投资 • 集装箱码头的私营部门投资 • 有效参与谈判和全球规则制定，创造公平、透明和对等的贸易环境 • 跨境贸易便利化
3. 增加工业产出，提高国内工业产品竞争力	11 个战略。调动/提高/促进/便利化措施等如下： • 附加值产品生产的国内外资源；完善基础设施建设；有效的生产管理实践；政府采购当地的产品和服务；推动国内外加纳制造的发展；确保技术性贸易壁垒（TBT）废除；帮助出口企业提升产品标准；促进商业上可行的出口和国内市场为主的农村企业发展；促进工艺产业发展
4. 完善法律、法规和结构框架以促进工业生产和贸易	五大战略：执行竞争规则；商业登记和许可效率；采取措施消除 ECOWAS 一体化的障碍；保护知识产权的规定；环境友好型消费
5. 保护消费者的健康、安全和经济利益	五大战略：执法防止不安全、质量差的商品销售；对消费者权益进行保护的监管框架；国家消费意识提高方案；形成消费者协会；有关国家机构的消费者代表

表 9-2　对外贸易管理政策和战略

政　策	战　略
1. 提高进口竞争力	1.1 保持有竞争力的实际汇率 1.2 完善进口/出口制度 1.3 防范倾销发生
2. 出口对象增加、多元化	2.1 提升新领域的竞争优势 2.2 充分利用市场准入优惠政策（AGOA，EU - ACP） 2.3 在多边贸易谈判中充分参与
3. 控制外部危机的机制	3.1 保持稳定的外汇储备

（续）

政　　策	战　　略
4. 加快与其他区域/分区域国家的经济一体化进程	4.1 实施西非货币区（WAMZ）方案 4.2 力求建立普遍的关税同盟 4.3 确保国家贸易政策与 ECOWAS 的立场一致 4.4 加强产业间贸易政策的联系

来源：附录 1IC：良好的治理与公民责任，政策矩阵，GPRSⅡ的附录Ⅱ。

2.1.2　GPRSⅡ中的农业政策

在 GPRSⅡ中，农业在所有生产部门中占据中心位置。在介绍第一支柱时，存在这样一种观点："GPRSⅡ的目标是以充满活力和竞争力的私营部门为主导，通过农业现代化的方式来实现经济加速增长。实现这一目标的难点在于如何系统地打破政策和体制上的结构性束缚，这种束缚会在中长期削弱农业中私营部门的竞争力，也会长期对工业和其他产业产生负面影响。"换句话说，GPRSⅡ是一项农业主导型发展战略。实现 GPRSⅡ的总目标需要农业的年均增速继续保持在 6%。

GPRSⅡ中有 10 页阐述农业政策，其中第二章宏观经济背景和战略导向下的 2.3.3 节中有 4 页，第三章（私营部门竞争力的优先顺序）3.2 节改善商业和投资环境以实现农业主导型增长中的 3.2.1 小节有 5 页。与当前许多其他的 PRSP 相比，GPRSⅡ给予农业很大的政策空间。

GPRSⅡ致力于推动农业发展，约有 10 页对其进行了阐述——在第二章宏观经济背景和战略方向中的第 2.3.3 节（农业作为经济增长和结构转型的基础）中有 4 页有关于农业的内容。接下来，在第三章中的第 3.2.1 节（现代农业）用了 5 页进行描述。同当前的其他 PRSP 相比，该战略给予农业很大的空间。在农业现代化一节中（在农业主导型经济增长章节下），包括 41 项战略（计划、政策和措施）和 3 项政策措施，即：

（1）确保农业生产力水平提高、产出增加来支持产业发展，为农民提供稳定的收入。

（2）确保人人粮食安全，增加穷人获得足够食物和营养的机会。

（3）增强必要的制度能力来促进农业生产率水平提升。

由于篇幅原因，不能对战略作具体论述。在列出的 41 条战略中，大多数是众所周知的发展措施，如灌溉、研发、病虫害防治、土地的科学利用等。因此，仅对其中一些与贸易/价格相关的政策进行具体分析。

政策（1）中，在"选择作物发展"小节中提到几项措施。与前文提到的战略出口产品类似，"选择"作物可能会成为各方关注的焦点，但加纳并没有对这些作物是什么做出说明。有3种产品（菠萝、腰果和油棕）曾经被提及，但却都集中在生物技术推广的范畴中。这并不意味着，这些"选择"作物就是总统倡议的产品。

在其他章节中，存在一些非常直白的战略。例如，鉴于"乳制品生产水平低"，相应的战略就是"提高乳制品产量"。"促进园艺发展"和"开发利用地下水"也是类似的例子。

同发挥发私营部门的关键作用和竞争力一样，降低并有效应对风险和不确定性（市场波动）也受到应有的重视。一般采取的措施是利用市场化风险管理工具来应对风险，但是结果并非总是显著的。例如，"强有力的"政府干预是打破恶性循环，降低双方（农民和服务提供商）风险的唯一途径，因此私营部门应按照目前的发展模式前进。但并不明确"强有力的"干预的确切定义。在第三章中，反复提到确保"物价稳定"，但没有提到实现这一目标所使用的政策工具。贸易政策是稳定物价（包括进口品和出口品）的手段之一，但目前尚不清楚是否用以及如何使用。

GPRSⅡ的一个不足之处是，虽然列明很多战略，且很多有关农民和配备新技术设备的企业（如拖拉机服务）的发展的章节都包含支持、促进、便利化等字眼，但并未给出贸易便利化的具体措施（如信贷补贴，税收减免）。文件指出农业必须走多样化发展之路（从可可到其他作物），但也没有具体说明这条发展道路如何走下去（为什么过去不走这条道路?）。如果没有这些具体说明，那么它无法解释为何这些战略目标能实现。这些重要的细节或将在年度预算中予以说明。

鉴于发展战略中农产品加工业的重要性，应该就如何在促进新的农产品加工业增长的同时，保证现有的农产品加工业生存发展提出具体指导意见。说到后者，加纳已发生多起进口激增使国内农产品加工业（家禽，乳制品，番茄酱等）竞争力削弱的事件①。面对这样的压力，应采取何种措施？培育新产业的激励政策是什么？如何发挥贸易/价格政策的作用（如对幼稚产业的作用)？

2.2 2004年加纳国家贸易政策

GNTP04的制定程序非常复杂，包容性广且分阶段执行：通过对以往贸易和发展文献资料进行全面总结梳理，撰写出加纳贸易政策背景报告，主要是一份"备选政策"报告，并交由利益相关群体咨询会议进行审核；之后，制定贸易政策和一份政策执行方案——2005加纳贸易领域支持项目（TSSP）。备

---

① 上一章对加纳贸易政策问题之一的进口激增问题进行了分析。

选政策报告为政府部门提供更多的政策选择，并为广泛的利益群体协商奠定基础。

GNTP04 旨在通过两个平行战略来实现政府发展目标：一是出口带动型的产业化战略；二是基于进口竞争的国内市场主导型产业化战略。制定第一个战略的原因是，加纳国内市场相对较小，必须通过增加出口来促进经济发展。这一战略实现主要取决于加纳国内资源的附加值和国内产业竞争力的提高，而这又必须通过产业化来实现。这也正是第二个战略制定的原因。

GNTP04 对以下 7 个专题进行了具体阐述：①多边贸易。②建立公平、透明的进出口制度。③贸易便利化。④提高国内和出口市场产能。⑤国内贸易及分销。⑥消费者保护和公平贸易。⑦知识产权保护。在制定 TSSP 时，又增加了以下 3 个专题，使总数达到 10 个。⑧产品标准。⑨竞争和政府采购。⑩出口支持服务。

每个专题包括 4~5 个小专题，每个小专题有 3 个标题：i）政策背景；ii）政策目标；iii）政策方案。这非常有用，因为背景资料研究有利于更好的理解政策程序。

由于篇幅原因，本文选取某些与政策/价格相关的专题来进行分析。例如，上述以发展措施为中心的几个专题，在政策讨论时存在较少分歧。要深入分析像技术标准升级（SPS/TBT 措施）、贸易便利化、消费者保护、知识产权和竞争政策等问题，放在贸易支持和贸易援助范畴中更加合适（参见下章）。

第一个专题是多边贸易，即关于贸易谈判和贸易协定〔如 WTO，ECOWAS，EPA，全非洲一体化，双边贸易协定，普惠制（GSP）和非洲增长与机遇法案（AGOA）之类的市场准入优惠〕的政策。主要目标是扩大出口和市场准入，减少全球贸易扭曲。

该专题尽管重点关注出口，但也为进口政策提供了一些指导意见。这是一个存在分歧的问题，尤其是考虑到 GNTP04 对出口导向的极力倡导。加纳通过谈判试图保持其关税政策足够灵活，以促进国内产业竞争力提升，并确保保留其对国内生产者支持的权利。专题中也提到保留足够的"政策灵活性"的重要意义。

第二个专题对传统贸易工具进行了概述。关于关税对进、出口影响的一个基本观点是："对进口进行限制，将会导致受保护行业的投资增加，而非加纳具有竞争力的那些行业。这会导致出口潜力降低，进口和国产商品价格上升"。该观点与 GNTP04 的出口导向型战略立场相一致①。

---

①　这是一段关于贸易政策的非常重要的论述。因为它从根本上承认任何形式或水平的进口限制措施都应被废除，以消除反出口偏见。在贸易理论中，该观点属于勒纳对称定理。

但是，进一步研究发现，GNTP04 并没有将这一观点推到极致，其内容也涉及关税、保障措施、温和保护措施等。这在第二个专题中也有所体现。政府将确保所有国内生产者受到以行业为基础的合理水平的保护，保护水平取决于行业对抗进口产品的竞争能力，最终目的是促进竞争力提高和出口潜力增长。为了与 ECOWAS 共同关税相符，加纳需要对关税结构进行升级。严格来说，加纳目前的关税结构与出口导向型战略不相符。下文也提出应有效利用关税措施来刺激战略性商品的国内生产。

总而言之，上述观点既可以被解释为保证贸易政策平衡，也可被理解为前后矛盾。

虽然包括配额在内的非关税壁垒（NTBs）被批判，但是绝不会被废除。GNTP04 的立场是，当其他工具失效，并且需要实现既定的行业目标时，针对这种复杂的情况，应谨慎使用非关税壁垒。最后，制定鼓励出口的激励政策，免除部分出口税来抵消服务或产品研发成本。

第四个专题是产能，即保证满足出口导向和国内市场产业化战略的产能需求。其中一个重要战略是根据出口潜力和国内市场需要，制定特殊产业的发展目标，增加弱势群体的就业机会和收入。专题中包括一系列众所周知的支持性措施，也提出要对战略性生产部门予以支持，但是现在还没有一个"明确和透明的标准"来评定战略性生产部门。4.7 节（行业进步—农产品加工业）中提到需要解决进口激增对农产品加工业造成的负面影响。

第五个专题是国内贸易及分销，对此也提到相关措施。尽管政策的基本出发点仍将是保持一个开放的市场，政府干预最小化，但作为最后的手段，政府将有选择地对战略性产品的农场交货价进行干预，为脆弱消费者和生产者提供稳定的价格。需要指出的是，此处再次提到"战略性产品"，但并未对其进行深入阐述。

综上所述，GNTP04 既全面地包含贸易政策领域的各问题，也在出口、国内市场和进口竞争三者间保持平衡。总而言之，GNTP04 重点关注自由贸易体制和竞争性市场，但是也涉及保障和支持措施。农业部门，特别是农产品加工业，需求得到满足。从这个意义上讲，GNTP04 与 GPRSⅡ的政策立场是一致的。GNTP04 可能会在下次修订时对 2 个问题予以改进：一是反映 ECOWAP 的政策；二是明确报告中提到的特殊和战略性产品的定义。

2.3 农业政策——食品和农业部门发展政策（FASDEPⅡ）[①]

FASDEPⅡ是在 2002 年 FASDEP Ⅰ和 1996 年农业加速增长和发展战略的

[①] 简介和评论基于 FASDEPⅡ初稿，第二次修订版，2007 年 5 月。

基础上制定的。同 GNTP04 一样，FASDEP Ⅱ 在制定过程中也征求了广泛利益相关群体的意见。

FASDEP Ⅱ 总结了过去促进农业发展的措施，并指出，许多措施由于各种原因都没有达到预期效果，其中包括部门资金不足、公共导向服务受限、多重/单独和不协调项目。由于 GPRS Ⅱ 的关键支柱是"私营部门的竞争力"，因此需要将战略转向促进农业发展上来。新战略主要包括：农业产业化、通过价值链将农民与市场相连、提高各阶段附加值、私营部门主导投入和服务、粮食安全和社会保护。因为农村经济具有庞大的关联网和乘数效应，所以要提高对粮食部门的重视程度。

下面介绍 FASDEP Ⅱ 八大政策目标以及为实现目标制定的战略和政策。与 GPRS Ⅱ 和 GNTP04 一样，这里选取与贸易/价格相关的政策进行简要分析[①]。

（1）一般性（国家）粮食安全和应急准备。

（2）加快收入增长。

（3）稳定农民收入和粮食供给。

（4）稳定农民收入和降低收入风险。

（5）土地和环境的可持续治理。

（6）提高竞争力和国内、外市场的一体化水平。

（7）粮食和农业科学技术的应用。

（8）有效的协调机制。

第一个目标首先指出粮食安全的定义，但阐述的并不明确[②]。例如，目前尚不清楚国家和家庭层面的粮食安全需要达到哪种程度。在新的 ECOWAS 关税同盟的背景下，随着边界开放和区域贸易联系加强，粮食安全的意义需要重新说明。这点非常重要，因为其具有政策含义。

进一步来讲，广义的粮食安全战略集中在国家和农业生态水平上的至多 4 种主食（玉米、大米、山药和木薯）的发展。每个区域最多选择两种产品，选择要基于当地的比较优势，以及作物对该地区人民的重要性和市场有效性。选择的产品会在价值链的各阶段适用提高产能的支持措施。本节也提到通过调节存量和其他措施来稳定物价，但是对其他问题并未进行说明（例如，如何做）。

---

① 作为一项农业政策，FASDEP 制订了一系列有利于发展的措施，如灌溉，病虫害防治，牲畜疾病的研究和推广等。此处对某些政策问题的介绍不会以任何形式削弱这些其他项目的重要性。

② FASDEP Ⅱ 对于粮食安全的定义与知名的标准世界粮食峰会的定义不同："食品和农业部规定的粮食安全是指所有人在任何时候都能在物质、社会和经济上获得充足、安全和富有营养的粮食，以满足其积极和健康生活的膳食需求和食物偏好。尽管实现粮食安全是全国性目标，但穷人最容易受到粮食不安全的影响"。

第二个目标是加快收入增长。干预措施的重点是为经济作物和牲畜多样化及提高"全部"商品的附加值提供机会。这一目标将全部类别的农民设定为受益主体。但该战略也提出应基于农业生态区的比较竞争优势和市场有效性，对木本作物（芒果，腰果，棕榈油和柑橘）、小反刍动物（绵羊和山羊）、家禽和蔬菜予以重视。此外，穷人生产的主食和家禽（高粱、谷子、花生、乳油木、山羊、鸡和珍珠鸡）都能通过产业关联实现商品化。

需要对此评论一下：将产品分为粮食安全型产品和高收入型产品的意义是什么？例如，如果政策不存在差异，那么分类的原因究竟是什么？政策中也没有提到对于特定产品的特别支持措施和补贴。

第三个目标是稳定农民收入和粮食供给，对此文件中这样表述："稳定农民收入和粮食供给与粮食安全密切相关，主要采购用于储藏的粮食安全型产品。"实现这一目标的一个重要举措是建立战略储备来稳定农产品价格，提升应对供给短缺的能力。由于本文对此没有进行深入研究，很难对该举措进行评价，但是利用战略储备来稳定农产品价格并不是一个简单的干预手段。例如，印度也有这样的政策，要与包括贸易政策在内的多种政策工具一起才能实现目标。考虑到 GPRS II 和 GNTP04 的整体政策范式和 FASDEP II 的内容以及加纳开放程度较高、政府干预较少政策框架，上述政策立场似乎有些奇怪。而且，作为关税同盟中的一员，上述政策如何发挥作用引发各界质疑。

其他一些有趣的观点可能来自于 FASDEP II 其余的具体政策。在政府推动过程中，FASDEP II 反对公共部门主导投入和服务的旧模式，支持私营部门掌握主导权。但根据以往经验，私营部门不会轻易站出来提供这些服务，因此政府需要采取更多措施让其参与进来。虽然没有明确提出措施的具体形式，但政府很可能采取激励政策。

FASDEP II 也注意到贸易领域对一些农业部门支持措施的期望。因此，它在 GNTP04 中也对部分政策立场给予关注，尤其表明要选择性地、最小化利用出口税，合理利用关税抵消不公平贸易做法和鼓励国内战略性产品生产。作为协调和提倡者，食品和农业部（MoFA）将确定受到不公平贸易影响的农产品范围，并推进对政策中明确的战略产品的保护。

最后，与贸易主流化相关的一点是，食品和农业部认可其他部门的重要性（如公路、财政部门、地方政府、贸易等），承诺将在政府部门间积极发挥协调作用。为此，它会定期评估相关政策与农业部门的目标和战略的一致性，并分析政策对农业部门的影响，包括宏观政策对重点农产品出口竞争力的影响。

2.4 ECOWAS 贸易政策和 ECOWAP 农业政策

ECOWAS 贸易政策、ECOWAP 和最近的 ECOWAP/非洲农业全面发展项目（CAADP）是在加纳政策框架制定后所发生的重大变化，因此将区域性政策条款直接补充进国家政策框架中的做法是不可行的。随着关税同盟进程的不断推进，这些区域性政策对国家政策和项目的影响越来越大。前文已经对贸易政策相关的问题进行了阐述，本文将对以下几个重要问题进行说明。

首先，ECOWAS 贸易政策。由于该区域 90％ 的进口都来源于区域外国家，因此共同对外关税对加纳而言，是实际的有效关税，基本上 99％ 的加纳 WTO 约束税率都将变得无关紧要。共同对外关税采用西非经济和货币联盟（WAEMU）的共同对外关税税率，该关税税率 2006 年 1 月由 ECOWAS 首脑会议决定通过，分为 0、5％、10％、20％ 四段。2009 年增加了第五段关税——35％，随后制定了贸易救济和保障政策。国家首脑和政府考虑到要"根据农业部门的具体情况，制定对外贸易政策"而做出这一决定。将这种"具体情况"与需要对农业部门进行"差异化保护"相结合，针对三种不同情况提出以下三种贸易救济措施，分别是：累退税（DPT），旨在在重建阶段提供保障，提高产品竞争力；进口保障税（STI），针对进口激增和价格低迷，与 WTO 特殊保障机制（SSM）的作用类似；西非国家经济共同体补偿征税（ECL），旨在反对"不公平"竞争，与 WTO 反补贴类似。

其次，ECOWAP。该政策被视为成员国农业政策总体框架的指导性文件。其宗旨是以家庭农场的有效性为基础，通过私营部门的参与推动农业龙头企业发展，从而实现农业现代化和可持续发展。具体目标包括维护粮食主权、保证粮食自给，通过给予粮食生产和加工优惠政策来降低进口粮食依赖度，生产者融入市场，以及扩大该区域各国的市场准入。该政策明确使用"粮食主权"的概念，具有标志性意义。与之相关的目标包括保持较高尽管并非完全的粮食自给率，必要的边境保护和紧密的区域一体化。

最后，最新的 ECOWAP/CAADP。自从 ECOWAP 实行以来，ECOWAS 委员会和新伙伴关系（NEPAD）秘书处共同拟订了一份行动方案，并负责联合执行。该方案作为一个独立的、统一的框架对农业部门进行规划和干预。由于方案的筹备工作当时正在进行，2008 年食品价格危机促使该计划做出一些调整。2008 年 6 月，国家元首通过一项区域粮食生产和对抗饥饿计划，该计划重新修订了 ECOWAP/CAADP 中的干预政策。三项联合行动方案的目标分别是：①为保证粮食主权，推动战略产品价值链发展；②改善整体环境促进本地区农业发展；③减少易受粮食危机影响的程度，保证稳定、可持续的获得粮食。

联合行动方案一的目的是对促进粮食生产和价值链升级的所有区域性战略和措施给予支持。许多"有助于维护粮食主权"的产品将享受优惠待遇。这些产品包括小米/高粱、玉米和大米、块根和块茎、水果和蔬菜、肉类和乳制品；

第一阶段享有优惠待遇的产品是水稻、玉米、木薯和肉类，其他产品在第二阶段享受优惠政策。产品选取的标准是：①生产潜力大；②顺应不断变化的饮食习惯；③进口量大。联合行动方案二主要是关于区域一体化和边境政策的，如对贸易基础设施投资以促进粮食区域性贸易发展，采纳并执行新的区域贸易政策。

3 结 论

本部分将对以下四个问题进行简要分析。首先对加纳的贸易主流化问题进行概括性评价，即所有政策的立场是否保持一致；其次对政策文件中的一些分歧和含糊问题进行分析；最后介绍英国海外发展研究所（ODI）的一项针对 GPRS II 中贸易政策的研究成果。

（1）总的来说，加纳政策框架的立场具有高度的一致性

加纳最重要的政策框架是 GPRS II，其主要战略目标和指导原则如下：
①农业主导型经济增长。
②利用结构调整来促进农业发展（农业产业化，提高国内贸易效率和竞争力，私营部门为价值链上的各阶段提供服务）。
③促进特殊/战略型产品/部门的发展，给予其特殊待遇。
④平衡出口和粮食，包括粮食安全之间的关系。
⑤对风险、脆弱性、市场和价格波动的关注。
尽管 GNTP04 的制定时间要早于 GPRS II，但其政策立场与上述战略和政策的立场是一致的。和许多发展中国家的政策重点都绝对集中于出口的情况不同，GNTP04 通过两项平行战略，即"出口带动型增长"和"基于进口竞争的国内市场主导型产业化"战略，显示出较好的平衡，其中的一个章节中专门对国内贸易和分销问题进行阐述，所采取的支持性措施和干预手段与 GPRS II 类似。此外，GNTP04 同样平衡了在贸易协定谈判时保留政策空间、促进战略型产品和部门发展以及防止市场混乱的保障措施三者之间的关系。GNTP04 强调农产品加工业的重要作用，与 GPRS II 中促进行业发展的目标相一致。
在加纳三大政策框架中，FASDEP II 制定的时间最晚，但其政策立场与上述战略和政策的立场是一致的。FASDEP II 以农业增长和发展计划作为重点，但与其他国家传统的农业发展计划不同的是，它还包括提高国内市场竞争力、发展私营部门提供服务和上下游产业链关联等内容。FASDEP II 中涉及的贸易领域期望的促进农业发展的支持措施都能在 GNTP04 中找到合适的措施形式。

因此，整体来讲，加纳政策框架的立场具有高度的一致性。但是，为了保证与新的区域政策框架（ECOWAS 贸易政策，ECOWAP，ECOWAP/CAADP 协约）立场一致，加纳需要对目前的政策框架进行补充和微调。

（2）定位享受特殊待遇的"战略性"产品/行业

同许多发展中国家一样，加纳的政策框架也包括促进特殊或战略性产品出口的战略[①]。世界银行关于农业扭曲作用的一项研究（Brooks 等，2009，以加纳为样本国）结果表明，如果继续推进并正式实行这一政策，会对公共和私人资源的分配产生影响，也会改变针对不同产品或部门的激励政策的结构。因此，对这项政策需要反复思考。

在 GPRS Ⅱ 中，有 3~4 处都有这项政策。第一处是针对"战略性出口产品"的特殊待遇，产品以总统倡议产品为主（农产品，包括棉花、棕榈油和木薯淀粉）。在贸易政策一节中，提出辨别和定位特定发展产业，包括促进竞争优势新领域的发展。在农业政策一节中，提出选择某些作物促进其发展，但并没有特别说明包括哪些作物。同样，GNTP04 中也有特殊产品的相关内容。在第四个专题（产能）中，提到一项辨别和定位特定行业发展的政策。这项政策需要根据"清晰而透明"的标准选出战略性生产部门并促进其发展。在第五个专题（国内贸易）中，提到作为最后的手段，政府将有选择地对战略性产品的农场交货价进行干预，为脆弱消费者和生产者提供稳定的价格，但也没有说明"战略性产品"究竟是什么。

在 FASDEP Ⅱ 中，关于粮食安全和农民收入增加的一项战略中包括选择享有特殊待遇的产品的内容。最初提到的产品仅包括 4 种主粮产品（玉米、大米、山药和木薯），随后将范围扩大至经济作物和家畜，也包括木本作物（芒果、腰果、棕榈油和柑橘）、小反刍动物（绵羊和山羊）、家禽、蔬菜和当地的主粮和家畜品种（高粱、谷子、花生、乳油木、山羊、鸡和珍珠鸡）。最近的 ECOWAP/CAADP 协约提出一项促进战略性产品价值链升级的发展计划。其中的战略性产品包括小米/高粱，玉米和水稻，块根和块茎，水果和蔬菜，肉类和乳制品等，其中，水稻、玉米、木薯和肉类及相关产品属于第一阶段产品，其他产品属于第二阶段产品。

对于这种战略，研究团队认为：第一，显而易见，因为几乎包括所有的谷物和主要食品，如家禽和一些经济作物，这样的产品清单会相当长。多数情况下，战略仅仅提到以一定的标准来辨别这样的产品和部门是必要的，但缺乏具

[①]　在其他论坛也出现许多类似的例子，例如多哈回合会谈商讨设定特殊或敏感性产品的选择标准，2006 年以粮食安全为主题的阿布贾峰会上，提出选取 12 食品以促进非洲内部贸易的发展。

体说明。第二，无论是政策（如高关税保护、免除出口税、降低增值税、贴息贷款）优惠，还是投资（价值链上的各阶段）优惠，都没有关于这些产品所能享受的特殊待遇的确切说明。FASDEP II 包括促进这些战略性农产品发展的计划，但是没有提到相关投资（预算）的信息，也没有特殊待遇和优先产品的相关内容。由于资源有限，对上述问题予以澄清有利于贸易援助行动计划的运作。

（3）澄清关键的术语有利于推进贸易主流化

这也是贸易主流化的一个重要问题。为确保国家政策框架的协同性和一致性，保证不同领域所使用的术语清晰且一致是必不可少的。如果没有上述保证，利益群体在不同语境中对政策文件使用词语的理解会不同，甚至影响政策执行。例如，粮食安全可以作为出口管制的一个标准。如果粮食安全没有被明确定义，商人们为了快速盈利，可能会要求或者反对某些产品的出口管制。这一点可以用加纳政策框架中的一些例子说明；其他许多国家也可以发现相似的例子。

粮食安全是一个有着多种理解方式的概念。世界粮食首脑会议从家庭获取食物的途径、生产和进口三个方面定义了粮食安全。对于许多国家，粮食安全只是家庭粮食安全或经济上获取食物的问题，而与国家粮食自给率无关。其他国家却更关注后者。全球粮食危机已经让支持措施转向了增加自给能力的方向。在加纳的 FASDEP II 中，粮食安全的定义与之不同，更接近国家和地区层面上的粮食可获取性。在 ECOWAS 背景下，这样的定义也许不合适。同样，在 ECOWAP 中所用的粮食主权是另一个例子（上一章）。在一些全球论坛上，当涉及粮食主权时，有关贸易和粮食安全的讨论出现了高度分化。虽然加纳自己的政策文件中没有使用这一词语，但 ECOWAP 政策不可能被忽略。

以下是政策文件中经常出现而缺乏明确定义的词语样本："保护敏感性产业""确保合理的保护水平""对所有国内生产商提供基于行业的保护""特殊、敏感的战略性商品""可以在社会福利基础上采取 NTBs""粮食安全可能是出口管制的标准之一""在清晰和透明的标准上，政府会向战略性生产部门提供支持""通过规模化生产和技术改进来增强农产品加工业的竞争力"。

（4）附加观点——ODI 关于 GPRS II 中贸易政策研究结果的总结

最近的一项 ODI 研究（Driscoll 等，2007）在对以往关于 PRSP 中贸易有关内容的研究（Hewitt 和 Gillson，2003；Ladd，2003）进行梳理总结的基础上，对几个新的 PRSP（6 个 PRSP，包括加纳）中涉及的贸易问题进行了分析。研究从 16 个方面对 PRSP 中的贸易问题进行研究（与研究经济增长问题的角度相似）。总的来说，加纳的 PRSP 在 3 个方面要好于其他 PRSP。研究指出，GPRSⅡ中涉及贸易问题的小节有 2～3 个，并针对不同的贸易问题采取不同的政策措施，例如，将农业作为经济增长的主导产业，强调从可可到谷物等其他作物的重要性，落实针对特定部门的支持政策来促进战略性产品，尤其是总统倡议产品的出口。同时，GPRSⅡ非常好地解决了供给侧问题，但是仍存在一些尚未解决的需求侧问题。

研究指出 GPRSⅡ也提供了一些其他问题的解决方案。包括关于贸易与减贫问题关系的分析，以及贸易对弱势群体、消费者和生产者、小型和大型农场及企业、区域贸易一体化产生的不同影响的分析。GPRSⅡ中也许包含了很多否定内容。但是，公平地讲，它部分参考了 GNTP04，后者范围广泛，其备选政策报告中对上述许多问题都提出了政策建议，所以，从这个角度看，GPRSⅡ与贸易相关的内容是很丰富的。许多国家正加快制定本国的 PRSP 和贸易政策。尽管各国有不同的既定目标，但 PRSP 中一定要包含充分的贸易内容，并对贸易政策的制定提供方向性指导。如果一国 PRSP 的立场与贸易政策及其他国家政策的立场相一致，那么该国的 PRSP 就具有主流化特征。

参 考 文 献

Asuming - Brempong, S. (2010). Aid for Trade: The Process of Identifying and Prioritising Trade - Related Support Measures in Agriculture, Background paper 2, IEA/FAO Trade Mainstreaming Project, Ghana.

Brooks, J., Croppenstedt, A., & Aggrey - Fynn, E. (2009). "Distortions to agricultural incentives in Ghana", in Kym Anderson and Will Martin (ed), *Distortions to Agricultural Incentives in Africa*, Palgrave and World Bank, 2009.

Driscoll, R., Agha, Z. K., Cali, M., te Velde, D. W. (2007). Growth and Trade in Africa's Second Generation Poverty Reduction Strategies, Overseas Development Institute, London, July 2007.

Egyir, I. S., Nimoh, P. & Yeboah, B. A. (2010). Articulation of Appropriate Trade Policies, Background paper 1, IEA/FAO Trade Mainstreaming Project, Ghana.

FAO (2010a). Ghana: Agricultural Trade Policy Issues, July 2010, EST, FAO, Rome.

FAO (2010b). Ghana: Identifying and Prioritizing Trade - Related Support Measures for Agriculture, September 2010, EST, FAO, Rome.

Ghana (2004). Ghana National Trade Policy, Republic of Ghana, 2004, Accra.

Ghana (2005). *Growth and Poverty reduction Strategy* (GPRS II) 2006—2009. National Development Planning Commission, November 2005, Republic of Ghana.

Ghana (2007). Food and Agriculture Sector Development Policy (FASDEPⅡ), Ministry of Food and Agriculture (MoFA), Accra. Ghana.

Hewitt, A. & Gillson, I. (2003). A Review of the Trade and Poverty Content in PRSPs and

Loan - Related Documents，ODI，London，June 2003.

Ladd，P. （2003）. *Too hot to handle? The absence of trade policy from PRSPs*，Christian Aid，April 2003. http：//www. acp - eu - trade. org/library/files/Ladd _ 0403 _ too%-20hot%20to%20handle -%20absence%20of%20TrPol%20fromPRSP. pdf.

Osei - Asare，Y. B. （2010）. Mainstreaming Trade Policy and Trade Support Measures in Poverty Reduction Strategy Papers in Ghana，Background paper 3，IEA/FAO Trade Mainstreaming Project，Ghana.

UNECA （2004）. *Mainstreaming Trade in National Development Strategies - An Issues Paper*，Document E/ECA/CM. 37/2，8 April 2004，UNECA，Addis Ababa.

第十章 加纳农业贸易相关支持 措施的制定

Ramesh Sharma

1 概况介绍

在前两章对加纳贸易政策和贸易主流化问题进行研究后，本章对促进贸易发展的支持措施的制定进行分析。将上述三个问题结合分析的原因是，贸易相关支持措施应该与国家发展战略，如 PRSP，及其下属的政策框架（如农业、工业）的战略和政策相一致，或称主流化。确定支持措施的优先顺序也很重要。本文研究成果也有利于正在进行的在国家层面组织实施 AfT 的工作。本文参考了 FAO 项目下 Asuming - Brempong（2010）的研究。

本章其余内容安排如下：第二节对投资、主要政策框架下的资源分配和优先顺序选择进行总结。政策框架包括 PRSP（加纳增长和扶贫战略），加纳贸易领域的支持项目（TSSP）和农业发展计划。在总结中将分析在政策框架下措施优先顺序选择的一致性。作为总结，第三节对制定 TRSM 的整体方法程序进行评价，并阐述一些相关看法。

正如第四章中所述，案例研究中使用了 TRSM 而不是 AfT 这个术语的原因有两点。一是 AfT 专门指资金来自外部的对贸易的支持，而 TRSM 没有这种限制，泛指政府提供或者应该提供的一些支持措施，而不论资金来源。二是 TRSM 应该涵盖所有贸易产品，而 AfT 经常被认为是对出口的支持，尽管在 2006 年 WTO 的 AfT 工作小组报告中没有给其明确定义。除了这两点外，TRSM 和 AfT 的概念没有太大区别。从范围上讲，AfT 工作小组报告中列出的 6 类 AfT 非常全面，既包括具体贸易措施，也包括农业和工业等生产性行业的措施。

2 国家政策框架下的贸易相关支持措施

三个政策框架及其相应的实施方案为加纳的 TRSM 提供了愿景、指导方针和计划。它们分别是加纳增长和扶贫战略（GPRSⅡ），2005—2010 年的 TSSP 以及 2009—2015 年的农业发展计划。接下来将分析上述框架的核心和具体计划，并介绍一些创新型农业贸易项目。

2.1 GPRSⅡ

在 GPRSⅡ第二卷中，提到实现 GPRSⅡ目标的四年成本核算框架（预算分配）。总费用估计为 73 374 万亿塞地，约 80 亿美元，这主要包括投资和服务成本，但不包括工资、薪金和与项目和计划实施有关的管理费用。总共 80 亿美元中，35％用于 GPRSⅡ的第一支柱，55％用于第二支柱，10％用于第三支柱。为了实现 GPRSⅡ的增长目标，分配给第一支柱的资金由 GPRSⅠ时的 27％增至 GPRSⅡ时的 35％。

表 10-1 显示，在第一支柱中，16％的资金被同时分配到现代化农业、贸易和工业中去。私营领域的发展计划也占总资金的 10％。第一支柱剩余的资金中（16.04 亿美元），超过 50％的资金被分配给运输，26％分配给能源，其余的 24％分配到其他方面（自然资源管理、科学技术、IT 业、旅游业、音乐产业、安全网络）。

事实上，分配给现代化农业的 16％的资金是一个很大的数量，而上面提到的另外 5～6 个重要的领域分配份额总共才 24％。这 16％比马普托宣言对农业预算分配预计的 10％还要多出 60％。此外，重要的是，分配给贸易和工业的 16％和私营领域发展的 10％，是为实现 GPRSⅡ中以农业为主导的产业化和经济增长目标的至关重要的补充投入。

表 10-1 GPRSⅡ三大支柱的资金分配（百万美元）

	2006 年	2007 年	2008 年	2009 年	合计	％
第一支柱：私营部门竞争力	752	765	704	634	2 855	100
·农业现代化	141	132	101	91	466	16
产量提高（％）	2	2	2	2	2	
粮食安全（％）	76	79	81	81	79	
机构能力（％）	22	19	17	17	19	
· 现代化捕鱼方式和水产养殖	6	6	7	6	26	1
·贸易和工发展	136	126	113	102	477	17
·私营部门发展	51	84	78	70	288	10
·其他部分	418	417	404	364	1 604	56
第二支柱：人力资源发展	1 111	1 116	1 159	1 043	4 428	
第三支柱：治理和公民责任	204	202	176	197	780	
合计	2 066	2 083	2 039	1 874	8 063	

来源：GPRSⅡ第 2 卷附录表格。

在农业方面，表 10-1 显示，79％的预算被分配给粮食安全。然而这在某些方面是误导的。根据 GPRSⅡ第一卷的内容，该方案不仅包括"粮食安全"型作物，也包括"高收入水平"型作物，尤其是那些"显著促进国内粮食安全，农产品加工业发展和出口"型作物。具体的促进措施包括灌溉、投入品供应、研发等。这些将在农业发展计划中做进一步阐述。

2.2 贸易部门支持项目

加纳的 TSSP（加纳-TSSP 2005）的作用原理与最不发达国家的 DTIS 类

似，但它不仅仅是一个 DTIS，因为它涵盖了贸易的各个方面，不局限于出口，还包括进口。根据前一章对主流化问题的研究，2004 年加纳国家贸易政策（简称 GNTP04），在一定程度上，不仅强调外部，还同时强调国内贸易议程。而且，TSSP 和 GNTP04 以及 GPRSⅡ密切相关。

在贸易部门支持项目中反映的重点项目特点如下：

（1）利于贯彻执行的新的项目设计方法——TSSP 的设计与 GNTP04 中的政策直接挂钩。为了实现贸易政策的目标，设计过程包括对现有项目和方案的总结，找出差距所在并制订新的项目方案。

（2）确保 TSSP 和其他国家重点发展项目之间的战略契合。TSSP 的原则是配合 GPRSⅡ和私营部门发展战略以及贸易部门其他正在进行的项目和方案，从而避免重复。

（3）委托政府负责项目执行——在项目实施过程中，主要职责和问责职能被授予部委和其他政府机构，而不是委托外部承包商。

（4）最大化本地所有权——TSSP 由各方合作共同完成。外部顾问与贸易部对口部门密切合作，同时通过一系列启动会针对广泛的利益相关群体进行意见征询、一对一访谈及成果和目标展示。

（5）内置灵活性——TSSP 通过在五年项目执行草案和资源框架范围内调整年度工作计划和预算来应对新出现的需求。

（6）交叉性问题主流化——在所有项目执行过程中，为解决交叉性问题主流化而制定政策，内容包括贫困和性别不平等、艾滋病、良好的政府治理和环境的可持续发展。

TSSP 是一个包括三卷的长文件，分五年（2006—2010）执行。第 1 卷对现状、挑战和具体建议进行阐述。第 2 卷是 26 个建立在这些建议基础上的可行性项目，每一个项目都包括目标、成果、实施计划和责任机构四项内容。第 3 卷阐述具体预算。

这 26 个项目汇总为 10 个部分。每个项目都包括目的阐述、五年期项目主要目标、有时间规定的行动方案、机构职责、绩效指标和预算等内容。以下 10 个部分下的 26 个项目清单体现了 TSSP 设想的范围。

- 第一部分：多边贸易

  项目 1：完善国际贸易谈判的结构

  项目 2：贸易谈判策略的制定和实施

- 第二部分：进出口政策

  项目 1：关税和非关税措施

  项目 2：进出口激励措施

- 第三部分：贸易便利化

项目 1：海关清关

项目 2：机场货物装卸，仓储和冷链

项目 3：充足和高效的港口基础设施

项目 4：高性价比和安全的过境贸易基础设施

项目 5：自由港

· 第四部分：生产能力

项目 1：产业政策和行业战略发展

项目 2：促进投资

项目 3：支持中小企业

项目 4：教育和产业联动

项目 5：投资金融

项目 6：战略部门的基础设施和服务支持

· 第五部分：出口贸易支持性服务

项目 1：出口贸易支持性服务

· 第六部分：标准

项目 1：相关科研机构升级

项目 2：SPS 和 TBT

项目 3：国内市场标准的执行

项目 4：提高生产率

· 第七部分：国内贸易及分销

项目 1：完善贸易和分销体系和基础设施

项目 2：增加"加纳制造"的商品和服务

· 第八部分：竞争和政府采购

项目 1：竞争

项目 2：政府采购

· 第九部分：消费者保护

项目 1：消费者保护

· 第十部分：知识产权

项目 1：知识产权

从 AfT 范围看待以上项目，这 26 个项目和其中大量的措施和活动很明显包括了几乎所有 AfT 要素。因此，它们构建了一个整体和平衡的贸易发展议程。接下来要做两点评论。

首先，十个部分中包括并不是标准的"贸易"内容，但属于 AfT 范围内的"生产能力建设"和"贸易基础设施"之类内容。例如上面的第四、七、九部分。第四部分是关于生产能力建设，特别是加工业能力建设的，包括产业政策和基础设施的政策。第七部分强调国内贸易的问题："创造一个高效运转的国内市场，致力于国内消费和出口产品的开发和营销，以及提升消费者福利。"这也包括农产品的仓储，运输等环节发展。第九部分关于消费者权益保护，与GNTP04以及它的两个平行战略——出口带动型增长和基于进口竞争的国内市场主导型产业化——的根本目标是一致的。

其次，计划也表明，TRSM不仅仅只是关于投资或"硬件"基础设施的。一个平衡的TRSM包括机构建设和强化、指令和法规、分析和研究能力、奖励和补贴以及硬投资。接下来对26个项目及其产出的汇编体现了干预措施的不同类别。

机构建立和强化
- 贸易和工业部的重组
- 消费者保护机构
- 标准制定机构
- 贸易救济措施代理部门

指令和法律
- 产业政策
- 消费者保护政策和法律
- 知识产权相关法律
- 外商直接投资的相关法律法规

分析和研究职能
- 贸易谈判和谈判策略制定
- 政策分析，包括贸易统计
- 监测贸易流通的产出和对贫困的影响

激励措施和专项资金
- 通过银行将投资资金引导至优先领域
- 出口激励措施
- 激励私营部门对基础设施的投资
- 适当的国内和出口税率
- 专门的贷款融资

投资——"硬件"基础设施
- 冷冻储藏
- 机场和港口货运设施
- 基础设施如道路和港口
- 研发和技术投资

2.3 农业投资

继 FASDEP II 的修订在 2007 年完成后，政府开始制订详细的实施计划。制订过程非常全面，包括以下几步：对失败和成功案例进行历史分析；评估正在进行的部门方案、战略和项目；分析重点商品的价值链；实现新的 FASDEP II 目标的需求分析以及一系列的研讨会和利益相关群体协商咨询。其成果——2009—2015 年农业部门计划（简称 ASP09）——提供了农业发展的一系列具体实施方案和项目。下文将对该计划进行介绍。

为保持政策的一致性，ASP09 中的所有内容（项目、成果等）都与 FASDEP II 的六个战略目标保持一致。表 10 - 2 对该计划进行整体展现。为实现六个目标，ASP09 包括 21 个组成部分和 51 项预期产出成果。

表中大多数独立成果和项目都是众所周知的。然而，结合上下文，有一些问题值得深究。这两个问题是：①在预算期内六个方案的相对权重；②增强对经济作物和粮食作物在商业化和贸易方面的优先权。

第一，根据表 10 - 3 所示，前 3 个方案获得最多的资源，占总资源的 70% 左右。ASP 的重点将在未来（2013—2015）进行转移。方案 2 和方案 3 的资源分配将增加（5 个百分点/个），而方案 1 的资源分配将会明显减少（下降 10 个百分点）。

第二，方案 3 将获得第二个周期的最高预算份额（占 30%）这个事实本身说明了农业计划对商业化和贸易的重视。这也与 GPRS II（见前面关于主流化的章节）的政策立场相一致。该方案的实质是提高半商业化和商业化小农的生产力，包括农产品加工业的生产力，以满足国内和区域市场迅速增长的需求。

表 10 - 2　加纳农业部门方案目标和成果简介（2009—2015 年）

方案目标	组成部分和预期产出成果
1. 粮食安全和应急准备	7 个组成部分，16 项成果——选定的粮食作物（玉米、水稻、高粱、木薯、山药和豇豆），家禽和珍珠鸡，人工养鱼，研发，生产效率和生产项目，人类营养，非农活动，仓储和分销，预警，应急准备，灌溉，供水，机械化
2. 收入增长和收入波动减少	6 个组成部分，12 项成果——以经济作物/出口作物和新产品为重点——研发，提升经济作物生产效率，畜牧业和渔业生产，新产品开发，价值链试点，外部种植者，农村基础设施，城市和城郊农业
3. 竞争力提高，国内和国际市场一体化	1 个组成部分，3 项成果——三个重点领域：①主食食品——小农种植的主食作物商业化增强，市场驱动的产能建设，市场推广进口替代的商品（如大米、鸡肉、食用油等），通过价值链与超市、酒店、饭店相连，反倾销条例；②经济/出口作物——促进非传统农产品出口，确定和推广成功的出口模式，私营部门的参与；③食品和农业部提供市场信息，分级，制定标准和法律，贸易谈判能力

（续）

方案目标	组成部分和预期产出成果
4. 土地和环境可持续管理	1 个组成部分, 6 项成果——支持可持续土地管理（SLM）的政策法规, 支持推广 SLM, 技术推广和应用, SLM 理论, 鼓励 SLM 的激励机制
5. 将科学技术应用于粮食和农业	1 个组成部分, 5 项成果——采纳改进后的技术, 价值链上的新技术, 推广, 支持私营部门投入的分销网络, 大幅度增加农业科研经费, 生物安全法案
6. 提高机构协调和利益相关群体参与	4 个组成部分, 9 项成果——国家、地区和区域层面的计划、政策分析能力, 食品和农业部的交流沟通策略, 人力资源能力, 部际协调, 私营部门和民间组织参与平台, 加强食品和农业部与出资者之间的协调与合作

来源：作者，基于加纳农业部门计划第 3 章中的具体内容（加纳-ASP 2009）。

表 10 - 3 FASDEP II 六个方案的预算分配计划（百万新塞地）

	2009—2012		2013—2015		2009—2015	
	金额	%	金额	%	金额	%
方案 1：粮食安全和应急预案	1 281	25	1 959	15	3 240	18
方案 2：收入增长	1 025	20	3 265	25	4 290	24
方案 3：竞争力提高和市场一体化	1 281	23	3 918	30	5 199	29
方案 4：土地和环境的可持续治理	513	10	1 959	15	2 471	14
方案 5：应用于粮食和农业发展的科学技术	513	10	1 306	10	1 818	10
方案 6：提升机构协调项目总预算	513	10	653	5	1 165	6
总预算分配	5 125	100	13 059	100	18 184	100

来源：ASP09 表 19, 2010 年 7 月, 1 新塞地约等于 0.7 美元。

根据 ASP09，世界市场粮食价格的预期上升为提高粮食的比较优势创造了机会。近来的全球粮食危机使政府增强对粮食部门的支持力度。针对外部市场，如何提高产品价格和质量的竞争力是一项新挑战。

在此背景下，制订以下方案——不是一个全新的方案，而是对外部环境变化做出的调整。通过该方案，识别成功的龙头企业/农产品加工业，研究小农户试点和成功项目的可行模式。与此同时，陆续推出能力建设活动，使其与市场的联系更为紧密。希望借此减少比如大米、鸡肉和食用油一类产品的进口激增。同样，在出口方面，值得注意的项目包括：识别拥有固定出口市场的成功龙头企业，研究小农户试点和成功项目的可行模式，采取激励措施让私人参与价值链，升级标准、分级制度和法律法规。

2.4 ECOWAS 和基于全食品产业链的内部贸易

正如在前面两章中讨论的，ECOWAS 的目标是通过各种措施，包括贸易便利化措施和区域发展方案，扩大 ECOWAS 内部贸易。许多区域层面的贸易和农业方案正在制订当中。其中包括通过贸易援助（AfT）措施、经济伙伴协定（EPA）、CAADP/NEPAD 调动资源的计划。

一个最具发展前景的计划是 ECOWAP/CAADP 区域协约。由于计划的筹备工作当时正在进行，2007—2008 年粮食危机促使该计划做出一些调整。2008 年 6 月，国家元首通过一项区域粮食生产和对抗饥饿计划，该计划重新修订了 ECOWAP/CAADP 中的干预政策。三项联合行动方案的目标分别是：①为保证粮食主权，推动战略产品价值链发展；②改善整体环境促进本地区农业发展；③减少易受粮食危机影响的程度，保证稳定、可持续的获得粮食。

联合行动方案一的目的是对促进粮食生产和价值链升级的所有区域性战略和措施给予支持。许多"有助于维护粮食主权"的产品将享受优惠待遇。这些产品包括小米/高粱、玉米和大米、块根和块茎、水果和蔬菜、肉类和乳制品；第一阶段享有优惠待遇的产品是水稻、玉米、木薯和肉类，其他产品在第二阶段享受优惠政策。产品选取的标准是：①生产潜力大；②适应不断变化的饮食习惯；③进口量大。联合行动方案二主要是关于区域一体化和边境政策的，如对贸易基础设施投资以促进粮食区域性贸易发展，采纳并执行新的区域贸易政策。

2.5 创新型农业贸易项目概述

根据 ASP09，加纳有 13 个资助农业相关部门项目和方案的发展伙伴，总计 63 项干预措施，其中两项是预算支持。一个关于 2009—2012 年 FASDEP II 六个目标下正在进行的干预项目的表格显示（"正在进行的"是因为很多项目持续到 2009 年以后），大多数项目支持的目标是 1 和 2（表 10 - 4）。表中第二列显示了 2006/2007—2012 年期间的计划方案/项目。

表格显示，大多数正在进行的发展伙伴计划集中在 FASDEPII 的目标 1（39个干预项目，29.3%）和目标 2（46 个干预项目，34.6%）。同样，相当多的活动致力于目标 3（19 个干预项目，14.3%）和目标 6（18 个干预项目，13.6%）。相反，发展伙伴活动在目标 4（3.0%）和 5（5.2%）上的投入非常有限。

在世界各地，许多项目已经尝试使用支持农业和贸易发展的创新方法。在新的 TRSM 实施过程中，可以学到很多知识。同样，加纳也已经尝试了一些创新型项目。作为对 TRSM 文献资料的贡献，同时基于强调创新型项目应该是 TRSM 的重要组成部分，下面简要介绍 4 个项目，这些项目将农业与市场和贸易相连，将农业生产作为产业链的一环来促进其发展[①]。

---

① 这些阐述来自于 Wolter（2008）和 Asuming - Brempong（2010）。

表 10 - 4 根据 FASDEP Ⅱ 目标正在进行的和计划进行的项目

FASDEP Ⅱ 目标	占比（%）	
	实际	计划
1. 粮食安全和应急预案	29.3	22.2
2. 收入增长	34.6	27.8
3. 竞争力提高和市场一体化	14.3	19.4
4. 土地和环境的可持续治理	3	5.6
5. 应用于粮食和农业发展的科学技术	5.2	11.1
6. 机构协调机制完善	13.6	13.9

来源：加纳 ASP（2009）中的表 15。

富有竞争力的出口经济的投资贸易方案（TIPCEE）——这是美国国际开发署（USAID）于 2005 年发起的 3 000 万美元的五年赞助计划。该计划旨在通过增强加纳私营部门竞争力实现出口快速增长。该方案由两部分组成：营造有利环境（EE）和发展出口业务（EBD）。EE 着重于通过法律规范的优化营造有利于私营部门业务经营和投资贸易的金融、贸易和农业环境，大多数支持采用技术援助的形式。EBD 适用于帮助私营部门打造其在区域和国际市场的竞争能力。EBD 以市场需求为导向：引导农民生产他们能卖出去的，不生产卖不出去的农产品。

TIPCEE 的主要目标是将小农户融入以出口为导向（最近也关注国内市场）的价值链中去。因此，在菠萝、芒果、木瓜和蔬菜等行业的小农群体与出口企业相链接，其他商品领域如玉米等的小农户，与当地或区域企业相链接。TIPCEE 同时还与核心企业合作，从而提高它们与小农共事的能力。TIPCEE 一个突出特征是它主要通过私营部门来运行，只有部分是通过政府来运行的。

这个项目另一个值得注意的做法是它与其他正在进行的资助项目合作，例如和德国投资的以市场为导向的农业项目（MOAP）合作。2006 年，TIPCEE 为加纳一个生产果汁和浓缩汁的公司提供技术和资金援助，使其能够提供 500 吨菠萝浓缩汁给可口可乐公司。2006 年，USAID 加纳分部预计从这个项目中受益的农村家庭数量为 30 000～100 000 个。为此，TIPCEE 的任务还进一步扩大到针对区域市场和/或国内市场的作物（柑橘、番茄、洋葱和玉米）。

出口营销和质量意识项目（EMQAP）——非传统产品出口：像其他地方一样，非传统产品出口在加纳已经受到所有参与者，包括农民、商人、政府和捐助者的重视。有很多对非传统产品出口产业的支持项目。其中之一就是非洲开发银行资助的针对园艺产品的 EMQAP。自 2007 年得到 2 500 万美元以来，该项目正式开始实施，旨在提高从事园艺的农民、出口商和木薯生产商的收入。它涵盖了菠萝、木薯和其他一些园艺产品（木瓜、茄子和辣椒）的全产业价值链。EMQAP 措施包括发展产业价值链、建立市场信息和消费者偏好数据库、针对选定的园艺作物制定营销策略、410 千米的全季节公路、冷链等。该项目的一个创新特征是加入木薯加工计划，从而使更多的小农户能够参与到项目中来。

NRGP——加纳北部的价值链：Wolter（2008）在他的项目审查中指出，当许多捐助支持都投入到以出口为导向的园艺业中时，由农业发展基金（IFAD）资助的致力于与加纳北部贫困作斗争的 NRGP 显得尤其突出。多年来，IFAD 下的多个项目通过促进特定商品（块根和块茎作物——木薯、山药、甘薯）的现代化生产水平提高，使传统粮食作物的国内市场保持活跃。各界对项目资助资金主要投入生产而忽视市场联动的做法进行了批判。而该项目也是对这些批判的一种回应。事实上，NRGP 将生产者与市场通过价值链相连，它对农村贫困人口、贸易商、批发商和出口商都有好处。这样做的目的是鼓励粮食作物种植者进行生产，不仅用来满足自身消费需要，也能为加纳南部和国外市场提供产品。

发起于 2008 年，项目总花费为 6 000 万美元的 NRGP，将支持三个北部地区开发 11 种商品（5 种旱作作物，6 种灌溉作物）的价值链。它还设想在农村基础设施方面的投资，如小型水坝和交通枢纽，以及改善农村金融服务。NRGP 将是证明价值链方法是否适用于小农户和粮食作物的测试案例。

支持私营部门发展——第二阶段（SDSP Ⅱ）下的农业价值链设施：这是一个与 GPRS Ⅱ 核心发展战略之一有明确对接的项目，即提高私营部门的竞争力（丹麦国际开发署，2009）。支持农业价值链是由丹麦资助的 SDSP Ⅱ（2010—2014）的组成部分之一。该方案旨在增加商业以及农民、上下游产业链的参与者获取资金和商业发展服务的途径。该方案的支持措施集中在改善针对价值链重要参与者，包括商业农民、种子生产者、投入品供应商、农产品经销商、农业企业、农业加工企业、营销企业、农民组织和输出种植者、农民团体/协会的资金与指导/技术援助相结合的中长期援助上。作为 SPSD 的一部分，该方案还具有额外的优势，因为它还包括支持私营部门的其他措施。它与斯坦比克银行和非洲绿色革命联盟合作，后者将在价值链各个环节提供咨询/服务指导，从而提高农业企业和农民的组织能力。

3 结论

因为一系列互相关联且立场一致的政策框架——GPRS Ⅱ、长期发展计划 2009—2015、贸易政策和 TSSP，FASDEP Ⅱ 和其实施计划——加纳战略层面的政策框架非常完善。实践层面上，加纳也通过一系列项目积累了经验。近期所有的政策框架都重点关注市场、竞争力和私营商业环境。这就是作为 GPRS Ⅱ核心的农业要实现现代化的环境。加纳同时也对粮食部门给予应有的重视。总而言之，这比之前国内外资源大量流入生产部门时的回报要高得多。

在前面介绍关于加纳增长和扶贫战略的各种政策框架和实施计划的章节中，已给出了一些评论。正如在文章开篇提到的，重要的是 TRSM 主流化，或者换句话说，TRSM 应是根据政策框架制定的。正如在第二节中指出的，加纳的情况多是如此。当前加纳面临的挑战是政策的执行。接下来对几个问题进行补充说明，第一是关于确保主流化所做出的努力，包括具体方法和过程。

（1）解决支持措施主流化面临的挑战

在以往发展方案文件中经常出现的一个问题，是既定目标和优先顺序与实际公共支出之间不匹配。基于主流化概念的解释，这样的不匹配应该被避免或最小化。以 TRSM 为例，投资应遵循 PRSP 的优先顺序。

GPRS Ⅱ为解决这一问题，在其成本核算框架（第Ⅱ卷）的开头就进行了明确说明。通过以下 3 种措施，保证 GPRS Ⅱ的优先事项和支出之间的紧密联系。

①在 GPRS Ⅱ执行过程中，将融资支出进行集中——由有关部门（部委，司局和机构）将促进经济增长和减贫的全部可用资金进行合理分配。

②完善资源分配机制——确保对 GPRS Ⅱ主要领域下的优先方案、项目和活动的资源分配。

③MDA 和 GPRS Ⅱ的目标相一致——根据之前年度预算框架的中期支出框架，制定战略计划目标。所有 MDA 目标都必须与 GPRS Ⅱ保持一致，为更有效监测 GPRS Ⅱ支出创造良好的环境。

（2）近期制订正确支持措施的过程中充分考虑发展战略

在上一个章节中总结到，丹麦国际开发署（DANIDA）的项目 SDSD Ⅱ中的农业价值链设施，是一个像 PRSP 一样倡导在制定贸易项目时将其与国家发展战略紧密联系起来的例子。另一个这样的例子是一个研究小组向美国国际开发署（USAID）提出的加纳农业企业发展战略框架（Easterling 等，2008）。

基于一份对过去和当前方法和实践的分析，下面一份文件的第 6 章展示"一个 USAID 优先项目的开发框架"。

它指出，基于商业化竞争的商业行为，是实现农业转型的关键，商业化的跨度既包括国内市场也包括国际市场——包括区域间的和超出区域的。通过这个更广阔的空间，它得出的结论是，聚焦战略应该旨在提高所选粮食/经济作物以及所选的一系列以园艺产品为重点的非传统出口产品的产量。

该战略有六大要素，其中前两个是主要的：通过出口高价值农产品实现经济增长；通过生产和销售粮食作物减少贫困。其他四个要素起到支撑前两个要素的作用（其中包括外国直接投资、政策分析、对话、商业配套资金和企业管理培训）。其基础是价值链，通过价值链上各个节点提供的支持来消除制约因素，通过制定相应的规范来增加产量并提高农业生产效率，有针对性地对收获后的产品进行加工和销售。这个框架暗示了应将农户与市场连接起来。

(3) 政策、法规和制度建设——"软"基础设施的重要性

在文件以及在高级官员的会议中，人们通常给予"硬件"基础设施最多的关注，同时削弱了对"软"基础设施的关注。尽管基于 TSSP 的 26 个项目文件，这可能不适用于加纳，但这在 TRSM 的内容中通常是个问题，因此需要注意。在具体项目中，许多评价研究通常得出结论：尽管有可利用的资金，但该项目不能执行，因为它的活动遭遇了众多超出项目机构控制范围的跨领域障碍，包括从地方税收到商务合同，再到缺少法律支撑，以及无法对进口激增或令人沮丧的进口价格作出反应的贸易政策。的确，一个典型的农业价值链从农场到市场以及境外至少要通过十几个阶段，在这个过程中发生了什么将决定农产品价格和质量竞争力。

虽然缺乏硬件基础设施建设资金往往被视为主要的制约因素，但它并不能解释为什么政府无法执行一些类似于减少（或消除）沿价值链产生的大量地方税收的小改革，也不能解释为什么即使政府知道合同农业的重要性仍多年无法颁布相关法案。这一类延迟改革是最令商业受挫的。研究价值链框架内部的产品竞争力时很可能会反映出大量这样的问题，通过此类的研究，能够提供切实紧迫的案例，推动政治层面十分困难的政策改革，制度调整和必要的立法。价值链的研究才刚刚开始，但把这样的研究和分析确认为 TRSM 的核心组成部分是很有必要的，同时，在"软"基础设施上进行投入也很有必要。

(4) 定位享受特殊待遇的战略性产品 / 行业

这个问题在前两章讨论过，鉴于它在 TRSM 制定过程中的重要作用，本文再次将其提出。同许多发展中国家一样，加纳的政策框架也包括促进特殊或战略性产品出口的战略[①]。

GPRS II 中提出针对"战略性出口产品"的特殊待遇，产品以总统倡议产

---

① 在其他论坛也出现许多类似的例子，例如多哈回合会谈商讨设定特殊或敏感性产品的选择标准，2006 年以粮食安全为主题的阿布贾峰会上，提出选取 12 种食品以促进非洲内部贸易的发展。

品为主（农产品，包括棉花、棕榈油和木薯淀粉）。在贸易政策一节中，提出识别和定位特定发展产业，促进竞争优势新领域的发展。在农业政策一节中，提出选择某些作物促进其发展，但并没有特别说明这些作物是什么。同样，GNTP04 中也包括特殊产品的相关内容，提到识别和定位特定行业发展的政策。GNTP04 提到战略性生产部门和战略性产品。在 FASDEP II 中，关于粮食安全和农民收入增加的一项战略中包括选择享有特殊待遇的产品的内容。最初提到的产品仅包括 4 种主粮产品（玉米、大米、山药和木薯），随后将范围扩大至经济作物和家畜。最后，最近的 ECOWAP/CAADP 协约提出一项促进战略性产品价值链升级的发展计划。其中的战略性产品包括小米/高粱、玉米和水稻、块根和块茎、水果和蔬菜、肉类和乳制品等。

这里需要解决的问题是，上述政策对资源分配的优先顺序和 TRSM 的制定产生什么影响？这个问题的答案并不明确。目前的产品清单太长，难以确定优先顺序，因此显然需要更多的思考。第二个问题是这些战略性产品可以享受哪些特殊待遇？这个问题的答案也不明确。在 FASDEP II 中，有关于这些战略性农产品的详细内容，但缺乏预算和其他信息，包括补贴/奖励，所以很难对优先序做出评判。显然，针对特殊或战略性产品的项目进行微调需要进一步的研究。

(5) 关于制订 TRSM 过程和利益相关群体咨询的新观点

作为三份背景文件准备的一部分，加纳多次举行利益相关群体咨询会议，征求其对各类问题的看法，包括制订 TRSM 过程的问题（Asuming - Brempong, 2010）。同时举行了一系列研讨会，让与会者分享各自观点。此外，还拜访了有关部门，咨询相关官员 TRSM 的问题。总体而言，加纳识别、制定和确定贸易政策和 TRSM 优先顺序的过程是全面的，制定的政策、方案和项目整体上是立场一致的。还有一个关于适当平衡捐助者所提供的贸易相关软硬资助的讨论，软资助，如加强机构能力（如谈判培训），感觉上总是有帮助的。为了解决零散项目作用有限的问题，一揽子经费项目得到普遍支持。最后，为了使私营部门更好地参与到农产品全产业链中去，普遍意见是越来越多的 TRSM 资源应该受到有效引导。

参 考 文 献

Asuming - Brempong, S. (2010). *Aid for Trade: The Process of Identifying and Prioritizing Trade - Related Support Measures in Agriculture*. Background Paper, FAO trade policy articulation project, IEA, Accra, Ghana.

DANIDA (2009). Ghana: Support to Private Sector Development - Phase II, 2010—2014.

Programme Support Document, November 2009, Danish Ministry of Foreign Affairs.

Easterling, T., Fox, J. W. & Sands, F. B. (2008). *Factors Affecting Economic Growth in Ghana: Bases for a New USAID Approach to Economic Growth*, Prepared for USAID/ Ghana by Sibley International, October 2008.

Ghana (2004). National Trade Policy 2004. Ministry of Trade and Industry, Accra, Ghana.

Ghana (2005a). Growth and Poverty Reduction Strategy II (GPRS II). National Development Planning Commission (NDPC), 2005, Accra, Ghana.

Ghana (2005b). Trade Sector Support Programme 2005—2010, Ministry of Trade and Industry, Final Draft, September 2005, Accra, Ghana.

Ghana (2009). Agricultural Sector Plan 2009—2015, Revised Second Draft, May 2009, Ministry of Agriculture, Accra, Ghana.

Wolter, D. (2008). Ghana – The Challenge of Moving from Subsistence to Profit, Tanzania case study in the series *Business for Development: Promoting Commercial Agriculture in Africa*, OECD Development Centre, Paris.

第十一章　尼泊尔农业贸易政策问题

Posh Raj Pandey

1　概况介绍

诸多结构和政策性因素决定了尼泊尔贸易模式的演变。结构性因素中，包括高度生计型的农业经济、地理和气候造成的产量差异、与印度之间松散的边境线，以及因为印度曾长期实施贸易保护主义措施，让尼泊尔一些出口型产业有机会利用措施带来的关税差异获利。在政策方面，有关基础农产品的印度-尼泊尔自贸协定是一个主要因素。20 世纪 90 年代初期，尼泊尔经历了重要的贸易改革，朝着自由、市场导向型经济方向发展。对尼泊尔的主要捐助者提供的贷款的附加条件是这些改革背后的一个重要因素。2004 年尼泊尔加入 WTO 的承诺也是影响实际政策的重要因素。从内部来看，制定贸易政策的程序涉及两个互相关联的方面：一个与贸易政策相关，另一个与影响贸易政策形成过程的制度框架设计有关。第二个因素决定了贸易政策长期的包容性、全面性和稳健性。因此，这篇文章主要由两部分组成——一个深入且长篇幅的贸易政策分析，以及一个较短的贸易政策形成过程分析。

本章结构如下：第 2 节综述尼泊尔农业政策的演化过程，包括历史观点、贸易协定和 2009 年 4 月生效的尼泊尔现行农业政策。第 3 节讨论尼泊尔贸易政策的一系列问题及对其评论。第 4 节讨论贸易政策形成的过程。第 5 节总结主要观点和建议，供进一步讨论和分析。

2　贸易政策的演化

2.1　2008 年以来的贸易政策发展

尼泊尔贸易政策的历史发展可以被分为三段：①1932—1956 年早期的必要自由贸易；②1956—1986 年保护主义和进口替代政策；③自 1986 年以来的开放和自由政策，1992 年后更是如此。

从历史角度看，几个世纪以来，尼泊尔一直充当中国西藏地区和印度的贸易中转站，而没有正式的政策或机制规范贸易。这种贸易给贸易沿线尤其是加德满都谷地的统治者带来了可观的收入。1923 年，尼泊尔第一次与英属印度签订了贸易协定，使得尼泊尔从英国和英属印度自由进口货物。出口到印度的主要是农产品、矿产品和森林产品，比如木材、大米、酥油等，与现在类似。

下一个重要的里程碑是 1935 年，尼泊尔通过创设一个工业委员会和建立基于诸如黄麻等当地产品的加工工厂，开始了一系列国家引导的工业化。保护这些工厂变成了工业和贸易政策的关注点。

贸易保护主义制度的萌芽在 1956 年启动第一个发展计划时生根。同那时大多数发展中国家包括印度一样，该计划宣布并且实施了一系列的政策措施，即今天被认为是国家主导工业化的古典进口替代性政策。这包括，比如，进出口需要许可证、高关税和配额、限制外汇交易等。20世纪70年代，尼泊尔为促进一系列的进口替代工业做了大量努力，其中典型的是资本密集型的公共制造业。

同时，与大多数发展中国家一样，尼泊尔政府认识到该策略对刺激出口的负面影响，所以做出了一系列回应，包括采用外汇工具刺激、对原材料进口关税的减让和降低出口税。同样的，除印度外的出口目的地多元化一直是尼泊尔的贸易政策目标，并且为此采取了多项激励措施。例如，1977年采取的双重汇率系统就是为了对出口传统产品，如黄麻、皮革、豆类和大米到印度以外市场提供更高（约25%）的激励。

下一个尼泊尔贸易政策演变的重要里程碑是1983年的出口促进项目，事实上它可以被认为是尼泊尔的第一个贸易政策。与第七计划（Seventh Plan）中的出口促进和多样化政策一致，这个项目采取的是更自由并且以市场主导，对私营部门重要作用更加关注的贸易措施。并采取了一些贸易便利化措施，以强调私营部门的需求，诸如取消出口许可证、削减出口所得税、提供有担保的库存设备、简化通关手续、建立"国家出口贸易发展委员会"等。1983年的贸易政策条款主要有：

（1）对除皮革和皮革制品外货物，按FOB价格计算的出口收入硬货币等价的10%给予现金刺激。

（2）对原材料和生产资料的进口给予以可兑换货币计15%的出口所得。

（3）出口产品关税降低到1%。

（4）对出口导向型企业给予出口退税。

（5）依据进口商开具的信用证对出口产品运输加工提供最多250 000卢比预出口贷款。

（6）第一个月可以为出口商提供比现行贷款利率低的出口目的贷款。

（7）安排从尼泊尔Rastra银行到商业银行的资金再融通，使得后者能够扩张出口信用。

（8）从尼泊尔工业发展集团向出口导向企业融10%的贷款。

在国际货币基金组织（IMF）、世界银行和亚洲发展银行（ADB）的支持下，20世纪80年代中期尼泊尔实施了一系列结构调整项目（SAP）。SAP的重点是调整农业和工业激励结构，以及放松过度限制的贸易制度。在贸易部门，开始采取多种措施，包括：急剧降低最高关税税率（例如，许多情况是450%到100%）；减少"附加关税"5～10个百分点；对原材料和中间产品的进口由存折系统替代进口数量限制；将越来越多产品列入普通输入许可证

（OGL）范畴管理；1987 年，对进口关税和营业税进行出口退税。由于与印度的运输和贸易障碍，贸易自由化进程在 1989 年被打断。

这些 20 世纪 80 年代中期的改革，与发达国家的普遍优惠制（GSP）下的市场准入可得性，被认为对成衣和一些其他产品的出口扩张产生了实质的贡献。然而，没有充分研究证实这个观点。

20 世纪 90 年代是尼泊尔贸易政策发展的另一个重要时期，这始于 1991 年民主制度的出现。在高度自由的经济和政治环境下，与其他经济系统的改革一起，一个新的和更自由的贸易政策在 1992 年出台。它的目标是通过采取开放、自由的政策及允许私营部门的广泛参与，来促进贸易的可持续发展和发展国民经济。该政策同时优先关注新产品发展、贸易多样化、促进后向联系、减少贸易不平衡和与其他经济部门协调一致。该政策的显著特征是：①缩小公共部门的责任；②自由和有活力的贸易政策和贸易过程；③强调高质量产品和服务生产及出口；④简化过程；⑤发展和强化制度。

因此，1993 年 7 月，对工业原材料进口的外汇拍卖制度被废除了，并且所有的进口被安置在 OGL 系统下。经常账户 1993 年 2 月开始可完全转换。同时引入的是以出口产品生产为目的的进口原材料的退税制度。除了一些禁止性产品，出口所需的许可证也被取消。相似的，出口的营业税也被贸易政策免除了。所有的出口除了缴纳服务费以外，其余费用都免除了。关税税率被大幅削减，分类也简化到 1995/1996 年的 5 个，然而，政府不断改变关税税率以优化税收。另一项措施是 1993/1994 年取消额外税收，但是为了补偿地方收入的损失，这一措施很快被地方发展费的收取抵消。

同样，安全税在 20 世纪 90 年代末期（现在已废除）被引入以负担该特殊时期产生的额外安全支出。作为尼泊尔对 WTO 的承诺，地方发展费也被减少，且最终目标是将其废除。政府同时对免除关税的农产品（比如从印度）征收基于产品自然属性而定的 5%～10% 的农业发展费。该费用的基本作用是绕过尼泊尔-印度贸易协定免除所有农产品关税（下文讨论）的条款，为尼泊尔农民提供一些保护。另一方面，出口发展费也被用来为出口促进活动提供资源，但是随着后期私营部门反对对所收费用的无效使用而废除。

2.2　贸易协定

尼泊尔是一些贸易协定的缔约国，包括尼泊尔-印度贸易协定、SAFTA、BIMSTEC 和 WTO。其中尼泊尔-印度贸易协定是在贸易量方面最重要的协议。

1950 年，尼泊尔与印度签署了它的第一个贸易和运输协定。该协议在 1960 年、1971 年、1978 年（贸易与运输协定发生分离）、1991 年、1996 年、

2002 年和 2009 年被更新。该协定规定双方互免关税和对 16 种农业和基础产品不设市场准入数量限制，包括水稻、小麦、玉米、大米、干豆和面粉。在制成品方面，允许满足原产地要求的在尼泊尔生产的所有产品无关税和配额进入印度市场。该协定还以一事一议方式免除了出口限制。事实上，1996 年的协定对尼泊尔生产的几乎所有产品提供免税市场准入。然而，2002 年重新修订的协定制定了几个新的限制：①对原产地有更严格的规定（最少有 30% 的国内价值增值）；②对尼泊尔出口的蔬菜酥油、腈纶纱、铜、氧化锌采取关税配额（TRQ）；③如果进口引起损害或威胁到国内产业或其中重要的一部分（GoI 等，2009），印度可实时保护措施。

作为一个不发达国家，尼泊尔同时也在 WTO 协议中被给予特殊和差别对待。尼泊尔针对农产品的 WTO 约束关税税率平均为 41.4%，并承诺到 2012 年取消其他税费（ODC）。尼泊尔对农产品不提供任何出口补贴，且对农业部门的国内支持很少[①]。

2.3　2009 年贸易政策

尼泊尔政府（GoN）制定的 2009 年贸易政策（GoN 2009，简称 NNTP09）考虑了一系列发展目标，包括：①发展产品比较和竞争优势的必要性；②加强出口部门和国内经济的联系；③提高内部政策协调；④促进贸易和发展及与贸易相关的基础设施和服务；⑤提高供给能力以利用 WTO 和其他贸易协定。以前的贸易政策主要关注的是减少市场扭曲、放松管制和制度化发展。对比来看，新贸易政策认识到出口发展对较小国内市场的可持续、广泛经济增长和减贫是十分必要的，所以高度集中在"供给侧"和"发展"出口而不仅是"促进"出口。尽管政策认识到增加出口与国内经济其他部门联系的必要，但是并没有明确政策促进进口竞争性产业部门。

NNTP09 的主要目标是：①创造有益的环境来促进企业发展，并通过过程简化、贸易协调、制度和政策改革及基础设施建设使企业有能力参与国际水平的竞争；②促进高附加值产品出口来减少贸易赤字；③提高货物和服务贸易的竞争性，并创造就业机会；④建立国内和国际贸易的联系。

贸易政策的显著特征包括：①促进私营部门出口，限制国家的作用，使国家成为一个向导、协调员和监管员；②通过发展基础设施和贸易协调工具等来减少交易成本；③进行法律和法规改革来加强产品的地区和全球竞争力；④加强出口部门和其他经济部门的联系；⑤将其他部门的政策与贸易政策相协调；

---

① WTO 农业协定下尼泊尔具体的国内支持、市场准入和出口补贴立场可在以下论文中了解：Awasthi 和 Adhikary（2004），Pant 等（2004）和 Tiwari 等（2004）。

⑥对出口导向的企业提供必要的刺激，包括通过简化原材料进口程序，发展出口贸易公司，免除关税和国内费，以及提供产品发展基金等；⑦建立出口加工区和特殊经济区；⑧为推动出口提供必要的技能和技术；⑨确保知识产权保护并对服务贸易形成相关政策；⑩鉴别有比较优势的产品，并对这些产品提供出口促进项目；⑪对贸易政策的形成、评估和实施制定利益群体参与型机制。

NNTP09 与过去贸易政策相比也有很大的改变，即政策形成过程允许利益相关群体对政策文件草案发表他们的意见，并且过程也有更高的包容参与性（下文将讨论）。贸易政策成功的一个重要标志是获得其他政府机构的支持，尤其对农业政策而言，因为许多被确定为优先级的产品为农产品。这也是政策连续性或主流化的问题，在下一章会详细论述。NNTP09 存在的一个问题是，该政策没有对其项目提出资源分配方面的指导要求，这将引起怀疑论者的质疑。同样的，它还缺乏一个在活跃的国际贸易和贸易政策环境下至关重要的内置监测和评估系统。

2.4　贸易政策工具和关税结构

关键的贸易政策措施可以被总结如下：
（1）取消进口许可和进口数量限制。
（2）降低进口关税税率，包括关税高峰。
（3）对信息技术产品提供零关税。
（4）降低关税类别至 6 个。
（5）经常账户自由转换收支平衡（现在由市场决定）。
（6）仅对选定的自然资源产品实施出口税。
（7）进行改革，采取出口激励和反出口偏见措施，比如出口退税和保税仓库。
（8）简化出口和进口程序。
（9）采取措施吸引 FDI，除了具有战略重要性的例外部门，允许大多数部门的外国所有权占 100%。

尼泊尔农产品未加权平均 MFN 关税税率比非农部门略高，表明相比于制造业而言，对农业有较高的名义保护率（表 11-1）。在农业范畴，饮品、烟草、咖啡和茶的平均 MFN 关税较高，而谷物的低于 15%（WTO，2008）。政府也根据产品的特性，对免除关税的所有农产品征收 5%～10% 的农业发展费。这项费用的用途是绕过尼泊尔-印度贸易协定的零关税条款，针对从印度进口的农产品对尼泊尔农民给予保护。除了检疫和产品成分标准外，尼泊尔没有明显的非关税壁垒。

表 11 - 1　**MFN 关税税率 2007**（从价税，%）

MFN 关税库	农产品	非农产品
免税	0	0
0≤5	9.8	30.0
5≤10	60.5	28.0
10≤15	19.1	27.1
15≤25	1.8	11.5
25≤50	7.3	2.6
50≤100	1.4	0.7
>100	0	0
简单平均	14.0	12.4

来源：WTO（2008）。

2.5　政策发展和影响评估

对尼泊尔过去贸易政策有效性的评估需要考虑以下几个因素。第一，尼泊尔有组织的经济发展开始的时间比较晚。第二，尼泊尔缺乏生产剩余产品进行贸易或对新贸易机会作出反应的基本生产潜力和基础设施。第三，尼泊尔三面被印度的边境线包围，这既是机遇也是采取有影响的激励措施并追求独立贸易政策的挑战。第四，尼泊尔自身市场对工业扩张和实现规模经济来说都太小，所以出口市场是十分重要的。贸易绩效由这些或那些因素决定，将政策变化与诸如出口增长之类的贸易整体表现挂钩，是困难且有风险的。更有效的做法也许是，使用更近期影响指标（产出、效果等）进行政策评估。遗憾的是，很难找到好的政策影响评估报告。

1985/1986—1987/1988，尼泊尔 GDP 增长率超过 4%，经济作物产量增长。然而，农业生产和出口仍然易受气候变化的影响。尽管持续被争论，但是通常认为，结构调整项目（SAP）对这些增长和发展有积极贡献。在 SAP 时期工业产出增长约 70%。尽管贸易条件恶化，该项目对诸如地毯、服装类的非传统出口的扩张做出了积极贡献，并且让旅游业增加了收入，这些使得收支平衡的状态稳步改进。在 SAP 项目下的农业政策改革包括废除优惠价格的义务采购和取消肥料补贴。据了解，前者增加了生产积极性，后者增加了化肥供给，这很大程度上是因为产品流向印度的情况得到扭转。同时，投资自由化和进口许可程序减少了经营成本并且刺激了生产性就业的提高，比如在地毯和服装部门。类似的，这些措施对小规模企业的私营投资也有激励作用。进口原材料变得容易了许多，行政矛盾也减少了。除了这些积极的影响外，其收入分配并没有改进。

在最近几年，出口增长率从 1995—1999 年的平均 6.9％跌至 2000—2006 年的不到 1％。在此期间，服务出口呈现负增长，由于冲突导致交通和旅游服务大幅减少（表 11－2）。显著的出口减少主要体现在向别国①出口的羊毛地毯、成衣、披肩、手工制品、蔬菜酥油、黄麻产品、服装和化学品上②。其出口多元化的目标不大成功。出口仍然向印度集中，并且限制在 3～4 种产品（主要是成衣、披肩和地毯）。结果是，尼泊尔在全球出口份额的比例从 1995—1999 年的 0.017％跌至 2007 年的 0.008％。

此外，经济继续承受供给侧长期存在的结构问题影响，出口没有通过原材料与国内市场相联系。印度向尼泊尔的出口竞争对产业增长是另一考验。考虑到工业化、收入分配、贫困问题和贸易平衡的低迷状态，对长期自由贸易体制的呼声持续增高（Panday，1999）。

一些可得研究能够证明贸易自由化对增长、减贫等的影响。一些专家使用了一般均衡模型（CGE）来解答这些问题（Cockburn，2001；Sapkota，2002；Sapkota 和 Cockburn，2008）。这些研究的结果类似。简要来说，他们发现贸易自由化把资源重新分配，即非贸易服务向出口导向的制造业、矿产业和酒店/餐馆转移。其结果是，工业、酒店和餐馆的产出增加，农业产出减少，这对水稻的影响最大，对消费者价格的影响很小。总体看，影响的范围还是比较小的。结论是，贸易自由化对国家层面的总社会福利的影响较小，但是对不同的主体影响呈差异化。贫困者获得的收入增长比富裕家庭更少。对贫困造成的负面影响在塔莱地区较高，其次是山区，对市区影响最小。

几乎没有其他报告供研究。对专门产业或部分均衡的研究可能更有用。比如，像氢化酥油、铜和丙烯等出口工业就利用了原材料关税差异获得增长。这些产业对收入和就业增加有贡献，但因为它们的发展是基于进口原材料，所以很难通过后向联系给尼泊尔带来实际经济增长。所以，经常需要分析的一个问题是，相对诸如茶和生姜等基于当地资源的其他出口产品，这类产业对减少贫困的净贡献到底有多大？遗憾的是，这些问题并没有被积极分析。这种情况阻碍了政策制定，比如决定应该向哪些方面给予支持和鼓励，以及减少了贸易协议谈判的资本。同样的，印度-尼泊尔贸易协定对尼泊尔农业和贫困的净影响也缺乏深入研究，而这方面的研究本可以帮助政府更好利用积极影响并应对负面影响。尼泊尔在这一方面还有大量研究需要补上。

———————

① 向别国（除印度外的国家）出口的份额从 2000—2001 年的 40％减少到 2006—2007 年的 31％。

② 羊毛地毯、成衣、披肩、手工制品、蔬菜酥油、黄麻制品、服装和化学的总出口从 2000/2001 年的 75％下降到 2006/2007 年的 32％。

表 11 - 2　尼泊尔的贸易表现

指标	1995—1999 年	2000/2004 年	2005/2006 年	2006/2007 年
现价的出口增长（%）	6.89	0.35	0.10	9.00
商品出口增长	11.12	6.61	0.67	10.54
服务出口增长	4.85	−4.29	−8.03	6.81
现价的进口增长（%）	4.53	6.51	13.23	14.00
商品进口增长	5.82	6.16	6.18	14.97
服务进口增长	−5.74	13.77	13.14	8.65
出口占 GDP（%）	24.30	18.33	14.73	13.44
商品出口	9.27	11.43	9.32	8.38
服务出口	14.89	6.67	4.48	4.11
进口占 GDP（%）	35.55	30.08	32.98	33.32
商品进口	29.91	26.00	23.12	24.07
服务进口	5.06	4.12	5.41	5.34
出口占世界市场份额（%）	0.017	0.013	0.009	0.008
进口占世界市场份额（%）	0.025	0.021	0.021	0.021

来源：政府统计。

3　农业贸易政策重点问题分析

基于以上对政策的解读，再考虑对利益相关群体咨询的情况，以下 4 个与尼泊尔农业贸易政策相关问题需要进一步讨论。

（1）尼泊尔-印度贸易问题

农业和基础产品在互惠基础上的免税市场准入，加上两国漫长的接壤边境，通过正式和非正式的渠道，创造了实际上的产品和投入品的自由贸易。这也限制了尼泊尔追求与印度不同产品价位的独立的贸易政策，或实施对特定产品或部门的保护。这是尼泊尔在 1980 年废除农场价格支持项目和之后取消对肥料的价格补贴的一个重要原因。此外，因为印度农业（及农工业）在技术和规模方面更先进并且从补贴方面受益较多，尼泊尔农业面临来自印度进口的严重竞争。

鉴于此，有关尼泊尔如何更好地为贸易和价格政策创造政策空间，以满足农业部门的需求存在争论。三种建议经常被提起：一是实施与印度相匹配的支持、激励手段；二是启动超关税或非关税措施实现真正意义的公平竞争；三是重新与印度就享受互惠的自由市场准入的产品范围进行协商。没有一个建议是容易的。首先，考虑到尼泊尔的财政情况和行政现实，让尼泊尔与印度提供的支持力度相匹配很困难。关于第二个建议，尼泊尔-印度协定没有阻止尼泊尔使用一些超关税措施，诸如对从印度进口产品征收的农业发展费（现在正实施），但尼泊尔的确对 WTO 承诺 2012 年后不使用类似措施。第三个建议比较可行，尼泊尔可与印度协商，把某些产品从免关税名单去掉，至少把尼泊尔的核心农产品水稻、小麦、玉米、小米及其产品去掉。然而，针对这些建议尼泊尔没有太多实质性的动作，无论从政府角度或从研究和交流的角度。2009 年的贸易政策对进口产品保持沉默，所以在这些方面也没有什么说法。

(2) 其他双边和地区贸易协议

除了印度-尼泊尔贸易协定，南亚自贸协定（SAFTA）是最重要的协议。作为邻国间一个地区合作倡议，尼泊尔积极参与到 SAFTA 协商和审议中。但是近来，SAFTA 对贸易也没有什么实际作用。事实上，尼泊尔在 SAFTA 框架下还没有出口任何产品，其理由很简单——印度在南亚是尼泊尔重要的市场，且在印度-尼泊尔协定下的市场准入制度比在 SAFTA 下的更有效。

因此，经常被问起的问题是，为什么 SAFTA 在地区如此重要？一个原因是在南亚区域合作联盟（SAARC）政治进程中的重要性，及其在一系列领域的地区合作潜力。但是对于尼泊尔，SAFTA 也有一定的贸易重要性，即万一尼泊尔-印度协定有问题或终止，它也可以作为战略性替代协议。

这些贸易协定的利弊时不时作为话题吸引人们的注意。举例来说，在尼泊尔-印度协定中常被问到的是对尼泊尔的净利益，考虑到：a) 协定限制尼泊尔为其农业和工业追求独立的贸易政策（负面影响）；b) 一方面可以自由进入印度市场，另一方面由于协定作用使尼泊尔粮食价格保持稳定（正面）。

从印度-尼泊尔贸易协定的 WTO 兼容性角度，而不是经济分析角度出发，一项研究深入探讨如果该协定不与 WTO 兼容，有哪些其他替代选择（尼泊尔，2004）。这篇论文中的第五个选项提出，终止与印度的协定，而在 SAFTA 协定下与印度开展贸易，作为尼泊尔-印度协定和与印度互相采取 MFN 待遇的中间选择。由于 SAFTA 也对地区不发达国家提供优惠（重要的是在不互惠的基础上），该研究注意到如果 SAFTA 存在足够的不互惠优惠的话，可能与现有的印度-尼泊尔协定优惠幅度类似（同时也是 WTO 兼容的）。由于不互惠，这样的贸易关系也能给尼泊尔贸易、价格和保护政策一些政策空间。由于它探讨了多个备选项，这是一个有意思的研究。遗憾的是，这些观点没有被融汇到经济分析中，它本可以对尼泊尔在这些选项上的得失做出估计。

除 SAFTA，孟加拉湾多部门技术和经济合作倡议（BIMSTEC）也得到尼泊尔关注。尽管其中有一个贸易元素（即贸易协商委员会），BIMSTEC 被认为更多的是一个区域合作协议而不是一个贸易协定，它的全名也对此有所体现。看上去，BIMSTEC 贸易元素真正成型并可供评论和分析还得有几年的工夫。但是对于尼泊尔来说，考虑到与 SAFTA 关系，BIMSTEC 变成有意义的市场准入协议还需很长时间。

除此之外，尼泊尔作为一个最不发达国家也得益于欧盟的贸易立场。越来越多的发达国家和先进发展中国家正对最不发达国家提供自由市场准入［"免税免配额"（DFQF）计划］。如果多哈回合谈判成功，形势还会进一步发展。这意味着与诸如产生出口剩余和达到技术质量标准等挑战相比，市场准入对尼泊尔来说不是问题。

（3）与印度固定的汇率

尽管 20 世纪 90 年代尼泊尔对大多数货币采取了市场决定的汇率机制，但它对印度卢比还维持着固定汇率。该机制的利弊也是争论的焦点，主要针对其对尼泊尔贸易竞争力的影响和对通货膨胀/不稳定的影响。前者所担心的是，因为实际汇率的变化，固定汇率机制使尼泊尔出口印度及其在国内市场的竞争优势遭遇过度侵蚀。比如，在 2000—2009 年，尼泊尔的批发价格指数增长76%，印度增长 51%，从而影响了尼泊尔的竞争优势。同样的，印度农业和工业的生产力也比尼泊尔增长得快，因为固定汇率，这使得印度的竞争优势更加明显。因此，许多专家认为应该重新考虑对印度的钉住汇率制度。

争论的另一方面也得到尼泊尔许多专家的关注，即与印度间采取灵活的汇率制度将给尼泊尔经济带来不能承担的不稳定性和不确定性，通货膨胀就是其中之一。争论时不时出现，但针对这个问题的文字研究却没多少。随后，又有人提出一个妥协的办法，即一点点尝试实施钉住或自由的汇率机制调整，认真研究实施结果并对负面影响作出反应。

（4）粮食安全

贸易政策与粮食安全之间的关系在全球范围都是个热议的话题。贸易政策通过一系列途径影响粮食安全，主要是影响相对于边境外而言的国内粮食价格。出于政治经济因素，许多发展中国家无法承受国内粮价持续高于边境粮价。但各国还是积极利用贸易政策把国内粮价稳定在一定范围内。出于资源有效配置和其他原因，经济学家通常不赞成使用贸易政策来保护一个部门或产品，以维持高水平自给率。

第十二章的 2.3 节将主要回顾政府的粮食安全政策。在其他许多国家，比如印度，诸如关税、配额和出口限制等贸易政策工具被积极使用，通过调控进出口维持价格稳定。尼泊尔的情况不同，且考虑到与印度的松散边境，所以无法实现这样的选择。任何调控贸易的尝试，比如超关税措施或其他规则，将只会导致非正规贸易的增加。这种贸易通常是大量的，并且对几类特定农产品而言与正规记录的贸易量相差无几（Karmacharya，2010）。

尼泊尔的主要粮食安全问题是，低收入家庭无法构成有效需求，而非市场上无法获得食物（Pandey，2009，针对贸易政策和粮食安全的研究）。事实上，由于松散的边境约束，尼泊尔尤其是塔莱的谷物增产，不一定会导致粮食不安全家庭的更多消费。在20世纪60年代和70年代，尼泊尔常向印度出口谷物，但其本国山区粮食不安全形势严峻。TYIP07有关粮食安全的章节认识到了这个问题，它指出：整体上讲尼泊尔粮食生产能够自给，但尼泊尔75个地区中的55个存在粮食短缺问题。它没有分析贸易政策对粮食安全问题的影响，它关于战略的14个重点和关于政策的31个重点多数都与生产、市场和安全网有关。

在尼泊尔有一些关于政府应该在多大程度上在塔莱和山区推动谷物生产的争论，即给予多少研究、灌溉和肥料补贴。替代方案是积极种植经济作物及其他高附加值产品。如果粮食不安全问题主要被认为是经济问题，那么就不应该在意种什么，而应倾向于生产更高收益的种植和牲畜产品。该观点的支持者也指出，只要存在有效需求，松散边境和尼泊尔-印度贸易协定就能确保在尼泊尔市场有足够的粮食供给。这样，贸易协定和松散边境就是价格稳定和确保供给的来源，而不是对尼泊尔粮食安全的威胁。在尼泊尔也总能听到相反的观点：粮食安全是战略性的问题，所以尼泊尔应该努力维持粮食尤其是谷物的自给率在一定水平，这时不应考虑粮食生产的经济效益。这种观点认为，对印度以及国际市场的过度依赖令人担忧，粮食供给容易受与印度政治关系、尼泊尔-印度贸易协定变化和诸如2007—2008年全球食品价格危机等风险影响。

4　贸易政策形成过程

贸易政策形成的过程对它的效果有很大影响，因此近年来其形成过程引起很多关注。最佳策略应该是一个包括利益相关群体咨询的包容性过程。在尼泊尔，贸易政策的形成由商务和供应部（MoCS）主导。为了开展研究，分析之前两个贸易政策制定过程也有必要（1983和1992）。但是，因为几乎无法在MoCS发现任何记录，这种追溯研究很困难，唯一的办法是对参与到这些过程中的政府官员和私营利益相关群体进行访谈，并一点点拼凑出一个全景。他们中的大多数不是退休、转业，就是不在可以完全回顾过去进程的岗位。他们被要求回忆制定过程，以及在最终稿确定前考虑和讨论过的替代性措施/观点。

一名官员声称制定 1983 年的贸易政策时形成了一个委员会，包括私营部门成员，但是从私营部门相关人员的答复中无法验证该情况是否属实。但是官员和私营部门受访者均表示，1992 年政策形成时存在代表双方利益的委员会。不过，没有任何文字记录证明上述口述内容。私营部门的一个抱怨是，在政策问题上他们的意见并没有真正得到重视，并进一步认为该过程有强烈的"精英群体偏见"，这意味着咨询，从有效性角度来说，仅仅从私营部门的少部分精英那里获得有限的效果。

对比来看，2009 年贸易政策形成过程就有很多可寻的信息了。正式过程如下：

（1）对新贸易政策已经有长期需求，2007 年决定着手处理，MoCS 要求联合国开发计划署（UNDP）资助的项目"强化尼泊尔贸易相关潜力（EN-TReC）"协助该过程。

（2）2008 年 1 月，ENTReC 项目指定一个顾问来准备贸易政策草案，他是 MoF 的前任秘书。

（3）同时，尼泊尔政府 2008 年 8 月在 MoCS 联合管理下组成一个五个成员的特别技术小组，成员来自其他政府机构和私营部门。该特别小组的责任是将顾问起草的草案定案。

（4）起草的政策草案在 2009 年 9 月和 12 月提交给由 30～40 名来自公共和私营部门的利益相关者组成的委员会进行讨论。利益相关群体咨询会议的记录无法得到。

（5）同时，MoCS 也要求相关公共机构和私营部门（主要是工商联合会和商会等）对草案给予书面评论。

（6）除了 MoF 外，没有政府机构递交书面评论。MoF 的评论仅限于收入和支出（比如种子补贴，多项激励措施），没有关于发展问题的。观点在激烈的讨论中被吸收。

（7）同样的，工商联合会是唯一提供评论和建议的私营部门，且评论主要为概述，缺乏具体性。但是它是会议的积极参与者。

（8）吸收评论后，MoCS 最终定稿，并于 2009 年 2 月转发给部长内阁批准，贸易政策最终于 2009 年 2 月获批。

上述过程证明的确存在一个协商的过程，从相关部委、私营部门和两个利益相关群体咨询会议收集评论。然而，两个咨询的质量都不高。对于第一个咨询，大多数部委和私营机构没有提交任何评论，那些提交评论的也没有什么具体内容。对于后一个咨询，很难了解到利益相关群体咨询的质量；再者，其过程不够包容，诸如 CSO、农民协会和合作社等利益相关群体没有参加，即使它们中有人参加了咨询，鉴于没有得到有关的替代立场资料，也没法短时间内开展有实质意义的评论。

遗憾的是，尽管利益相关群体咨询越来越"流行"，贸易政策制定的后续工作很不充分。这带来的主要风险是，由于替代观点没有被提起、争论和研究过，当一届新政府——尤其是对贸易发展问题持有不同政治观点的新政府——接替旧政府时，政策文件就可能被破坏（比如被其他部委）、修改或者逆转。在某种程度上，在下两章会分析的 2009 年贸易政策的缺陷与制定过程有关。

5　总结

1980 年实施的自由贸易政策着重强调改变对出口偏见、减少国内市场扭曲措施以及政策制度改革。1992 年的贸易政策也持有同样的态度。然而，自由贸易政策，在政策工具选择和自由化速度都被与印度的正式和非正式贸易关系限制的情况下，并不能在出口增长和多元化、工业化、农业发展和减贫方面得到期待的结果。同时，尼泊尔贸易政策还存在供给侧约束、基础设施不发达等阻碍，在不久前还有安全、法律和秩序的问题。

新 NNTP09 考虑了发展比较和竞争优势产品的需要，追求在出口和国内经济间增加联系，改善内部政策协调，支持贸易并发展与贸易相关的基础设施，提高供给能力和利用作为 WTO 和 RTA 成员的地位开发国际贸易空间。它也认识到，因为国内市场小，出口发展对全面的经济增长和减贫很有必要。尽管政策认识到增加出口和其他经济部门的联系很有必要，但是它没有明确支持进口竞争性部门的措施。政策形成过程包括了利益相关群体咨询，但是质量不高。

总之，以下问题被认为与贸易政策有密切关系：

（1）在农产品方面与印度的贸易关系。

（2）相对于加工农产品和其他工业产品，对基础农产品的关税合理化。

（3）农产品支持措施的需要，尤其是 2009 年贸易政策确定为关键领域的产品。

（4）汇率机制在推进农业出口方面的作用。

（5）国际贸易在确保粮食安全方面的作用。

参　考　文　献

Awasthi, B. D. & Adhikary, S. K. (2004). "Agreement on Agriculture: domestic support measures". *In* R. Sharma, M. Karkee and L. Gautam (eds). *The Implications of WTO Membership on the Nepalese Agriculture*. FAO, UNDP, and Ministry of Agriculture and Cooperatives, 2004, Kathmandu.

Cockburn, J. (2001). Trade Liberalization and Poverty in Nepal: A computable General Equilibrium. Micro Simulation Analysis, Discussion Paper 01 - 18, CREFA.

GoI (2009). Revised Treaty of Trade Between the Government of India and Government of Nepal. http: //commerce. nic. in/trade/international _ ta. asp.

GoN (2009). Nepal Trade Policy 2009. Ministry of Commerce and Supplies, Kathmandu.

Karmacharya, B. (2010). *A Study on Cross - border Informal Trade between Nepal and India on Selected Agricultural Commodities*. A study undertaken for FAOR Office Nepal, National Council for Development Research, Kathmandu, Nepal.

Khanal, D. R. & Kanel, N. R. (2005) Macroeconomic Policy, Shocks and Poverty Reduction in Nepal, Kathmandu: Institute for Policy Research and Development.

Khanal, D. R. & Shrestha, P. K. (2008). Trade and Investment Linkages and Coordination in Nepal: Impact on Productivity and Exports and Business Perceptions. UNESCAP ARTNet Working Paper Series, No. 52, ESCAP, Bangkok.

Nepal, V. N. (2004). "Nepal - India Trade Treaty and WTO Compatibility". *In* R. Sharma, M. Karkee and L. Gautam (eds). *The Implications of WTO Membership on the Nepalese Agriculture*. FAO, UNDP, and Ministry of Agriculture and Cooperatives, 2004, Kathmandu.

Pandey, D. R. (1999). *Nepal's Failed Development*. NESAC, Kathmandu.

Pandey, P. R. (2009). Trade Policy as an Instrument to Ensure Food Security: A Case of Nepal. Paper presented at ArtNet Asia - Pacific Trade Economists' Conference - *Trade - Led Growth in Times of Crisis*, ArtNet - ESCAP, November 2009, Bangkok.

Pant, K. P., Karki, Y. K. & Pandey, P. R. (2004). "Agreement on Agriculture: market access". *In* R. Sharma, M. Karkee and L. Gautam (eds). *The Implications of WTO Membership on the Nepalese Agriculture*. FAO, UNDP, and Ministry of Agriculture and Cooperatives, 2004, Kathmandu.

Sapkota, P. R. (2002). Impact of Trade Liberalization in Nepal: A CGE Analysis. University of Laval. http: //web. idrc. ca/en/ev - 7239 - 201 - 1 - DO _ TOPIC. html.

Sapkota, P. R. & Cockburn, J. (2008). Trade Liberalization and Poverty in Nepal: An Applied General Equilibrium Analysis. Poverty and Economic Policy Research Network.

Tiwari, H. B., Rai, M. & Verma, S. (2004). "Agreement on Agriculture: export competition". *In* R. Sharma, M. Karkee and L. Gautam (eds). *The Implications of WTO Membership on the Nepalese Agriculture*. FAO, UNDP, and Ministry of Agriculture and Cooperatives, 2004, Kathmandu.

World Bank (1991). Nepal - Policies for improving Growth and Alleviating Poverty. Washington, D. C.

World Bank (2006). Resilience amidst Conflict. Washington, D. C.

WTO (2008). World Tariff Profiles 2008, WTO, Geneva.

第十二章　尼泊尔的贸易政策主流化

Krishna P. Pant, Mandip Rai, Rabi S. Sainju 和
Biju K. Shrestha

1　概况介绍

尼泊尔掀起了新一轮在国家核心发展框架，尤其是 PRSP 中实现主要部门战略主流化的呼声——诸如农业、工业和贸易政策。在贸易领域，贸易政策需要主流化，最近的 AfT 措施也有类似要求。但何为主流化仍然不够清晰。

对主流化的比较普遍的理解是，贸易政策应该支持诸如增长和减贫这类核心国民发展目标。在联合国非洲经济委员会（UNECA，2004）的论文中，它被定义为："在国家发展战略中实现贸易政策主流化包括在政府部门和机构推动相辅相成的政策行动，为实现商定的发展目标发挥协同的支持作用……所以，深刻分析贸易政策如何在整体上补充和加强政策行动是达成发展目标的重要步骤。"

关键词是系统推进相辅相成的政策行动，创造协同效应，以贸易政策补充和加强产业部门的政策行动。在此框架下，贸易政策和项目需要以积极、协同的方式支持产业部门政策，避免矛盾。

和其他四个样本国案例研究一样，本章分析采用了两步法。第一，仔细研读关键国家政策框架，确定贸易和相关政策内容在哪里和如何被涵盖（第 2 节）。其四个政策框架为：贸易、农业、粮食安全和工业。第二，讨论几个改进贸易主流化工作的交叉性问题（第 3 节）。

FAO 贸易政策研究项目的本章内容和相关报告都是由位于尼泊尔的分析师团队，在文献梳理、数据分析和对利益群体进行调查咨询后完成的。约 10 个专家参与了这项工作。我们多次召开会议，咨询政府官员和非官方利益群体对贸易政策主流化的意见。

2　国家政策框架下的贸易相关问题

为了研究贸易及相关政策如何在农业和粮食安全领域被涉及，我们分析评估了以下文件：①贸易政策；②农业政策；③粮食安全政策；④工业政策。

2.1　贸易政策

有三个文件与贸易政策相关：

（1）三年中期计划中的贸易章节，2007—2010（GoN 2007，简称 TYIP07），现行 PRSP。

（2）尼泊尔贸易政策 2009（GoN 2009，简称 NNTP09）。

（3）尼泊尔贸易一体化战略 2010（GoN 2010a，简称 NTIS10）。

这些文件当中，NNTP09 可以被理解为主要贸易政策，它也比 TYIP07 更近期。NTIS10 的突出作用表现在出口战略和行动计划方面，所以在下一章的贸易支持措施中将具体讨论。尼泊尔-印度贸易协定也是一个重要的贸易政策框架，因为它对尼泊尔贸易政策选择有重要影响。

首先，TYIP07，即当前的 PRSP。尼泊尔的 PRSP 与其他国家的不同。TYIP07 是第 11 期发展计划，并且在内容和结构上与以前的计划类似，也有许多产业部门相关章节。对比而言，比如说，加纳和坦桑尼亚的 PRSP 则有着完全不同的结构。加纳的 PRSP 由三大支柱构成，第一支柱是"农业导向的增长战略"，所有经济增长和生产部门内容都涵盖其中。其他相关因素也会被涉及，但是都在这个框架下，并都支持其核心战略。在坦桑尼亚的例子中，PRSP 围绕着"预期目标"设计，各个产业围绕目标各司其职。相比较，尼泊尔的 TYIP07 有很多部门相关章节，其中一个是贸易章节。因此，在尼泊尔这种价框架下追求协同一致、避免矛盾（也就是主流化）是一个更大的挑战。

至于整体发展目标，TYIP07 的开篇章和部门相关章节在主要目标，即经济增长、减少贫困、包容性等方面是一致的。"包容性"作为一个通行目标在大多数章节中得到体现，反映了 2006—2007 年后的政治立场变化。除了强调各部门的政策目标与整体目标保持一致，不需要对这些目标多做评论。

TYIP07 在开章就明确指出，尽管经济和贸易自由化发展迅速，尼泊尔人民收入和就业率却没有如期望地增长。其原因是：①有限的产业前后向联系；②对当地原材料和投入品的使用有限；③生产活动中的低劳动力密集度。此外，文件还认识到贸易产生的利益的地理辐射范围小，并将此归因于出口导向产业与国内其他产业（农业、林业、旅游业等）缺乏联系，以及使用进口原材料的出口产业在国内的优势地位。

因此，尼泊尔面临的挑战不仅仅是出口贸易能否扩张，还有出口贸易能否与国内经济及资源相联系。尼泊尔也出现过一些产品的迅速出口扩张，比如向印度出口的蔬菜酥油、地毯、服装、手工制品等，甚至腈纶纱和铜制品。出现迅速的出口增长总是有原因的，包括得益于尼泊尔和印度关税差异（比如蔬菜酥油、腈纶纱、铜、氧化锌）和特殊配额（比如服装）。在其他一些产品中，尼泊尔有传统技能的优势，比如羊毛地毯和披肩等。但是，这些产业都主要利用进口原材料生产。只有在农产品领域，出口产品生产才主要基于尼泊尔本土的原材料，比如茶叶、小豆蔻和姜。尼泊尔手工制品的优势在于传统工艺，但生产所需原材料基本是靠进口的（比如金属、羊毛）。TYIP07 表达了改变出口构成，着重发展依赖当地原材料、资源和劳动力的出口产品的愿望，以期通过贸易与国内的更多联系使贸易为减贫做出贡献。应该依据这个目标对新贸易政策进行评估。

NNTP09 是独立的贸易政策。TYIP07 贸易政策的核心关注是促使产业和贸易与国内原材料和资源紧密相连；但 NNTP09 表现出来的主要关注却是出口贸易扩张，增加贸易对经济的贡献，并且通过这一途径来推动经济增长和减少贫困。

NNTP09 的一个显著特征是，它是个 100% 的出口发展战略。在其背景阐述中，它表明该贸易政策就是要通过使出口贸易成为尼泊尔贸易政策的基础来实现贸易的可持续发展。因此，NNTP09 没有涉及任何进口和进口竞争的问题。究其原因，至今没有解释。

NNTP09 包括 13 个政策及执行政策，每个政策有 8～10 个，共计 120 个政策措施。都是些熟悉的措施和项目，其中很多也能在 TYIP07，或者在其他国家的贸易政策中找到。这包括，比如，增强私营部门的作用、减少交易成本、提供多种激励措施、通过新的贸易协定开拓市场准入机会、建立特殊出口和经济区、推动服务贸易、发展人力资源等。

NNTP09 的另一个显著特征是相对具体的产品发展项目，约占其篇幅的 1/3。19 个特定产品被分为两类。第一类是已经建立起出口市场（同时也是劳动密集型）的产品，它们将会作为特殊关注产品发展，包括服装、羊毛地毯、披肩、丝绸品和手工制品。第二类产品是那些基于农业、林业和手工业的，有足够出口潜力的产品。这些产品将作为主推产品发展，共 15 种，包括：茶、咖啡、小豆蔻、姜、蔬菜种子、小扁豆、蜂蜜、新鲜蔬菜、橙子、皮革、花卉、草药和油、尼泊尔纸、木头制品和宝石。这 19 个产品中的每一个，NNTP09 都用 5～7 个政策和项目加以支持。在农产品中，NNTP09 还引用了尼泊尔农业远景计划（APP，APROSC - JMA1995）以及近期农业政策，并且呼吁在这一领域开发全面的发展项目。

NNTP09 也对出口导向型企业和出口提供了多种激励措施。下一章关于贸易支持措施的章节将具体讨论该内容。简言之，这些激励措施包括专项基金（出口促进、产品发展、出口担保）、基础设施（出口加工区）、补贴贷款和其他措施。这些措施都经常在各类激励计划中出现。遗憾的是，由于鲜有相关分析和评估研究公布，过去采用类似措施的效果如何很难判断。在许多地方，这些措施都被宽泛地叙述为"将被促进""将被鼓励"等，所以这些措施效果如何主要取决于实施。另一个值得做出的评论是，这些项目执行所需的资源问题。上面一共列出 19 个优先产品，如果每个都给予现金和补贴激励，很可能每个产品得到的实际资源很少，措施的有效性可能很低。未来几年针对这些实施性问题（比如预算）做出的决策将会决定这些措施的有效性。

NNTP09 成立了一个在商务部部长领导下的 23 人组成的贸易委员会，其主要职责是监督政策和实施问题。委员会有其他 5 个部门的代表，奇怪的是，尽管 19 个优先产品中的 9 个都是农产品，委员会中却没有农业与合作部（MoAC）代表。这对贸易政策主流化来说不是好现象。

2.2 农业政策

尼泊尔农业政策的愿景、战略、政策和项目对贸易政策影响很大，因为许多农产品都是特殊关注的出口产品。最关键的农业政策文件包括国家农业政策 2004（GoN 2004，简称 NAP04）、三年计划（TYIP07）中有关农业的章节和农业贸易促进政策 2006（GoN 2006，简称 ABPP06）。NAP04 承继 1995 年 APP 的长期发展愿景和战略，但是针对近期一些新的发展，诸如自由经济环境、私营部门重要性增加以及尼泊尔在 WTO 和地区贸易协定下的承诺等，做出了一些必要的调整。它的主要目标是通过商业化和有竞争性的农业系统，实现经济的高增长，从而对粮食安全和减贫做出贡献。在政策部分，共有三个类别的 56 个措施：①提高生产能力和产量；②发展商业化和有竞争性的农业系统；③保护和利用自然资源和环境。

鉴于大多数政策措施和项目都比较综合和常用，以下仅选出几个与本文研究主题关系最密切的措施加以分析。NAP04 将继续开展与 APP 中类似的"口袋计划"。它实施了一个名为"大型生产套装"的计划，在该计划下，诸如道路、电力、市场等基础设施将以集成方式建成和提供。同样，沿着南北贯通线和分支线分布的高附加值产品项目将被优先支持，这与 APP 中对山区给予优先支持类似。然而，它没有提供确定高价值产品的具体标准。NAP04 也对私营部门在商业化农业生产、加工和贸易领域的投资给予一定激励措施。该文件还强调了进口替代，这与 NNTP09 明显不同，也证明了尼泊尔相关政策框架的不一致性。

ABPP06 进一步详述了 NAP04 中的一些政策。它的形成是为了给农业贸易促进活动提供动力，即落实 NAP04 的目标"通过发展商业化和竞争性的农业系统使得产品在区域和全球市场具有竞争力"。它的三个目标是：①扶持市场导向和有竞争力的农业生产；②通过发展农工业促进国内市场和出口市场拓展；③通过农业贸易助力减贫。

ABPP06 的独特创新是"增长中心"和"特殊生产区"的理念。以下的三个特殊生产区将与产业政策设置的特殊经济区协调，适用特殊的项目：①商业作物/商品生产区；②有机/无虫害生产区；③农产品出口区域。

ABPP06 中余下的大多数政策措施，共计 44 个，对生产区域特征、要发展的基础设施以及支持和激励措施进行了详述。简要说，这些措施主要包括诸如商业服务中心、市场、采集点，以及道路、集团担保贷款、保险政策等。ABPP06 也详述了一些激励措施，包括对进口设备的关税减免、降低用电税、提供土地租赁和免除土地最高使用限额。但是这些激励和退税措施受年度预算的约束，因此不能保证一定会实施。

如同许多发展中国家一样，20 世纪 90 年代，尼泊尔也接受了市场导向原则和政策立场，于是国家干预和控制都明显减少。公共部门的职责被认为是私营部门的引导者和公共服务提供者。这些立场在后来的政策框架中都有所体现。TYIP07 强调了合作社、私营部门和地方农业机构的作用，并认可农业正逐渐从生计型向商业化转变，伴随着合作社、私营部门和地区农业组织的发展，政府在服务提供方面的作用不断缩减。

TYIP07 的农业章节对长期发展目标的表述是"以 APP 和 2004 国家农业政策为农业发展核心政策，实现农业部门现代化和商业化"。为此，还制定了五个具体目标：

（1）增加农业产量和生产力。

（2）通过确保粮食安全维持粮食主权。

（3）通过将生计型农业转变为商业农业使农业和牲畜业更具竞争力。

（4）为乡村青年、女性、马德西人、残疾人、穆斯林和贫困人口增加就业机会。

（5）通过研发使用环境友好型技术来保护、促进和利用农业生物多样性。

这些"标准的目标"在其他国家的农业政策中也能够找到，不需多加评论。根据对上述第二个目标——粮食主权这一概念的不同解释，可能对政策产生不同影响[1]。TYPI07 的农业章节没有明确界定这一概念，在粮食安全章节也没有。随后详述的是政策及工作政策，在 18 个子主题下又分了 80 个要点。因为大多是些众所周知的发展目标和项目，也无需评论。

1995 年以来的所有发展计划和农业政策都将 APP 作为尼泊尔农业发展的框架。APP 确定优先产出和优先投入品的方法与 NNTP09 中的方法类似。2006 年对 APP 实施效果的评估（APP－ISP2006）也对未来的贸易政策有指导作用。研究重点指出，措施实施无法获得需要的资源，APP 的真正理念也没有得到贯彻（下面具体论述）。研究给实施中的缺陷找到了很多理由，其中包括：缺少落实项目的具体行动计划、政治性中断和冲突以及 1999 年权力高度下放的治理体系需要改变既有设计等。同样重要的是，APP 是一个多部门的国家农业发展战略，所以它的成功与不同部门之间的协同和沟通密切相关，尤其重要的是来自农业部门之外的部门（比如农村道路、电力、灌溉）以及私营部门和非政府组织的协作。

以上是一个很好的例子，说明在实施此类跨部门项目时，如果除了牵头部

---

[1]　参见下面的粮食安全部分以及加纳贸易政策章节，对该概念有进一步讨论。

门外，其他部门不根据最初的设想，给项目提供相应的优先权和资源，项目就没法成功实施。NNTP09 的农业部分可能和 APP 遇到一样的问题。

2.3 粮食安全政策

贸易政策从多个角度对粮食安全产生影响。在许多国家，贸易政策通过诸如关税和配额等工具对粮食进口进行管理和影响。在印度等东亚国家，多种干预手段被经常性使用，以确保粮食安全的名义来稳定国内粮价（Sharma 和 Morrison，2009）。尼泊尔的情况有所不同，由于其与印度疏松的边界，贸易政策对粮价和供给的影响有限。从印度进口的农产品是免关税的，对此尼泊尔政府很难作出什么改变。尼泊尔不时会采取出口限制（大多是出口禁令）来维持本国国内粮食供给。这个政策能够起到的作用是：正规贸易被限制，而非正规贸易也会由于交易成本上涨而受影响。

在 TYIP07 中，有一个部分是关于粮食安全的，包含在第六章"社会公正和包容性"中。它引用了 2007 年中期宪法，将粮食主权定义为一项基本人权。但 TYIP07 没有解释引用的原因。至于面临的挑战，它指出：应包括增加弱势群体的收入来源、增加农业和非农产业的生产力以及在粮食自给和依靠粮食进口中保持平衡。

与 TYIP07 中多处出现的情况一样，这部分表述有时不清晰并且不连贯。比如，它提出了确保每个人粮食主权的愿景，主要目标却是通过"提高国家粮食主权和改善粮食及营养状况"使特定人群生活更加健康和有创造力。注意这里的矛盾——愿景是针对每一个人的，而目标却是针对特定人群的（除非所有尼泊尔人都被列为特定人群）。

文件的分析逻辑也有奇怪的地方。在目标部分，个人粮食安全是由提高国家粮食主权来确保的，而何为国家粮食主权却没有清晰的相关定义（注意，愿景说到每个人的个人粮食主权）。我们只能推测这指的是更高层次的自给自足，因为文件列出的一个明确目标要求提高国家基本农产品的自给。事实上，这个说法本身就是有问题的，因为确保特定人群的粮食安全并不一定要求高水平的国家粮食自给率。综合这些表述来看，具可操作性的"国家粮食主权"定义就是更高的粮食自给（多高?）。这并不是一个非常清晰可靠的观点。尼泊尔的粮食自给率已经很高了，农业章节中的挑战和问题部分也认可"尽管从粮食总量而言，该国是自给的，55 个地区仍然存在粮食短缺。"

据上所述，有必要澄清尼泊尔对粮食安全和粮食主权概念的定义，因为这些概念会对政策产生影响。

在粮食安全部分，还有战略内容的 14 个要点和政策及工作政策的 31 个要点，但文件并没有对资源分配的优先顺序和方向提供任何指导。这部分几乎没有涉及贸易相关的政策措施，而贸易政策部分也没有提到粮食问题，所以显然也就不存在粮食安全与贸易政策相矛盾的可能。本部分以提高农业和非农业收入作为解决粮食安全问题的一个途径，与贸易政策中的相关目标保持了一致。

关于协同和矛盾，上述讨论指出了两个问题。第一，贸易政策应该包含粮食问题。印度是尼泊尔应对紧急情况和供需缺口所主要依靠的粮食和其他基本食品来源。在印度-尼泊尔贸易协定下，来自印度的进口是自由的，但是，当印度实施出口限制措施时，来自印度的进口就可能被中断，比如 2008 年危机时开始实施并且持续到 2010 年的出口限制措施。此外，印度也可能限制为保护本国消费者利益而受到政府补贴的食品的出口。由于这些原因，尼波尔国内对完全依靠印度提供进口粮食存在质疑。这是一个贸易问题，能够通过印度-尼泊尔贸易协定得到解决，比如设计一些保障印度对尼泊尔供给的条款。还有一些类似的粮食和其他进口产品的贸易问题需要关注。TYIP07 的粮食安全章节可以提出这些关注，并期待从贸易政策角度给予解决，遗憾的是它没有这样做。同样，贸易政策也应涵盖粮食和进口产品问题，而不是像现在这样完全忽视这些基本现实。

2.4　工业政策

由于农工业是农业产业化的支柱，而且尼泊尔农业发展目标包括出口高附加值的加工农产品，工业政策也与本研究相关。TYIP07 针对工业有一个单独的章节（第十四章），2010 年尼泊尔也发布了新的工业政策——尼泊尔工业政策 2010（GoN 2010，简称 NIP10）。TYIP07 列举了尼泊尔工业面临的许多显著问题，包括内陆位置和高成本、基础设施、市场狭小、原材料供应、电力供应、政治不稳定、罢工、停业等。在 TYIP07 中，工业被统称为"微观、小型和家庭手工型工业"，对这三个种类没有进一步区分。这意味着所有的政策（比如：激励措施）将无区别地适用于所有类型的工业（比如小、中、大型工业和家庭手工业）。

TYIP07 的工业章节应该引用农业和贸易章节中有关优先产业和激励措施等政策（这两章也应作出类似引用）。但是，它并没有这样做，而是泛泛地表示要"确认有比较和竞争优势的部门和产品"，同时提出相关工业项目要"通过增强工业前后联系来推进工业发展，通过确定优先行业来推进投资。"TYIP07 农业和贸易章节也做出了同样承诺。

同时，这一章节多处提到要促进（表述为"给予特别关注"）使用地方原材料的工业发展，使其对就业和减贫做出更多贡献。但这里的表述也很模糊，比如，不明确哪类工业行业能够得到"特别关注"以及特别关注包括什么（比如激励措施）。

与贸易政策忽略进口的做法不同，工业政策认识到进口竞争带来的问题。这一章节提到，进口竞争将通过关税、反倾销税和反补贴税及竞争条款来管理。对于进口，一个关键问题是关税保护的结构，即是该分级保护、使用统一的低关税保护，还是需要使用关税升级手段保护。贸易和工业政策都没有对这个重要的问题作出明确指导。这个问题也与使用国内原材料的问题相关，所有的政策框架在序言中都强调使用国内原材料的重要性，但是在政策章节里却都把这个忽略了。

NIP10 同样也对工业提供了激励措施，比如：

（1）如果企业将产品卖给出口促进机构，将根据出口，对进口的原材料给予关税和消费税退税。

（2）用关税和消费税的收入为出口型工业产品所需的中间产品的原材料生产提供支持。

（3）当生产中间产品的公司将它的产品卖给其他生产制成品的公司时，调整（减免）其关税和消费税。

（4）如果公司使用征收消费税的当地原材料、化工品和包装材料等，可以获得消费税的退税。

NNTP09 也宣布了类似的激励措施，在下一章将详述。上述激励措施在其他许多国家的产业政策中也很常见。NIP10 的激励措施的启动基础没有明确说明，也未找到对过去类似措施有效性的公开评估。不仅需要解释这些激励措施为什么有效和如何生效，也需要在三个主要部门——贸易、农业和工业之间进行激励政策的协调，因为最终各部门重点关注的大多数产品是一样的。

最后也是很重要的评论是，NIP10 设有一个工业部长领导下的 20 人组成的工业促进委员会，来监督政策实施。该委员会有来自 9 个部委的代表，但没有 MoAC 的代表，这与贸易委员会的情况类似。这很奇怪，可以说这在设计阶段就对农业、工业和贸易政策主流化造成了破坏。

3 交叉性问题和总结评论

本章第 2 节从农业贸易政策的主流化立场评估了核心政策架构，这里的主流化指政策和程序能够相辅相成，创造协同效应，避免冲突。该节内容还包括对政策的一些评论。作为结束，本节将分析一些交叉性问题并作出归纳性结论。

(1) 政策文件在愿景、目标和总体政策方向上显示出相当大的一致性

尽管还存在下面将提到的问题，但从总体上看，政策文件在愿景、目标和方向上较好地保持了一致性。各政策都始于一些共同的目标，例如促进经济增长、减少贫困和包容性发展。同样，它们大都强调市场导向、自由经济和贸易政策，强调要限制国家的作用，强化私营部门，包括合作社的作用。优先序问题得到各政策文件的认可——即强调集中公共资源发展重点产品和品类。政策文件还显示了显著的战略转变，因为市场需求和出口推动，政策立场从立足产品到从整个价值链角度出发解决问题。有关国家在农业和工业发展中作用的争论再次在尼泊尔兴起，反映了中左翼的政治影响。尽管这可能影响一些项目和公共开支，具体情况取决于哪个政党执政，但上述政策大框架和既定方向不太可能被逆转。

(2) 贸易政策的目标和范围——NNTP09 是出口政策，不是完整的贸易政策

也许是作为 PRSP 文件的一部分，TYIP07 的贸易章节体现了对贸易"质量"的关注，反映了改变出口产品结构，发展与国内经济和原材料有更广泛经济联系的出口产品，从而促进广泛的增长和减贫的愿望。这一目标与 TYIP07 的总体目标，包括包容性是一致的。NNTP09 也提到了这些目标，但所表现的关注程度似乎比 TYIP07 少得多。NNTP09 明确的目标是"通过提高贸易对国民经济的贡献，促进经济增长和减贫"。

尽管这种重点的转变在 NNTP09 中相当明显，但这两个文件还是或多或少在强调"出口为发展之路"方面相一致。它们都把贸易限定于出口，而忽略进口方面的问题。NNTP09 中全部 19 种优先产品都是出口产品（TYIP07 没有涉及这个问题）。其他最近的贸易政策文件中，NTIS10 也完全把关注集中于出口产品。

相比之下，TYIP07 有关农业，工业和粮食安全的章节（以及其各自独立的国家层面的政策）对进出口的关注就比较均衡了。NNTP09 并没有解释为什么它完全专注于出口方面。进口方面的问题同样需要一个国家的贸易政策来解决。比如，尼泊尔的粮食供应问题、价格稳定问题和粮食安全问题都深受印度的贸易政策和措施的影响，而这些领域的确存在一些问题，有些涉及印度-尼泊尔贸易协定，这就需要通过贸易政策来解决。同样，TYIP07 高度关注的产业使用国产还是进口原料进行生产的问题，也直接受到进口关税结构（见下文）的影响，应该通过贸易政策去解决。

（3）确定享受特殊待遇的重点产品和行业

第 2 节指出，虽然 TYIP07 贸易章节没有列出重点产品，NNTP09 确实列出了 19 项出口产品。NTIS10 也列出了 19 项产品和服务，但只有 8 个产品与 NNTP09 重合，去掉了其他 11 个（在下一章详细讨论）。

世界许多国家的贸易政策会选择部分产品给予特殊优待，其原因很简单：资源是稀缺的，需要集中在重点领域。因此，NNTP09 采取的方法是与这些做法一致的。但是，对政策文件的分析提出了一些问题。首先，文件没有解释这 19 个产品（加上 NTIS10 的共 23 个）是如何被确定的（大概是通过内部协商——见下文）。其次，确定 19 个产品是过多还是恰到好处，这个问题的答案取决于第一个问题。第三，国家产业政策有个附件，列明国家的重点产业，这个附件几乎覆盖所有农业领域，从根本上使优先序的排列失去作用（尽管有人可能会说，因为这个原因，所有 NNTP09 产品都被涵盖了）。第四，虽然有些产品在 TYIP07 的农业章节中被确认为优先，NAP04 却没有这样一个列表。

从主流化角度来看，最好所有政策能分享统一的国家重点产品列表，这能使得政府资源配置和所做努力的效益最大化。NNTP09 在农业方面的成功很大程度上将取决于供给侧——基础设施和加工——而所有这些基本上属于农业和工业部门的管理范畴。正如在第 2 节提到的，APP 采取了这一做法，指定 6～7 个产品作为优先产品。APP 是由 MoAC 管理的，但并不十分有效，因为资源，尤其是通过非 MoAC 部门的资源没有按计划配置到优先领域。鉴于此经验，也不能保证这一次 MoAC 能将 NNTP09 或 NTIS10 中的重点出口农产品政策贯彻好。从本文背景调查中得到的印象是，MoAC 有更广泛的任务范围，要管理更重要的食品和进口产品，不太可能对 NNTP09 或 NTIS10 列出的重点出口产品给予和政策制定部门同样高的重视。

此外，还有一点，所有的政策框架都对"比较优势"原则有话说，通常表述为"识别具有比较和竞争优势的行业和产品。"对农业政策这可能是一个正确的说法，但对那些已经确定了特殊产品并制订了具体行动计划的领域，特别是在贸易政策领域，以及某种程度上的产业政策领域，这样的表述也依旧存在。至今不清楚这一原则要如何理解。

（4）增加出口导向型行业使用国产原材料的目标

TYIP07 贸易章节认为工业前后向联系有限，包括当地的原料和投入品利用率较低是一个重要的挑战。2004 年的一项研究（Upadhyaya，2004）指出，国内农工业国产原材料比例从 1991—1992 年的 72% 下降到 2001—2002 年的

47％。在尼泊尔的许多行业，如氢化植物酥油、烟草、啤酒、面、地毯、服装和披肩都严重依赖进口原材料。之所以如此，原因有很多，如规模小、生产格局分散、缺乏合同农业和合作农业、市场营销经验少、国内原材料生产成本较高而质量差、非正规贸易、生产和需求的时间差等。也有一些贸易方面的原因：一是进口关税结构——关税升级，即对原材料不征收或征收少量关税，而对加工产品征收较高的关税。虽然这一政策的出发点是为了鼓励国内加工行业，但也阻止了对当地原材料的使用。理顺关税结构，鼓励使用当地的原材料是一项艰巨的任务，涉及保护初级农产品生产还是加工行业的权衡。二是出口政策——是否要限制当地加工业所用的原材料出口，例如生皮和皮革，对诸如生姜、豆蔻等也可能有类似问题。

进口替代，这一般不是个受欢迎的政策，世界许多国家的贸易政策都接受了这一理念。尽管如此，它们依旧要承认，贸易政策依旧需要发挥确保国内产业竞争力的作用，并且有针对性地实施谨慎和有限的保护措施。尼泊尔的NNTP09 在进口政策方面鲜有涉及，另一方面，农业和工业政策确实期待一些贸易保护措施，这就令三个政策存在不一致。尼泊尔在该重要问题上缺乏分析和广泛讨论。也不清楚 NNTP09 所采取的立场是否基于相关辩论和分析，例如，通过利益相关群体咨询磋商活动确定。

(5) 需要实现利益相关群体有效咨询

利益相关群体咨询协商现在在尼泊尔是常态而非特例。政府项目和政策的咨询会一般都包括政府官员、私营部门（主要由 FNCCI 代表），社会团体和专家。研究涉及的前述所有政策文件，据说都已经过了这一过程。部际委员会或特设工作组也可以作为过程的一部分。

这些咨询的有效性是本论文背景研究的重点之一。对此，不同研究者又有不同的看法，一些认为咨询会是有效的，而其他人认为咨询会流于形式或敷衍了事。研究结论是，这种咨询从多个角度讲都是必要的，它能确保政策制定者听到和讨论不同的观点——这对主流化很有利。咨询会存在几个相互联系的突出问题，其一是，在部际咨询会议中，非牵头单位的部委或机构在讨论中没有有效参与。发生这种情况的原因很多，包括对讨论的问题没兴趣，准备不足、不熟悉，缺乏对所讨论问题的背景分析（下面强调），讨论更多是基于代表层级而不是信息和知识展开的。鉴于此类咨询会的重要性，还需要一些努力来提高其有效性。

在某些情况下，相关部委甚至不参与政策的规划。本研究的走访中发现，MoAC 的参与仅限于 NNTP09 和 NIP10 的规划。因此，MoAC 甚至没有代表参与 NNTP09 和 NIP10 创建的高级别委员会。然而，MoAC 的投入对这两套政策的成功至关重要。类似的，在 2003 年，MoAC 也没有作为指导委员会的成员来监督尼泊尔贸易竞争力研究的准备工作。

（6）PRSP 的设计——是传统的方式还是不同的形式？

尼泊尔的 PRSP，即 TYIP07 是部门章节的集合，与先前的发展计划体例类似。这不同于别国近期 PRSP。例如，加纳的 PRSP 的设计围绕三大支柱，以"农业为主导的发展战略"为支柱 1 的核心和主题，各部门政策都为这个主题服务，包括贸易政策。这样做不仅能够保证重点集中也确保了协同优势。相反，如果有 15 个或更多的独立的章节，就很难确保这样的协同了。因此尼泊尔未来有两种选择：改变 PRSP 的设计方式或显著加强国家规划委员会的作用和能力以确保协同作用和明确重点。在做背景研究时发现，当形成计划时，经常在最后一刻对相关部门文件的内容做重大调整，因为制定进程已经不断拖延了。其结果是，没有足够时间开展交叉检查，从而导致最终版本存在许多不一致的地方。

在分析政策文件时遇到的一个问题是重复。例如，每个研究对象领域（贸易，农业和工业），都对应两个政策文件——部门政策和在 TYIP07 中的相关章节。它们并不总是彼此一致的。由此也可以得出，政策制定者应选择最优而不是最习惯的方案，即以不同的方式制定 PRSP（参考加纳、坦桑尼亚），然后分别制定单独的产业部门政策。

（7）缺乏政策研究、分析和评价

即使所有相关官员和专家都参与，咨询的质量也与其准备密不可分。准备的一个重要内容是提供要讨论问题的背景说明和相关分析报告供参与者参考。但是，尼泊尔的相关记录非常缺乏。在背景研究中，研究者也尝试找到一些例子，证明咨询会组织者对各种备选方案进行了必要分析，比如调整关税、确定激励或补贴的比例等。总体印象是，这些问题是在部门间（或更广泛的利益相关群体间）经会议讨论作出决定的（Tiwari，2010）。但相关部门没有在准备阶段进行基于证据的备选措施分析或者披露背景资料的习惯。所以很难知道最终决定是基于什么原因做出的。

除了这些比较正式（和内部）的流程之外，缺乏政策分析也是个问题。例如，没有找到一个关于产业和出口方面激励措施有效性的分析。政府已经实施出口激励措施多年了，例如通过尼泊尔贸易促进委员会，但因为鲜有措施效果研究结果公布，所以公众对其有效性知之甚少。因此，其实没有依据证明，比如，需要提供 30％或者 50％的税收减免才能促使私人机构投资一个冷库，尽管类似的措施在国家政策中经常出现。

尼泊尔为起草 2003 年的贸易诊断研究（GoN 2003），做了大量的准备工作，包括一系列背景研究。因为一些事件，这些背景研究已经无法获得[①]。目前尚不清楚，是否 NNTP09 和 NIP10 出台时也作了类似准备和背景研究工作。如果有，研究中也没有找到。这些研究可能会给最终政策选择以启示。例如，找到 NNTP09 为何决定仅关注出口贸易而忽略进口问题。也许 NNTP09 的立场来自利益相关群体的咨询协商，但是咨询会记录一样不容易找到。鉴于它们的部门政策确实涉及进口竞争，研究者很想知道，MoAC 和工业部在咨询会议中会不会对仅关注出口的立场提出异议。

参 考 文 献

APP‒ISP（2006）. *APP Implementation Status Report*，*Final Report*，Volume 1，Main Report，the IDL group Ltd，UK，in collaboration with NARMA and SEEPORT Consultancies，Kathmandu.

APROSC‒JMA（1995）. Nepal Agriculture Perspective Plan. Agricultural Projects Services Centre and John Mellor Associates，Inc.，Kathmandu.

GoN（2003）. Nepal Trade and Competitiveness Study（NTCS03）. A study conducted as part of the Integrated Framework for Trade‒Related Technical Assistance. Government of Nepal，Kathmandu.

GoN（2004）. National Agriculture Policy（NAP04）. Ministry of Agriculture and Cooperatives，Government of Nepal，Kathmandu.

GoN（2006）. Agri‒business Promotion Policy 2006，（in Nepali）. Ministry of Agriculture and Cooperatives，Government of Nepal，Kathmandu.

GoN（2007）. Three‒Year Interim Plan（2007/2008—2009/2010）（TYIP07）. National Planning Commission，Kathmandu.

GoN（2009）. Nepal Trade Policy 2009（in Nepali）（NNTP09）. Ministry of Commerce and Supplies，Government of Nepal，Kathmandu.

GoN（2010a）. Nepal Trade Integration Strategy 2010‒Executive Summary and Action Matrix（NTIS10）. Government of Nepal，Kathmandu.

GoN（2010b）. Nepal Industrial Policy 2010，（in Nepali）. Ministry of Industry，Government of Nepal，Kathmandu.

Sharma，R. & Morrison，J.（2009）. Trade Policy for Agricultural Development and Food Security：Reflections from Asia. Paper presented at Asia‒Pacific Trade Economists' Conference on Trade‒Led Growth in Times of Crisis，Bangkok，November 2‒3，2009.

Tiwari，H. B.（2010）. Improving Economic Analyses of Trade Policies in Government Ministries of Nepal，Background paper for the FAO trade policy trade mainstreaming project，

---

① 受访 MoCS 官员说 MoCS 没有要求世界银行提供背景文件，世界银行也没有主动提供。

IIDS, Kathmandu.

UNECA (2004) . Mainstreaming Trade in National Development Strategies: An Issues Paper, UN Economic Commission for Africa, Addis Ababa.

Upadhyaya, S. K. (2004) . "Trends in backward linkages and domestic sourcing of raw materials by agro – industries" . *In* R. Sharma, M. Karkee and L. Gautam (eds) . *The Implications of WTO Membership on the Nepalese Agriculture*. FAO, UNDP, and Ministry of Agriculture and Cooperatives. 2004, Kathmandu.

第十三章　尼泊尔与贸易相关农业支持措施主流化

Madhab Karkee 和 Jib Raj Koirala

1 概况介绍

众所周知，尼泊尔——一个被陆地所包围的最不发达国家，其 2/3 国土是山地——在建设生产能力和基础设施方面面临诸多挑战。而这些又刚好是贸易竞争力的关键。此外，尼泊尔在提升软基础设施，包括政策、制度和规则框架上也面临挑战。这是长期、艰巨的任务，需要大量的资源和时间，同时还需要制定恰当的支持措施并确定优先顺序。

基于此，本章贸易支持措施的研究框架也包括前两章分析的相关贸易政策和贸易政策主流化的内容。本章背景研究工作包括文献综述，FAO 项目的专家之间，以及专家与政府官员和更多利益相关群体间的集体讨论。相关的国家政策文件，主要包括贸易和农业相关文件，被认真研究并在咨询会中参考。几位曾经参加过政策制定执行的在职或者退休政府官员也提供了宝贵见解。

本研究主要关注 TRSM 制定过程。因此，第 2 节将分析现有 TRSM 的制定过程及其执行，包括传统的贸易相关支持措施和专门针对农业的支持措施。第 3 节对第 2 节提出的部分问题进行评论和总结。

第四章的综合研究部分已经解释了，为什么在案例研究中使用 TRSM 这一术语而不是更加流行的 AfT。原因有二：一是 AfT 仅限于外部资助，而案例研究覆盖了来自各种来源（包括外部和内部）的支持；二是案例研究的范围包括所有产品和行业，也包括进口产品，而 AfT 通常被认为只支持出口产品。尽管在 WTO 工作小组 AfT 报告里并未明确说 AfT 只支持出口，但该报告里有多处地方明确表达了 AfT 的实施目标是为了出口。除此之外，TRSM 和 AfT 没有实质区别。

2 现阶段识别贸易支持措施的实践

本节包括两部分。第一部分分析了相关贸易政策文件，主要是与 TRSM 识别紧密相关的，包括：①国家贸易政策（三年中期计划 2007—2010 年和 2009 年贸易政策）；②2003 年尼泊尔贸易和竞争力研究；③2010 年尼泊尔贸易一体化战略。该部分还研究了 IF/EIF 过程。第二部分主要关注农业，并研究了在农业与合作部（MoAC）领导下，农业项目如何识别和构架。

2.1 在贸易领域的支持措施形成过程

2.1.1 贸易政策——三年中期计划和 2009 年贸易政策

2007—2010 三年中期计划（GoN 2007，简称 TYIP07）是尼泊尔的

PRSP。该计划第十五章涵盖贸易，并提出了愿景、策略和政策指导。随后在 2009 年，一个新的贸易政策出台（GoN 2009，简称 NNTP09）。前两章都从各自角度对这两个文件进行了分析，下面的简要评论主要集中在 TRSM。TYIP07 以分析尼泊尔贸易部门结构缺陷开始，进而提出完善方向，包括：①出口导向企业有限的前后联动；②有限的本国原材料和投入品使用率；③工业化生产的低劳动密集程度；④出口产业和出口利益分布的区域和地理不平衡。

这些挑战描述得很清楚，表明需要对贸易政策从基本上重新思考。不仅是尼泊尔的出口贸易总量需要扩张，更主要的是，贸易产品构成需要改变，要发展与国内资源和经济联系更紧密的产品和行业。事实上，可以认为，过去二十年尼泊尔的若干主要出口行业与国家经济的其余部分联系很弱。由于印度和尼泊尔在原材料方面显著的关税差距，印度成为部分产品的仅有出口市场（比如，蔬菜油酥、加工的金属产品），但随着印度削减关税，情况快速发生变化。同样的，服装出口得益于多种纤维协议下的市场配额优惠，如今这个协议也已不复存在。其他一些出口产业依赖于尼泊尔的传统技术作比较优势，且即便这些产业大量使用进口的原材料（比如地毯、金属手工制品），也仍然保持强劲增长。其他出口产品多为利用国内资源生产的农产品，比如茶、小豆蔻和姜。这些产品的问题是缺乏加工和增值。从 TYIP07 序言部分可看出，尼泊尔有改变出口结构，使贸易为经济增长和减贫做出贡献的强烈愿望。

关于 TRSM，TYIP07 提供了许多政策和项目，共有 27 个重点。首先，一类支持措施是贸易和经济政策，强调了如下几点：保持自由、竞争和市场导向的外贸政策，将出口产品与国内资源相联系，支持增值类产品和对出口导向型及其支持产业给予适当的鼓励。其次，也有建立贸易基础设施的提议，比如经济特区、出口加工中心、工业集群、产业村、无水港和连接路。第三类支持措施是为发展和运营此类与贸易有关的基础设施而提供的激励，比如出口导向产业发展基金以及继续实施出口促进基金。最后，还有几项措施与规则和法律框架有关（比如产品标准、TRIPS 相关的品牌和地理标识、竞争法、贸易救济措施等）。

NNTP09 本质上承继了这些策略和政策，不同的是它又列出了 19 种享受特殊关注的出口产品。另外一个重要的贸易文件也采用了同样的思路，即 2010 年贸易一体化研究。为本论文的中心主题服务，这些文件的相关措施都将在下文详述，同时还将研究其在 IF/EIF 下执行的过程。

2.1.2 尼泊尔贸易和竞争力研究 2003（NTCS03）

准备 NTCS03 的过程始于 2002 年，以尼泊尔政府委托 WTO IF 工作组开展 DTIS 研究作为 IF 进程的第一步。2002 年下半年开展了几个背景研究，研究工作是在由政府组建、工业和供应部部长牵头的国家指导委员会监督下进行的 ①。指导委员会由政府机构的代表（MoCS、MoF、尼泊尔国家计划委员会、尼泊尔中央银行）及来自工商和学术部门的私人部门代表组成。报告最终在 NPC 副主席主持的国家会议上被讨论，且在接纳意见后通过，并且随后由GoN 在 2003 年 10 月批准。

NTCS03 主要强调了对产量增长和竞争力提高意义重大的交叉性问题，比如贸易便利化（海关、运输）、规章制度、外商投资和劳动力市场。仅有一章讨论产品和行业的具体问题（第八章），涉及地毯、服装、茶叶加工、农业、旅游和水电。在农业领域，除了茶叶外，农业的其他方面作为一个行业被笼统地讨论，主要是强调限制和机会。

NTCS03 强调的主题能够被分为两类：①普遍性的政策和规则制度改革（如海关和劳动力市场改革、贸易便利化、政策连贯性）；②特用于产品和行业的措施。它还就措施的职责机关作出具体规定，比如政策改革措施由 GoN 实施，同时需要来自外部的帮助，主要来自 IF 的 6 个机构。NTCS03 的行动矩阵包括 31 个项目和 60 个行动计划，且都附有时限性的任务（5 个近期，4 个短期，20 个中期和提供技术协助的 2 个长期）。

为准备 NTCS03 开展了一系列研究工作，在世界银行工作人员和专家的牵头下，许多国内外专家参与其中。研究涵盖部门研究、贸易政策、制度和贸易条款、投资环境、贸易表现和价格竞争力、劳动力和土地市场、宏观经济下的贫困分析和加入 WTO 问题等。如上所述，因为一些事件，这些背景研究不再可得 ②。这本身对于将来的合作就是重要的一课，对于尼泊尔研究者，此类知识成果很容易因为某些原因而变的不可得。

在行动矩阵的实施中，尽管取得了一些进展，但整体的实施令人不满意。到 2009 年 8 月，计划的 60 项行动中，只有 8 项完成，另外已启动的 26 项中，14 项部分完成，12 项由于众多原因还未开始。有些行动计划还变得无关紧要，比如 2006 年的多种纤维协议（MFA）失效后，服装配额分配就失去意义了。

对 NTCS03 形成过程的一个批评是，尽管一再强调农业的重要性，却没有 MoAC 代表参与指导委员会提供有关指导意见。对于这一现象有几种解释，一个是 MoCS 历来不认为 MoAC 与贸易有何关联，因此，MoAC 的参与和贡献被认为是不必要和不重要的。另一个观点是，这反映了 MoAC 对贸易问题

---

① 下面内容阐明了管理这样的一个项目有多难——在这项研究期间，MoCS 部长有三次接替，以至于指导委员会有三个不同的主席。

② 受访的 MoCS 官员表示 MoCS 从没要求世界银行提交背景材料，世界银行也从没主动提交这些材料。

缺乏兴趣，基础生产才是其重点关注的。其结果是，看起来农业在 NTCS03 下被忽略了。尽管宣称农业部门在经济中有领头作用，NTCS03 却仅将农业作为一个"潜力"增长部门，而水电——尽管几乎没有贸易——却被认为是增长的关键部门。事实上，据说其他部门对 NTCS03 的参与也很弱，因此将其变成了一个部门的努力。尽管如此，还有许多研究者认为，整个工作都是由捐赠者和外部专家构思、引领、实施的，MoCS 对政策和技术决策没起什么作用。

2.1.3 IF/EIF 进程

早在 20 世纪初期，随着制定 DTIS（NTCS03），尼泊尔就开始参与 IF 进程。同时，UNDP 在 IF 窗口 1 下资助开展了一个 38 000 美元的项目，资金供培训、研讨、研究考察和知识共享所用。随后，在 2005 年 1 月，在 IF 窗口 2 下实施了一个更大的项目（665 000 美元），内容是帮助落实 NTCS03 的多项建议，该项目主要协助尼泊尔增强制度建设，实现贸易便利化，强化 SPS、TBT 和与贸易有关的知识产权协定（TRIPS）咨询点，以及建立一个出口融资机制。这些工作一直延续到 2009 年，随后并入另一个项目——增强尼泊尔贸易相关能力项目（ENTReC）下。作为 IF 的一部分，ENTReC 也由 UNDP 支持。

2007 年 5 月，WTO 接受了一揽子建议，EIF 进入执行阶段，IF 核心机构同意增加其对 IF 信托基金的贡献。同时，尼泊尔政府也开始实施相关制度安排，以期从 EIF 实施中获利。相应的，为落实 EIF 任务，2008 年 6 月尼泊尔组建了国家指导委员会（NSC-EIF），由政府首席秘书担任主席，并由秘书处、相关政府部门和私营部门的高级别官员做代表。在其第二次会议上，为加强国家实施机制，组成以下部门间的技术委员会（IMTC）：

（1）农业、农工业和 SPS，由 MoAC 部长担任主席。

（2）私营部门发展（制造业、中小企业、经济特区/出口加工区和 TBT），由工业部部长担任主席。

（3）立法和知识产权（IPRs），由法律和议会事务部部长担任主席。

（4）服务和税收，由财政部部长担任主席。

（5）交叉性问题和贸易相关基础设施发展，由 MoCS 部长担任主席。

IMTC 将由政府和私营部门代表组成。每个技术委员会将负责设计其职责领域的项目草案。这些草案将被提交给 NSC-EIF 审议。如有需要，委员会也可以组建技术层面的次委员会。近期，在 MoCS 下又成立了一个国家实施机构（NIU），作为 EIF 的管理单位。尼泊尔政府任命 MoCS 部长为 EIF 负责人，负责所有 EIF 活动。NSC-EIF 要求负责人牵头与地方发展伙伴讨论有关问题，并反馈讨论结果。其他进展包括，任命一个资助主持机构，UNDP 在

2008 年 12 月的捐赠会议上当选，在 2010 年 11 月的类似会议上被德国替代。

2.1.4　2010 年新进展——尼泊尔贸易一体化战略（NTIS10）

NTIS10 被认为是 NTCS03 的后续，且声称考虑了国内和国际的新发展情况。它关注的主要是出口贸易，涉及能力建设优先序、交叉性问题和相关行动。它也被当作是在 EIF 下落实 AfT 的政策框架以及统一指导政府、私营部门、发展伙伴和其他利益相关群体努力方向的核心战略。NTIS10 的 58 页文件中几乎一半都是关于特别行动的——首先作为交叉性问题出现在行动矩阵 1 里，其次作为针对 19 个潜力出口行业的行动建议出现在行动矩阵 2 里，这也是标准的 DTIS 的特征。

如果尼泊尔沿用将资源集中于特定优先产品的思路，像 NTIS10、NNTP09 和农业相关政策一样（APP 中，下文讨论），那这些优先产品的选择就变成了重要问题。正如以下农业部分将讨论的那样，各部门倾向于在自己政策框架下制定不同的优先产品名单，这会大大降低资源的集中程度。基于上述原因，对这个问题的讨论很有意义 ①。

就在 NTIS10 出台一年之前，NNTP09 刚刚确定了一份特殊关注产品和行业部门的名单。巧合的是，两者都罗列了恰好 19 项产品。但是，仅有 8 项 NNTP09 名单中的产品包括在 NTIS10 名单中，其他 11 项都被排除在外（表 13 - 1）。另外，NTIS10 名单中增加了 NNTP09 名单没有的 7 个行业部门。NTIS10 名单中还包括 4 类新产品——面条、银质首饰、钢铁及羊毛制品（及 7 个服务性行业部门）。总之，两个政策框架下共列出 30 个产品和行业部门。

表 13 - 1　两个政策框架下的产品和行业部门

产品/行业部门	2009 贸易政策	2010 NTIS	产品/行业部门	2009 贸易政策	2010 NTIS
服装	√		药草和油	√	√
地毯	√		地方特色纸	√	√
披肩	√	√	木制品	√	
手工制品	√		宝石	√	
茶	√	√	面条		√
咖啡	√		银质首饰		√
小豆蔻	√	√	铁/钢		√

---

① 在发展中国家的国家贸易政策中，很容易找到这样一个产品目录（战略、先导、优先和特殊），确定享受特殊待遇的产品。这与 WTO 确定特殊和敏感产品的思路相似。考虑到资源的有限和机会成本，这是一个重要问题。

（续）

产品/行业部门	2009 贸易政策	2010 NTIS	产品/行业部门	2009 贸易政策	2010 NTIS
姜	√	√	木制品		√
蔬菜种子	√		旅游 1/		√
小扁豆	√	√	劳动 1/		√
蜂蜜	√	√	信息 1/		√
蔬菜	√		医疗 1/		√
橙子	√		教育 1/		√
皮革	√		工程 1/		√
花卉	√		水电 1/		√

注：1/为服务行业的部门。

数据来源：NNTP 2009 和 NTIS 2010。

即使不考虑服务行业，两个列表的不同也会为实施带来困难。比如，实质性的生产发展责任归属于农业和合作部以及工业部（MOI）而不是商务和供应部（MoCS）。但是，在资源有限的情况下，它们应该根据哪个列表来分配资源？要知道，没人理解为什么诸如咖啡和皮革这样重要的出口潜力农产品没有被 NTIS10 名单吸纳。据说之所以列出这 19 个产品和服务行业部门是为了达到"扩展出口基础使其更加包容"的目标，并且这是在对出口表现做了初步评估并与尼泊尔商业团体和政府官员广泛讨论后得出的。这可以解释 NTIS10 名单的由来，但是不能解释为什么 NTIS10 名单和 NNTP09 不同[①]。在 NTIS10 中还提到，经调研五个其他产品/行业也被认为具有出口潜力，但是尚未对其启动措施（糖、水泥、乳制品、变压器和运输贸易服务）。

表 13-2 展示了 NTIS10 针对名单中农产品提出的行动措施建议。对于五类农产品（小豆蔻、姜、小扁豆、蜂蜜和茶叶）共提出了 55 个行动措施建议。

建议中提出的措施都是比较常用的，但是考虑到这是本论文的主题，有必要加以分析讨论。首先，这张表涉及的措施比较全面，从强化价值链到创立品牌。第二，尽管其中一些措施相对容易实施（比如组织利益相关群体协会），但其他一些考虑到时间和成本就比较困难了，比如研发的系统性困难、技术层面和农学方面的困难。举例来说，很多年来，蜂蜜出口都受到农药残留问题的影响，但是，要保证蜂蜜生产地区不使用农药是非常困难的。第三，NTIS10

---

① 事实上，在整个 NTIS10 文件中，NNTP09 被提及的唯一地方是 MoCS 秘书写的前言，期待有更多的可以参考。

仅提出了建议，却没有深入分析为什么那些相对容易的措施近年来也没有落实。举例来说，茶叶面临的问题众所周知，且近年来分析茶叶的多篇论文都列举了同样的问题和措施（比如 Thapa，2004）。不知为什么，至今情况也没有转变。如果 NTIS10 能提供一些背景分析，解释为什么多年以来简单、明确的问题也没有得到解决，对研究将非常有用。第四，与以上原因相同，业界对政策转变的相关行动（与对投资的要求相对）也严重存疑。比如，为什么货物在尼泊尔境内运输时被取消地方税，又或对小扁豆等食品采取出口限制（税收、禁令）。最后，许多为了吸引私营部门投资资本和技术（比如产品多样性——表 13-2 的 5）的激励措施是不确定和模糊的。在尼泊尔，传统的做法是在预算公布时列出要给予的激励措施，但是没有公开地研究分析这些措施的效果，甚至证明这些措施实施与否。因此，业界对预算中提出的激励和补贴措施保证越来越不重视。

表 13-2　NTIS10 针对具体产品的行动措施建议

行动范围	提及的产品
1. 组织和加强生产者协会和价值链的利益相关者	小豆蔻、姜、小扁豆
2. 通过合作社、合同农业和创造市场来强调共同的问题	小豆蔻、姜、小扁豆
3. 品牌、地理标志、知识产权	小豆蔻、茶叶
4. 农学，更好的种植实践，扩大研发，种子，多样性	所有
5. 产品多样性——鼓励和技术	小豆蔻、姜
6. 收获后技术——干燥、储藏、运输	小豆蔻、姜、茶叶
7. 特殊的生产区域（土地使用政策）	姜
8. 试验设施，实验室，鉴定服务和 SPS	蜂蜜、小豆蔻、茶叶、小扁豆
9. 加工和技术的投资鼓励	茶叶
10. 出口限制和税收政策	小扁豆
11. 国内税	小扁豆、姜
12. 原材料和出口退税的有关税	茶叶、蜂蜜

数据来源：行动矩阵，NTIS 第二部分（2010）。

从 TRSM 角度来看，文件确认了需要克服的制约因素，提出了措施建议，但是讲到具体细节和落实，却是模糊及不确定的。这些行动措施和 NTCS03 及其他政策文件中的很类似。通过分析，建议之后制定政策文件时可以更加具体，并附加分析报告，辨明哪些措施能奏效或可以奏效，哪些措施很难奏效，所以不应被采用。

NTIS10 对 MoAC 有许多实质性的期待（比如在表 13-2 的 4、6 和 7，以及所有的农业发展项目中）。但是，MoAC 的优先关注并不在此，比如涉及研发和扩张项目时，它更多关注的是粮食生产部门。NTIS10 如能对此做更详细评论可能比较有用。比如，贸易侧到底需要什么，有什么替代方案（比如对需要 MoAC 增加优先关注的产品给予特别的专项资金）。可能有人会说，NTIS10 是一个政府项目，所以 MoAC 也应对它同等重视。事实并非如此——至少目前是这样。MoAC 很可能从不同角度看待这个问题——在 NTCS03 准备过程中甚至没有它的代表参与，在 NNTP09 高级别贸易委员会中及 2010 年产业化政策制定中也有类似的情况中出现。从 APP 例子可看出（见下文），保证其他部门的有效参与对贸易项目的开展很重要。

2.2 对农业领域贸易相关措施和项目的分析

上面分析的是 MoCS 主导的 TRSM 的制定实施。本部分主要聚焦农业，以及 MoAC 主导的 TRSM。对于众多不同的捐献者和项目，确定和执行农业项目的思路区别很大。在尼泊尔，CSO 提供的支持也有不同模式。总之，这其中有很多可供学习的地方。因篇幅所限，以下仅列出农业 TRSM 的三个范例。

发展高价值产品（HVCs）——农业远景规划（APP）的重点项目

在 APP（APROSC-JMA1995）背景下的 HVC 项目与本论文的主题高度相关，因为上面提到的贸易政策中有关出口产品的战略和行动与 APP 中的如出一辙。如果其中一个奏效，另一个理当亦如此。

HVC 是 APP 给予投资优先权的项目，包括在山地种植柑橘、喜马拉雅内部区域种植苹果、塔莱和山区种植淡季蔬菜，山区还可以发展蔬菜和花种子、养蜂业以及蚕丝生产。选中这些产品的一个原因是，尼泊尔具有农业生态多样性比较优势带来的生产潜力。

为了推进 HVC 的商业化进程，特别实施了三组行动：①生产一体化；②收获后的操作；③市场营销。APP 同时给出了任务完成时限，项目的成功或失败将据此评估。

根据评估研究（APP-ISR 2006），在整体的公共投资方面，过渡期 APP 对 HVC 的计划投资是五年期 8.62 亿卢比，每年 1.68 亿卢比。在第九期计划中，政府发展预算分配给 HVC 的资金约每年 5 000 万卢比，第十期计划增长到约 9 200 万卢比，比 APP 预期的少很多。从投资角度讲，HVC 没有 APP 设想的那样被优先考虑。研究还发现，投资并不总有收益。比如，尽管 APP

过渡期（1997/1998—2004/2005），NARC 研究机构在园艺领域投资了 1 亿卢比，但是这期间并没有研发出任何水果或蔬菜的新品种（APP‑ISR 2006）。

在政策方面，整体的结论是，为促进 HVC 而采取的大多数政策措施都没有得到落实。关键的生产策略是加强道路联通，通过集中块区生产提高生产规模效应，并配套灌溉、技术和农业组织服务支持，此外，还要消除阻止境内货物自由运输的法规和行政限制，减少交易成本。这些措施的本意是减小生产、加工和营销风险。在所有这些领域，都采取了一些措施，但是都不足以产生实际影响。措施的落实环节很薄弱，尤其在生产块区选择、机构信贷和适配技术使用方面。

APP 的评估也在制度方面发现了一系列问题。比如，APP 本希望在 MoAC 框架下建立一个小型 HVC 机构，但是并未成功。因此，APP 的优先项目在中央和地区层面的许多其他项目中被稀释了。同样的，APP 的柑橘项目最需要关注时，政府却终止了国家柑橘发展项目，尽管在 2004 年以后又对其进行了一定程度的恢复。APP 还设想在集中产区的集中市场区域设立农业服务中心，但最终也没有实现。

尼泊尔农业贸易促进政策 2007（ABPP07）重申了 APP 战略并作出进一步的承诺。政策表示，连接商业化农业生产块区的南北高速公路和分支路线将得到发展，特殊农产品产区将被扩张并提供服务，将在生产区建立采集中心，并在城区建设农产品市场。同时，对冷库和批发市场经营提供退税政策。希望这次这些早已公知的问题能得到认真处理。

最后，也有不少成功案例。比如，APP 评估注意到一些由 CSO 实施的项目就很有成效，比如 CEAPREAD 在蔬菜和蔬菜种子方面的工作及 FOR-WARD 在牲畜方面的工作。这也表明，在向农村地区提供服务以及组织生产和市场营销方面，还是有好经验可以模仿借鉴的。

2.2.1　农业商业化项目

从生计型农业向商业化和增值化发展是在所有政策框架下（国家计划、农业和贸易政策）农业产业的核心策略。较突出的是对经济作物关注的提高，但粮食生产同样适用。商业化的实现要基于价值链，要对价值链每个环节施加影响，而不光是生产环节。MoAC 承担了两个相对大规模的商业化项目：由亚洲开发银行（ADB，2006）资助的商业化农业发展项目（CADP）和由世界银行（世界银行，2009）资助的农业商业化和贸易项目（PACT）。以下简析表明，遗憾的是，这些关键干预措施的规划、形成和实施的过程复杂和冗长，因此，简化过程对于 TRSM 来说与调动资金同等重要。

这些项目源自 MoAC 内的长期共识，即未来的方向是更加多样化和商业化，1995 年的 APP 同样强调这一点。该工作由 MoAC 对概念的研究开始，相关研究论文先非正式地征求 NPC 和发展伙伴（DP）的意见，得到肯定后，论文被进一步完善并送到财政部，正式与 DP 共享。一旦捐赠者采用了这个观点，项目立即启动并开展背景研究、分析、项目准备工作，一般都配有技术支持资金。同时形成国家指导委员会，对关键设计问题，诸如实施范围、内容、制度安排和管理等，与包括许多利益相关群体在内的参与者开展密集讨论。之后的步骤包括 DP 意见反馈、最终协商、NPC 审议认可及贷款协议签署。

提供资金的过程很漫长，持续 6～7 年（CADP 的表 1）并要经过 15～16 个步骤。另一个项目，PACT，也经历了类似的步骤，从意向到贷款协议签署需要 6 年的时间。两个 DP 和政府漫长的官僚运作周期是拖延的主要原因。政治发展也可能对项目进程产生影响，有时甚至造成僵局。另一个问题是部际和利益相关群体协商。除了成员频繁变化外，因为与会代表不感兴趣和不投入应有重视，这些会议还经常敷衍了事。冗长的修订过程也是准备和审议阶段的特征。比如，据说 PACT 项目的资金、范围和内容比最初设计实际减少了一半。从贸易角度来说，MoAC 落实相关项目的这套程序还有一个问题，就是与贸易，包括贸易政策和诊断研究没有联系。这容易带来风险，即过多关注生产而过少关注市场和贸易。

从积极角度讲，这些项目对明确界定农业贸易发展领域的公私合营有显著贡献。CADP 和 PACT 都提议对私营部门投资包括"公共产品"的行动提供支持，因为私营部门的投资的确承担风险。这样的投资将在被许可的基础上得到项目"资金"给予的支持（最高达到投资的 50%）。此外，在 CADP 中，该部分由名为"商业化农业联盟"的私营部门来实施，该联盟是依据公司法成立的非盈利组织。最后，在尼泊尔加入 WTO 后才形成的 PACT 明确了一体化环境下提高产品成本和质量竞争力的方向。

插文 13－1：CADP 2001—2007 年的进展过程

1. 项目概念研究论文 → 2. 实际情况调查 → 3. 项目准备的技术支持 → 4. 背景研究（社会调查和分析）→ 5. 捐赠者审查 → 6. 贷款相关情况调查 → 7. 反复协商 → 8. 后续情况调查 → 9. ADB 管理检查会议 → 10. 评估任务 → 11. 联合委员会 → 12. 拨款协商 → 13. ADB 委员会的研究和批准 → 14. NPC 的批准 → 15. 拨款协议签署

除了项目实施本身，通过分析项目实施过程，尤其是在项目中尝试的创新

做法来积累经验和探索好方法也会有很大收获。

2.2.2　回应 SPS 相关问题

在 WTO - SPS 协议中制定的技术标准水平，与尼泊尔现在能够达到水平之间存在明显差距，众所周知，这是尼泊尔农业出口的主要阻碍。在众多研究中，Karki 等（2004）、Mahato 等（2004）和 KC 等（2004）对食品、活畜、动物产品和植物产品贸易的研究分别记述了贸易扩张的案例并分析了预期阻碍。最近，跨境蔓延迅速的动物和人类疾病对贸易的破坏引起了尼泊尔政府、商人和消费者的警觉。尼泊尔向印度的农产品出口商也因为印度有针对性、不合理的标准备受困扰。比如：2000 年印度的新规定要求，进口的植物产品必须接受指定实验室的强制检验，而这些实验室通常远离边境。除了印度的问题，Mahato 等（2004）的报告举例说，缺乏可靠的质量控制系统、官方检查和认证也使尼泊尔黄油和蜂蜜的出口努力失败。

这些问题都已存在好多年，这里想说的是尼泊尔对这些问题的反应，其反应可以被称为"混乱的渐进主义的方式"，这确实降低了反应措施的成本效率。

负责粮食和农业质量的职责机构是 MoAC 下的食品技术和质量控制局（DFTQC）。它的目标是依据 SPS 协议，发展可信赖的实验室并寻求与他国的互认（MRA）。在过去 10 年里，它从众多捐赠者支持项目得到帮助。它从日本国际协力机构（JICA）获得了非项目拨款，修建用以装备现代食品实验室的建筑。它还从其他三个项目，联合国工业发展组织（UNIDO）、欧盟 - 世界贸易组织（EC - WTO）和德国物理技术研究院得到实验室装备、人力资源培训等方面的补充性支持。据说 DFTQC 现在已基本具备合格实验室条件，并期待得到印度国家认证局通过的认证。这将帮助尼泊尔获得一直期望的与印度的 MRA。

尽管取得了目前的进步，但如果回顾 10～12 年前，还是让人忍不住质疑，为什么政府不能从一开始就针对这些挑战做一个全面、整体的项目，尤其当这样做的投资回报明显很巨大时。资源本应该集中利用在这样的优先领域。实际情况却是，尼泊尔实施了大量小型且互不联系的项目，其中一些还列在 MoCS（和 MoI）或者其部门的项目之下。DFTQC 和食品质量标准肯定不是母项目的重点关注内容。没有科学的总体蓝图，反而不断使用影响有限的小措施干预，明显影响了措施回报效率。

尼泊尔面对的另一个困境是缺乏来自双边贸易协议伙伴的回应和协助，尼泊尔与这些伙伴间存在很具体的 SPS 相关问题。SPS 协议支持富有的贸易伙伴通过协助来解决此类问题。比如，尼泊尔需要协助建立一个质量控制和认证系统，来解决导致挪威拒绝进口尼泊尔蜂蜜的 SPS 相关问题，但是挪威方面对此没有回应。同样的，印度在协助尼泊尔建立合格实验室和推进 MRA 方面也兴趣不高。

3 结论

在贸易发展中，尼泊尔在调动和连接内外部资源（公共和私有）时面临许多挑战。供给方面的能力建设和基础设施最为关键。但是许多"软"基础设施，诸如政策、制度和规则也是缺乏的。为了有效地完成这个庞大的工程，需要依据科学的程序来识别 TRSM 并制定优先序。框架是支持措施主流化的——它来自国家核心政策框架，包括发展、贸易、工业和农业，并需要与这些框架保持一致。基于此，第 2 节分析了目前的支持措施识别程序等，并讨论了相关问题。作为总结，本节不再对上述问题加以重复，而是进一步分析几个跨领域的交叉性问题[①]。

(1) 就优先出口产品达成一致

上述主要政策框架或者列出了优先产品名单，或者指明需要根据一定的标准识别这些优先产品。这样做的原因是为了将有限的资源集中到更有潜力的产品和行业上。促进产品发展需要各个部门的努力，因此各部门之间的共识很重要。前面的表 13-1 证明尼泊尔部门间还缺乏这样的一致性，即使几乎同时完成的贸易政策框架也存在这个问题（比如，NTIS10 中只包括了 NNTP09 中的 8 个产品，而其他 11 个被排除在外，且 NTIS10 中有 4 个新增的产品）。PRSP（TYIP07）的贸易章节没有识别这些优先产品，但是其农业章节列出了优先产品，且其中有些还在贸易政策中出现。APP 的 HVC 基于潜力列出优先顺序，但它也与贸易政策中的优先产品不同。出现这种差异的一个主要原因是尼泊尔的贸易政策完全集中在出口上，而农业政策包括食品和进口产品内容。

如果将这些政策框架中的所有优先产品加总，名单将会很长，且会因为资源有限而大大影响优先产品的效果。该问题核心是对资源和努力的分配。在 APP 中，之所以仅确定 4～5 个 HVC，正是因为"APP 的一个关键问题是确定优先产品，这是为了集中发挥对 HVC 至关重要但很稀缺的研究、扩展、市场发展和行政服务资源的规模效应。不论对公共还是私营部门，排列优先顺序和设置优先产品的必要性都很明显"。遗憾的是，如之前的讨论，实施过程中对资源的实际分配偏离了 APP 的原则。

---

① 前两章对尼泊尔相关问题的分析对本章也是用的。

因为供给侧的约束是最重要的问题，仅在贸易政策文件中提出农产品做优先产品效果有限，还需要在农业及其他政策文件中对同样的产品给予高度的重视。但因为一系列原因，包括下面列出的理由，现实情况并非如此。

(2) 激励、鼓励、便利、强化等

NNTP09 多次提到激励措施，尤其在 4.5——对出口导向型企业的额外激励部分——在产品发展项目中也有涉及。相关表述如下：

插文 13 - 2：NNTP09 中对出口导向企业的激励措施

1. 引入出口担保计划（4.5.1 节）。

2. 对现在以原材料形式出口的产品实现增值给予奖励。

3. 对生产周期长的产品（比如茶、咖啡），帮助协调租赁土地供商业化生产（4.5.1 节）。

4. 为将原材料运输到加工中心建立产品发展基金（4.5.2 节）。

5. 鼓励辅助行业对出口企业和特别经济区企业提供原材料（4.7.2 节）。

6. 以出口促进基金奖励新技术采用和产品加工技术升级（4.8.2 节）。

7. 允许出口加工区的企业将部分产品在国内销售（4.12.1 节）。

8. 鼓励出口加工皮革和皮革制品（皮革部分）。

9. 为机械设备的进口提供有补贴的贷款（皮革部分）。

10. 对邻国提供的投资给予便利和激励。

对这些建议作些评论是很有必要的。首先，无从考证为什么选择这些措施，尽管在其他国家的贸易政策中这些也是很常见的激励措施。如果能够得知有其他措施被考虑和争论以及为什么最后放弃一些措施而保留另一些会非常有用。可以假定这由委员会和利益相关群体决定，但是没有任何能够解释这些选择的合理性和理由的记录和分析。其次，尽管政策文件宣布采取这些措施，但是只有它们出现在年度预算中，才构成实际承诺。因此私营部门只能等到预算公布才能知道哪些措施是会真正实施的。基于尼泊尔和其他国家的经验，这些措施的有效性取决于它们是否有足够的吸引力。仅仅是有激励措施还不够，更重要的是其力度，比如给予30%的贷款补贴或20%的免税可能有用，但力度再小些的措施就没有吸引力了。对这些关键参数的微调是一个困难的事情，需要部门内设有高水平的分析机构，在目前这根本不现实。因此，只能通过委员会和特别工作组确定这些参数，而它们的结论可能并不是基于大量证据充分分析得来的。第三，存在优先序和措施分配的问题。有些激励措施被适用于 19个优先产品。单个来看没问题，但是从整体来看，就会引发疑问：在资源很有

限（包括税收收入放弃）的情况下，怎么可能给所有的产品提供激励呢？过去，由于政治和其他原因，一些产品（比如茶叶）比另一些（比如生姜）更受青睐。当对所有产品都给予激励措施时，措施力度可能很小且没有意义。这是困难的政策问题，必须基于严格的分析研究才能解决好。

（3）试图量化 TRSM 或 AfT 是徒劳的

在本文的背景研究和咨询活动中，花费了一些时间讨论 AfT 或 TRSM 的"范围"，以监测 AfT 流量。这被证实是徒劳的。首先，由于在尼泊尔关键部门无法获得完整的信息，梳理 AfT 经费是不可能的。其次，几乎所有的事项能够被列入 AfT 或 TRSM 中。这在像尼泊尔这样供给侧能力建设和基础设施都存在问题的国家很常见。APP 农业发展模式就将道路、水电和灌溉都作为产品发展的优先内容。

（4）具体产品支持的统计数据缺失令确定优先序变得困难

在严重缺乏特定产品经费支出的相关数据方面，研究经费预算是一个例子。对优先产品（比如茶叶、小豆蔻）的所有政策和行动计划都提出需要提高技术投入。然而，因为没有具体数据说明哪个产品哪个项目支出了多少，因此没法为了满足新的优先产品的需要对资源进行重新分配或扩大支出。与产品相关的许多公共经费也存在同样的问题，包括补贴。比如，并不清楚一项优先产品究竟用了多少激励补贴（包括税收收入放弃）。另一个相关的问题是，对一个特定产品的价值链，应如何确定其公共资源分配。普遍认为这类支持的大多数都被分配到初始基础生产，只有少部分被安排在后续环节上。如果要改变这种不平衡，获得上述的信息就很必要了。农业商业化项目——CADP 和 PACT——提供了获得这样宝贵信息的机会。

（5）部门之间的合作是必要的，尤其是贸易、工业和农业

这是一个反复被提及的问题，同样出现在背景研究时的利益相关群体咨询会中。在上面的 IF/EIF 部分强调过，形成贸易政策时，MoCS 不认为 MoAC 是一个"相关的"部门，导致 MoAC 缺席高级别的委员会和指导委员会。如果想调动 MoAC 对贸易政策中确认的优先出口产品的支持，这种情况需要改变。这将避免重蹈 APP 列出的优先产品得不到其他部门有力支持的命运。前面章节（主流化）提到过，NPC 在实现贸易和农业计划/政策主流化方面的力度相当薄弱。在 IMTC（参考上面 IF/EIF 部分）安排 MoAC 部长主持一个委员会的情况下，希望情况可以好转。最终结果如何很大程度上依赖 MoAC 自身的主动性。

（6）强化双边和区域计划和项目

最后一点，考虑到自身的基础设施落后和为陆地所包围的情况，对尼泊尔来说，积极促使捐赠者和贸易伙伴在跨境和区域基础设施建设及 SPS、研发方面的合作中加大投入是很重要的。这是减少贸易成本和提高竞争力的唯一途径，尤其在邻国市场发展迅速的情况下。成员们在诸如南亚优惠贸易协定（SAPTA）和孟加拉湾多部门技术和经济合作倡议（BIMSTEC）这样的双边和多边协议中做出了更多承诺，尼泊尔也需要前瞻性地引导和鼓励捐赠者和地区伙伴提供更多协助。

参 考 文 献

ADB（2006）. Nepal：Commercial Agriculture Development Project. Asian Development Bank. http：//www. adb. org/Documents/RRPs/NEP/34308 - RRP - NEP. pdf.

APP - IAP（2006）. APP Implementation Action Plan，Final Report，the IDL group Ltd，UK，in collaboration with NARMA and SEEPORT Consultancies，Kathmandu.

APP - ISP（2006）. APP Implementation Status Report，Final Report，Volume 1，Main Report，the IDL group Ltd，UK，in collaboration with NARMA and SEEPORT Consultancies，Kathmandu.

APROSC - JMA（1995）. Nepal Agriculture Perspective Plan. Agricultural Projects Services Centre and John Mellor Associates，Inc. ，Kathmandu.

GoN（2003）. Nepal Trade and Competitiveness Study. A study conducted as part of the Integrated Framework for Trade - Related Technical Assistance. Government of Nepal，Kathmandu，Nepal.

GoN（2007）. Three - Year Interim Plan（2007/2008 - 2009/2010）. National Planning Commission，Kathmandu，Nepal.

GoN（2009）. Nepal Trade Policy 2009（in Nepali）. Government of Nepal，Kathmandu，Nepal.

GoN（2010）. Nepal Trade Integration Strategy 2010 - Executive Summary and Action Matrix，Government of Nepal，Kathmandu，Nepal.

Karki，T. B. ，Lama，J. ，& Basnyat，I. B.（2004）. "The SPS Agreement：Trade in Food Products. " *In* R. Sharma，M. Karkee and L. Gautam（eds）. *The Implications of WTO Membership on the Nepalese Agriculture.* FAO，UNDP，and Ministry of Agriculture and Cooperatives，Kathmandu，Nepal.

KC，G. ，Upadhyay，B. ，Shrestha，N. & Devkota，D.（2004）. "The SPS Agreement：Trade in Plants and Plant Products. " *In* R. Sharma，M. Karkee and L. Gautam（eds）. *The Implications of WTO Membership on the Nepalese Agriculture.* FAO，UNDP，and Ministry of Agriculture and Cooperatives，Kathmandu，Nepal.

Mahato, S. N. , Gongal, G. & Chaulagain, B. (2004) . "The SPS Agreement: Trade in Live Animals and Animal Products. " *In* R. Sharma, M. Karkee and L. Gautam (eds) . *The Implications of WTO Membership on the Nepalese Agriculture.* FAO, UNDP, and Ministry of Agriculture and Cooperatives, Kathmandu, Nepal.

Thapa, Y. B. (2004) . "Commodity case study – Tea" . *In* R. Sharma, M. Karkee and L. Gautam (eds) . *The Implications of WTO Membership on the Nepalese Agriculture.* FAO, UNDP, and Ministry of Agriculture and Cooperatives, Kathmandu, Nepal.

World Bank (2009) . Project for Agricultural Commercialization and Trade, Project Appraisal Document, World Bank, Washington, D. C.

第十四章　斯里兰卡农业贸易政策问题

Kamal Karunagoda, Parakrama Samaratunga, Ramesh Sharma 和 Jeevika Weerahewa

1 概况介绍

正如其他很多发展中国家一样，斯里兰卡自从独立以来也尝试了不同的发展战略和政策机制，包括延续到 1959 年的开放的自由市场政策、1960—1977 年的进口替代型工业化政策以及 1977 年后的以出口为导向的自由化政策。当贸易政策在非农业领域相当自由时，农业特别是食品行业的政策干预广度和深度却在增加。

斯里兰卡的经济增长，特别自 20 世纪 70 年代后期的改革以来，与很多类似的发展中国家相比是令人满意的。但是，这不是农业领域，尤其不是食品行业的情况。经济学家有一个普遍的感觉，就是经济改革不能很好地为进口竞争型食品行业服务。斯里兰卡的农业可分为两大类：①传统的出口型产品，它以茶叶为主，同时也包括橡胶、椰子、香料，以及近期出现的一些并不算传统产品的水果和蔬菜。②进口竞争性产品，它以大米为主，也包括很多其他农产品、家畜、乳制品和糖。针对这两类农产品，贸易和价格政策机制在过去一直存在很多不同，现在也依然如此。

在世界银行的农业扭曲调查中，关于斯里兰卡的案例分析（Bandara 和 Jayasuriya，2009）指出，对传统出口农产品（茶叶、椰子和橡胶）的征税在 20 世纪 60～70 年代高达 40%，但是在 80～90 年代又缓慢降到 20%，并在 90 年代中期后达到零的水平。相对的，进口竞争型产品享受着积极的保护政策，其保护程度在针对大米的适度保护到针对辣椒、洋葱和土豆等产品的高度保护之间波动，近年来针对别的食品也有类似的保护措施出台。

正如在下一节所指出的，斯里兰卡政府（GoSL）持续利用多种贸易和价格政策对一系列的食物产品进行积极的干预。这些政策通常包含多重目标，例如稳定产品的零售价格、保护农民和鼓励加工增值。这使得农业产业链上的各类利益相关群体以不同的方式被影响，并在政策和舆论层面引发热烈的讨论。

在这种背景下，本文致力于对制定正确的贸易政策的过程有所贡献。该过程涉及对目标的理解、对政策选项的确定、影响评估以及通过分析和对利益相关群体咨询选择合适的措施。本报告是由一个分析师团队，在文献梳理、数据分析和对利益群体进行调查咨询后完成的。约 10 位专家，参与了这项工作，其中包括政府官员和独立研究者，由斯里兰卡政策研究所（IPS）牵头。研究中多次召开会议，咨询政府官员、非官方利益相关群体和民间团体对贸易政策的意见。这样的安排为研究人员提供了更加丰富的视角，去了解各方不同的观点和反应。本文使用了四个为 FAO 项目准备的背景研究作为数据来源（Karunagoda，2010a 和 2010b；Samaratunga，2009；Weerahewa，2010）。

本文其余部分的安排如下。第 2 节针对选定的农产品和行业进行贸易以及相关政策问题的讨论，并探讨一些交叉性问题。第 3 节讨论一些额外的交叉性问题。

2　关键的贸易和相关政策问题

与很多别的发展中国家一样，斯里兰卡针对农业进行的贸易和价格干预政策越来越集中在少数产品上。通常是 8～10 种进口竞争型食品以及一些替代产品。由于这些产品所具有的重要性、政治敏感性以及在经济中所扮演的这样或那样的角色，因此关于它们的政策总会吸引大众的兴趣，并经常引起意见分歧。

本文将集中研究下列产品：①传统的和非传统的出口型农产品；②谷物和别的种植作物（大米、小麦、面粉、辣椒、洋葱和土豆）；③其他基本食品（奶粉、家禽产品和糖）；④出口型的椰子产业。

此外，本文还将讨论两个交叉问题：①印度-斯里兰卡自由贸易协定；②国内支持措施。

2.1　传统的和非传统的出口型农产品

斯里兰卡著名的传统出口农产品是茶叶、橡胶、椰子和香料，其中前三种占出口总量的 85%。1977 年以来，出口农产品总量和金额都呈上升的趋势。有一些因素被认为对此有贡献：①贸易自由化减少了很多贸易方面的限制；②消除了扭曲性税收；③国有农场的私有化；④有利的国际市场价格形势。这些因素令农场重组且充满活力，引领了生产效率和产量的提高。

停止征收出口关税的政策在 1988 年就针对次要出口农产品实施，并在 1992 年推广到主要出口农产品上。别的限制性措施，例如国营贸易企业的配额或者限制，也被废除了，并且在之后也没再重新实施。这些出口产品既没有得到直接的出口补贴也没有得到 WTO 许可的用于减少运输和市场销售成本的补贴。为了保持斯里兰卡出口产品的质量，一些旨在防止进口产品再出口的限制性措施被用于进口的茶叶和香料。

文献和媒体的报道表明，在面对这些行业政策，例如出口税和激励措施时，分歧相对较少。有关出口产品税费的一些争论，也主要是关于税收收入使用而不是征税政策本身的。这些税率是比较低的，例如茶叶的税率从 2.5 斯里兰卡卢比/千克涨到 2006 年的 4 斯里兰卡卢比/千克。茶叶和香料时不时上新闻头条，但内容总是关于印度-斯里兰卡自由贸易协定的（见下文）。文献关注度较高的另一个问题是，农民，特别是小农户，在多大程度上能够得益于行业出口的增长（见下文）。

非传统出口农产品一般指的是蔬菜、水果和一些别的特产。特别需要指出的是，考虑到在海湾地区和欧洲的大量斯里兰卡移民所带来的消费需求，蔬菜被认为具有很大的出口潜力。斯里兰卡政府也通过出口发展局（EDB）来推动这些产品的出口。激励措施包括：按 FOB 价格的 3% 对第一年的出口进行补贴，对进口的中间投入品进行关税减免以及对出口收益免征所得税。增值农产品的出口也可以得到额外的补贴。此外，为了鼓励出口产品生产，政府也提供相应的生产补贴。

不同于进口竞争性产品，大众对这些产品的贸易和价格政策并没有分歧，原因可能是对出口的扶持力度很小（低于总出口价值的 1%），对出口产品国内生产的扶持力度也很小（大约占总生产价值的 1%~2%）。除此之外，也有可能是这些政策干预并没有明显扭曲产品的国内价格，这与以食糖和家禽产品为代表的进口竞争性农产品的情况完全不同。

2.2　谷物类和其他种植作物[①]

2.2.1　大米/水稻

作为主要的主食，斯里兰卡政府数十年来的愿望就是实现大米的自给自足。这一阶段的主要政策是进行针对进口的保护，同时还采取了灌溉、科研等支撑国内产业发展的措施。数据显示，斯里兰卡的大米自给率在上升，大米的进口持续下降。斯里兰卡政府通过严格的进口许可制度和国营贸易企业的垄断地位对大米贸易进行严格地控制。随着 WTO 农业协定在 1995 年的实施，斯里兰卡在 1996 年做出重要政策调整，针对几种产品的进口数量限制措施被从价税和许可要求所取代。直到 2000 年，关税水平是 35%，再加上 4%~5% 的国家安全税（表 14-1）。从 2002 年开始，由于国际价格低迷，从价税被 5 卢比/千克到 9 卢比/千克之间（加上 5%~6% 的安全税）的从量税取代，2008年还曾出现过 20 卢比/千克的情况。

表 14-1　大米关税，1995—2010 年

年份	时期	法定税率	减免税	有效进口税（%）	国家安全税（NSL）[②]
1995	1995-1-1—1995-2-7	35 或 7Rs/kg	0	55	4.5
1996	1995-2-8—1996-4-14	35	0	35	4.5
1997	1996-4-15—1997-1-30	35	35	0	4.5

---

① 一些涉及玉米的内容归结到家禽类里。

（续）

年份	时期	法定税率	减免税	有效进口税（%）	国家安全税（NSL）③
	1997-1-31—1997-11-20	35	0	35	4.5
1998	1997-11-21—1998-1-31	35	35	0	4.5
	1998-2-1—1998-11-5	35	0	35	4.5
1999	1998-11-6—1999-10-23	35	0	35	4.5
	1999-10-24—1999-12-31	35	25	10	5.5
2000	2000-1-1—2000-5-10	35	0	35	5.5
	2000-5-11—2000-7-16	35	0	35	5.5
2001	2000-7-17—2001-11-22	35（L）①	0	35	6.5
	2001-11-12—2001-12-10	35（IQ）②	35	0	6.5
	2001-12-10—2001-12-31	35	50%	17.5	6.5
2002	2002-1-21—2002-11-6	7Rs/kg（32%）	0	34	6.5
2003	2002-11-6—2003-3-5	5 Rs/kg（24%）	0	24	6.5
	2003-3-6—2003-8-19	7 Rs/kg（33%）	0	33	6.5
	2003-8-20—2003-12-31	9 Rs/kg（34%）	0	43	6.5
2004	2004-1-1—2004-10-4	9 Rs/kg（34%）	0	34	6.5
	2004-10-5—2005-1-15	9 Rs/kg（29%）	9 Rs/kg	0	6.5
2005	2005-1-1—2006-1-15	9 Rs/kg（29%）	9 Rs/kg	0	6.5
2006	2006-1-16—2006-12-31	9 Rs/kg（27%）	0	27	6.5
2007	2007-1-1—2007-12-31	9 Rs/kg（52%）	0	52	6.5
2008	2008-1-1—2008-1-31	20 Rs/kg（26%）	20 Rs/kg	0	6.5
	2008-2-1—2008-12-31	20 Rs/kg（26%）	0	26	6.5
2009	2009-1-1—2009-11-30	20 Rs/kg（30%）	0	30	6.5
	2009-12-1—2010-1-31	20 Rs/kg（30%）	20 Rs/kg	0	6.5

注：①（L）＝进口许可，②（IQ）＝60 000 免税的进口配额，③NSL＝国家安全税。

表中括号里的数字表示从价税率。Rs指斯里兰卡卢比。

来源：斯里兰卡海关总署。

　　斯里兰卡政府会在国内价格短期偏高时减免关税。过去十年里大约一半时间实施过这样的措施。研究者对政策的有效性提出质疑，认为贸易商经常能在免税时囤积大米，在晚些时候进行销售，并在此过程中获利，这就削弱了政府追求的稳定价格的效果。

　　一些研究认为大米在斯里兰卡市场的价格很大程度上取决于其国内的供需

状况，并且大米的国内价格和国际价格的相关系数为 0.5～0.6（Karunagoda，2010a）。20 世纪 90 年代晚期的一项分析中，Sharma（2002）也发现大米和小麦在国际市场的价格变动很难传输到斯里兰卡国内市场。主要的原因在于其贸易政策，即频繁、持续的关税变化阻断了这种传输。市场功能的另一个指标是销售利润率的稳定性。数据显示，斯里兰卡利润率终年保持稳定，因此即使没有得到政府干预或者支撑措施，大米市场也能保持有效的运行（Karunagoda，2010a）。研究者认为该国不同市场间的价格差异并不是由于垄断或者买家垄断导致的蓄意操控，而是由于体制内在的不完善，这种不完善使得商人面对不同区域价格差时很难完成有效的套利（Karunagoda，2010a）。市场间的价格传导的确存在，但是由于季节性进口带来的供应变化导致市场间套利的不稳定性且阻碍了价格信息的传播。

因此，总的来说，针对大米的贸易政策体制是以国内市场价格为主要考虑的，即在供应短缺时减免关税，在价格回落时增加关税并提供农业支持和补贴。斯里兰卡大米生产成本在亚洲是相对较高的，因此，如果贸易完全自由化，那么它在该领域将面临较大压力。价格稳定，特别是避免价格极端高或者低的情况，仍然是该国的首要目标，这意味着，相关贸易政策在今后仍然会被继续使用。

2.2.2　小麦/面粉

面粉被认为是斯里兰卡的基本商品，也是仅次于大米的第二重要的主食。其所有的需求都能被进口满足，而进口量也一直在增加。针对小麦进行政策干预的最初原因是斯里兰卡政府在 1978 年与一家私有磨坊（锡兰普瑞玛公司，Prima Ceylon）达成了协议，要把麦粒加工成面粉，这份协议于 1999 年到期，但是又被延长到了 2004 年。这家公司保证从每 100 单位的麦粒中为政府提供 74％的面粉，剩余的面粉则用于支付公司的磨面成本。据说 Prima Ceylon 利用这些额外的面粉为当地市场提供动物饲料，总的来说已经形成了事实上的垄断。

实际上，与 Prima Ceylon 达成的协议已经限定了针对小麦乃至动物饲料的政策干预的特点。第一，这个协议推迟了小麦/面粉以及动物饲料市场的自由化。直到 2001 年 6 月，Prima Ceylon 私有化和小麦进口自由后相关市场才实现自由化。看起来具有法律效力的出售 Prima Ceylon 的协议，规定了五年内（直到 2006 年 6 月）在堪萨斯州同业公会离岸价格（FOB）基础上为通用标准面粉进行定价的准则。第二，这个协议还规定从 2001 年开始，把麦粒和面粉的关税差维持在 25％并持续 7 年。这种高关税保护给予了 Prima Ceylon 在面粉领域内事实上的垄断地位。然而，面粉的关税经常被设定在协定的水平之下（表 14 - 2）。随后，第二个面粉企业在 2008 年 8 月开始启动。小麦的进口税在 2009 年增长为 15％，而面粉同时被加征了 5％ 的税费。鉴于上述价格和关税政策的实施，面粉和相关产品的国内价格比国际市场价格要高。这对国内消费者不利，并且削弱了斯里兰卡政府将小麦作为主食的意图。

表 14 - 2　小麦和面粉的进口关税（1995—2009）

	1995 年	1996 年	1997 年	1998 年	1999 年	2000 年	2004 年	2006 年	2008 年	2009 年
小麦	35％	20％	免税	免税	20％	5％	免税	6％	10％	15％或 10Rs/kg
面粉	35％	35％	免税		免税	25％	免税	15％或 4.5Rs/kg	15％或 4.5Rs/kg	15％或 4.5Rs/kg＋5％税

针对小麦的贸易和价格政策对小麦的消费肯定有影响，更重要的是，它对大米也产生了影响（Dayaratna - Banda 等，2008）。值得注意的是，小麦关税的减免会压制大米的农场价格。正因为对大米的这种影响，使小麦政策受到关注。这种紧密的交叉价格影响在 2000 年就被意识到了，当时政府正以降低面粉价格的方式进行消费补贴。正是因为认识到这种效应，补贴很快在 2001 年停止了。

斯里兰卡政府的长期目标看起来是降低小麦的消费量，并用国产大米取代。根据 IPS 的新闻报道，一些非官方数据显示面包和小麦制品的消费量下降了 40％。事实上，小麦的进口量也在显著下降，从 5 年前每月大约 120 000 吨降低到现在的每月大约 80 000 吨。该国的食品安全专家表示，他们欢迎这种变化。就连总统也表示欢迎这种趋势[①]。

2.2.3　辣椒、洋葱和马铃薯

在"其他大田作物"（OFCs）里，辣椒、洋葱和马铃薯的贸易政策在过去经常引起争议。虽然这些农作物只有很小的体量，并且只集中在部分地区，但是它们却是政治上高度敏感的作物。对 OFC 的推动始于 20 世纪 60 年代中期政府实施的食品生产促进项目。由于贸易政策的高度保护以及 1971 年开始的进口禁令，导致它们的价格出现前所未有的增长，这直接刺激了农民的种植意愿，并使得产量翻番。即使到了 1977 年后的改革时期，马铃薯、辣椒和洋葱也被高度保护，直到 1996 年。2000 年则开始对它们实施从量税的保护。这些

---

① "我对我国小麦制品消费量的下降非常的高兴。尽管我们拥有很肥沃的土地，但是对（进口的）小麦的消费被强加给我们，最初无偿为我们提供小麦，然后用贷款，直到我们沉迷于此，"来自于总统的讲话，选取自斯里兰卡政策研究所在 2008 年 4 月 15 日的一篇新闻报道（http：//ipsnews.net/ news. asp？idnews＝41993）。

产品的高关税也在计算得出的 NPC 中有所体现（表 14 - 3），特别是马铃薯，在过去 20 年左右的时间里保护水平一直很高，尽管这也部分由于国产马铃薯品质更好。

表 14 - 3　辣椒、洋葱和马铃薯的名义保护系数（NPCs）

	1985—1989	1990—1994	1995—1999	2000—2004	2005—2008
辣椒	1.20	1.52	1.59	1.49	1.28
洋葱	1.41	1.00	1.32	1.08	1.17
马铃薯	0.84	2.41	2.78	3.53	2.59

注：1996 年以后马铃薯所对应的更高的保护水平也反映出其国内品种所对应的更高价格。

尽管存在高保护，但这些农产品的种植面积和产量在 20 世纪 90 年代早期之后都呈下降的趋势。一个原因是缺少合适的技术支持（品种）。另一个原因是斯里兰卡国内的劳动力短缺以及普遍上涨的工资水平（这些产业相对来讲都是劳动密集型的）。第三个原因则据称是因为更多的政策和支撑措施都往大米自给自足的目标上倾斜，而普遍忽略了其他作物。从以辣椒、洋葱和马铃薯为代表的 OFC 的经验来看，无论限制性贸易政策多么严格，如果其他条件不合适，贸易政策也不能单独地发挥作用。

2.3　其他基本食品

2.3.1　奶粉

斯里兰卡只能生产国内奶粉/奶制品需求的 20%。奶粉每年的进口量达到 60 000 吨左右。除了进口支出扩大和增长外，该国的政策性问题也经常随着奶粉国际市场价格的攀升而加剧。

奶粉被定位为必需品，因此斯里兰卡政府可以对它的最高零售价进行调控（调整，控制）[①]。奶粉价格是一个热门的政治话题，对其降价的承诺甚至作为特色出现在一些竞选宣言中。相应地，政策也主要朝着这个方向制定，并且对最高零售价的干预也时常进行。而奶粉经销商则经常向政府请愿要求提高奶粉的价格。政府对此类情况的应对措施是保持最高零售价格，但是以别的方式来安抚经销商，例如降低关税和免征所得税。举例来说，在 2010 年 2 月份，据媒体报道，内阁下设的生活消费委员会在经过对当时国内外价格的深思熟虑之

---

① 根据 2003 年的消费者事务管理法案，执法单位可以与任何制造商或者贸易者对商品的最高零售价达成协议。此外，该法案也要求任何制造商或者贸易者不得对任何生活必需品提高零售或者批发价格，除非事先得到执法单位的书面许可。

后，决定不允许奶粉涨价；这是针对之前奶粉经销商请求将一千克包装的奶粉涨价 135 卢比，400 克装的奶粉涨价 35 卢比的回应。但是，政府随后又调整了奶粉的进口关税以安抚经销商。

随着政策问题的重复出现，提高国内产量和竞争力很明显地成为当务之急。在 2004 年，一项国家级计划宣布，在全国建立 1 000 个奶业村，并承诺提供大量的经费以实现在 4～5 年内将奶制品的自给率从现在的 20% 提高到 50%，并在 2015 年左右实现完全自给自足的目标。除了期望节省大量的进口支出外，从对以小生产者为主导的奶业的支持角度出发，该措施也是可取的。

国内达成共识，认为提升牛奶产量是可行的，而产量为何滞后如此之多，原因在于政府对该行业没有足够的支持（Ranaweera，2005）。而且，奶粉国际市场价格回落也降低了政府投入更多努力的紧迫感。低价时代现在已经结束，因此政府和私营部门都在加强投资。

对于贸易政策，有一个共识是，为了更加有利于私人投资，政策应该比现在更稳定。对很多人来讲，这意味着要实施某种可变征税体系的变体，正如智利政府过去做的那样。这才能让利益相关群体在国际市场价格波动时对关税保护和国内价格有把握。

2.3.2 家禽和饲料

家禽行业的政策是比较复杂的，这是因为在它的价值链上有两个被监管价格：一个是鸡肉的最高零售价（家禽被定位为生活必需品），另一个是作为主要饲料的玉米的农场保底价格。进口税以及为玉米发展基金所征的税费也会对这个价值链产生影响。所有这些原因导致家禽政策变得有争议和复杂化。

产业都在抱怨鸡肉的最高零售价和玉米的保底价导致他们的利润被大幅压缩。援引斯里兰卡全岛家禽协会（AIPA）主席在 2008 年的讲话，该产业"因为草率的政策"[1] 正处于严重的危机之中。他声称该行业自从 2005 年就开始衰退，25% 的小生产者已经停止了家禽生产。

产业根据它们自己的计算结果声称，在很多时候，设置的最高零售价格都是低于生产支出的。与此同时，家禽饲料的价格在近些年来据称飞涨了近 50%。随着国际市场玉米价格的触顶，业内人士开始谴责政府的高关税和 20% 的其他税费以及玉米的农场保底价。他们进一步称，由于农民在丰收之后会立即卖掉所有的玉米，因此只有中间商从中获利，这些中间商受益于关税和保底价的途径是从农民那里低价买入玉米，然后又以较高的保底价出售。

---

[1] Gamini Warushamana 说"草率的政策会打击家禽产业"，星期天观察家，2008 年 4 月 20 日（http://www.sundayobserver.lk/2008/04/20/fin04.asp）。

AIPA 主席进一步表示，如果政府关心的是囤积和投机价格的稳定的话，那么对肉类这种易腐败的商品设置最高零售价是没有意义的，因为农民不可能长期囤积肉类。他也不同意将鸡肉作为必需消费品（应该作为高档食品），并声称 AIPA 一度想发起针对消费者事务部最高零售价的诉讼。

根据媒体的报道，斯里兰卡政府看起来对该产业抱有同情，但是又觉得家禽-饲料的复杂关联问题很难办。有报道指出消费者事务部曾说政府希望将玉米的价格保持在 28 卢比/千克以鼓励玉米的生产，但是随着市场供应的收紧（再加上关税的影响）玉米价格涨到 45 卢比/千克左右。他们也承认有很多家禽养殖场因此停产，而且政府也需要允许进口更多的玉米以维持价格。家禽的问题表明了维持多元利益平衡的困难性以及跨商品联系的紧密性。这些问题的解决显然需要在健全的理论框架和涵盖全价值链的分类统计基础上进行深入分析。然而，背景研究中并没有发现这样的分析工作。

2.3.3　食糖

食糖的贸易和价格政策管理对大多数国家来说都是一个巨大的挑战，斯里兰卡也不例外。历年来，食糖的产量都滞后于需求量，而对进口的依赖度剧增，现在已经达到 90% 左右。因此，政府被迫"做点什么"来遏制如此高的进口支出。与此同时，食糖也被认定为生活必需品，这意味着斯里兰卡政府得时常为消费者利益而进行干预。当经常发生的食糖国际市场价格暴跌出现时，政府又得采取干预措施以维持国产食糖价格。

政府经常考虑提高食糖自给率和扩产的计划。政府一度将 2000 年的自给率目标设定为 35%。在 2009 年 7 月，媒体报道说，种植业部计划在六年内将甘蔗的种植面积扩大 96 000 英亩①，以使食糖的自给率达到 50%。

在 20 世纪 50 年代，政府建立了一个糖厂，随后转为与私营部门合办。增加新糖厂的计划一次又一次地被宣布。在 2010 年 3 月 15 日，每日新闻报道，政府为了增产正在对四个糖厂（分别在 Pelawatta、Hingurana、Kantale 和 Sevanagala）进行评估。其实，扩大甘蔗的种植面临很多严峻的挑战。一个是农艺，甘蔗产量是相当低的。另一个是对环境问题的担忧，可用于扩大种植的土地比较稀缺。此外，糖厂也是劳动密集型产业，但是斯里兰卡正在经历劳动力短缺和劳工工资上涨的困境。

最困难的是政策上的挑战，政府一方面期望对甘蔗实施农场保底价，另一方面又要对作为生活必需品的食糖设置最高零售价。国际市场上食糖价格的动荡也让政策复杂化。把三方（农民、产业和消费者）的利益全部考虑进来并

---

① 英亩为非法定计量单位，1 英亩≈0.405 公顷。

用单一政策（关税）来解决是非常困难的。政府一般的应对措施是随着国际市场价格的变化而随时调整关税。在 2009 年，政府通过减免产品的增值税、提高进口关税的方式对该国唯一一家糖厂进行安抚。还有媒体报道指出，产业界正利用国家支持的信贷计划去鼓励农民继续种植甘蔗，而不是转向别的更有吸引力的农作物。有一项研究甚至对政府实施这些调控措施的深层次动机提出质疑。它认为糖厂受到如此高的保护，但是它对国家税收并没有多大贡献，政府只是在履行 20 世纪 80 年代与一家外国私企签订的协议，这与政府同 Prima Ceylon 达成的关于小麦的协议（Bandara 和 Jayasuriya，2009）如出一辙。

2.4 出口型椰子产业

该产业面临的主要问题是进口食用油的价格决定了本地生产的椰子油的价格，而椰子油是很多出口产品的主要原料。因此，食用油的高关税会抬升椰子油的国内价格，从而对椰子产品出口企业造成伤害。政府面临的挑战是提出一个行之有效的方案，平衡四个利益相关群体利益：椰子种植户、椰子产品出口企业、供应椰子油的企业以及食用油消费者（Karunagoda，2010b）。最核心的工具是进口政策，特别是关税。用一种政策工具调和四类利益群体利益从来不会那么简单。

斯里兰卡椰子产量的大约 75％ 都用于国内消费，消费领域包括椰蓉、椰子油和椰子奶粉等椰子加工企业。比较著名的椰子出口产品包括椰蓉、椰子油、椰子奶油和椰子奶粉。椰子油的价格与进口食用油的价格相关。斯里兰卡国内每年消费食用油大约 165 000 吨，其中超过 50％ 的食用油来源于进口（主要是食用级棕榈油和棕榈仁油）。

食用油的进口关税一般随着国际市场的价格变化而进行调整。因此，当国际市场价格在 2008 年年底暴跌时，食用油的进口税降低到 5％。而后进口税又从 2009 年 1 月的 28％ 上升到 40 卢比/千克的从量税，并在 4 月初进一步涨到 60 卢比/千克，即使食用油的国际市场价格缓和了，进口税仍维持在一个较高的水平。最高的时候，总的关税水平据估已达 125％ 增值税的水平，这些税包括海关税收和其他一些税收（增值税、港口和航空服务费、社会责任税、附加费、国家建设税和地方税）。其结果是，国内椰子油价格也上涨了。相较于大约为 110 卢比/千克的国际市场价格，椰子油的国内市场价格从 2009 年 3 月的 135 卢比/千克涨到 200 卢比/千克。因此，出口商声称，他们很难在与国内椰子油生产企业竞争的同时还保持出口市场上的竞争力。政府增加了对新鲜椰子进口的限制，首先是因为检疫原因，当然也是为了保护椰子种植户。新鲜的椰子在印度尼西亚和其他一些国家更加便宜，因此，理论上，它们都可以被斯里兰卡的出口企业进口来用。

产业呼吁，为了让出口产业回归正轨，食用油的进口税应该保持在28%左右（2008年12月）。在这个水平的关税下，总的税率大约为65%，这样才能在出口企业、消费者、本地椰子油生产企业和种植户之间达到有效的平衡。产业界还请求增加进口机制的可预测性。他们抱怨说，2008年的税率调整了多达5次，在2009年也改变了2～3次。业界的观点是，这种不稳定导致本国的出口企业很难持续在出口市场上同别国出口企业相竞争，因为别国出口企业享有更低和更稳定的原材料价格。

椰子种植户当然有着截然不同的诉求，他们也需要政府在推行合理的政策时被考虑到[①]。举例来说，在2008年11月，种植者联合会抱怨，随着棕榈油国际市场价格在年底的暴跌，政府将进口税降低到历史最低水平之一的5%，这对种植户造成长达数月的伤害，因为贸易商会进口并大量贮存足够未来数月使用的棕榈油。联合会也向政府提出建议。这些建议包括：①根据棕榈油的国际市场价格制订进口税的调节计划，使关税水平足够保护本国的椰子种植户；②防止棕榈油进口商利用关税调整大量进口（防止大量囤积）；③对本国商人所持有的棕榈油存货清单进行检查以监管棕榈油库存数量；④合理分配为促进椰子产业发展而征收的税费；⑤采取措施减少中间商在短缺时销售所获得的高额利润；⑥在短缺时，直接将椰子产品从国有储备库送到城市中心。

2.5　印度-斯里兰卡自由贸易协定（ILFTA）

印度 斯里兰卡自由贸易协定是对斯里兰卡尤其重要的一个协定。贸易统计数据显示，自1999年以来，双方的贸易量激增，这也证实了关税和其他减让措施的有效性。这项协定为非农产品提供了更多的减让，但是有些农产品在斯里兰卡政府的出口清单上也很突出，例如植物酥油（加工过的植物油）、香料、香肠、饼干和巧克力。茶叶也非常突出，但是受到了配额的限制。从目前的经验来看，有些问题已经凸显，而且需要解决。解决这些问题的经验也对完善该国与其他国家的类似贸易协定有益。下面的观点基于Kelegama和Mukherji（2007）的研究做出。

第一，斯里兰卡方面的强烈感觉是，其出口商品受到了印度的不公平对待，诸如超关税措施领域的港口服务费和非关税壁垒领域的歧视性销售税，这或多或少侵蚀了斯里兰卡从该协定里获得的特惠利益。其他的非关税壁垒还包括印度政府经常要求进口商品只能从1～2个指定的港口入境。

第二，斯里兰卡对印度的原产地规则的要求有很多抱怨。这在香料（胡

---

① 棕榈油期货消息，2008年11月25日，http://www.palmoilprices.net/news/sri-lanka-coconut-growers-worried-about-growing-palm-oil-imports/。

椒、丁香）产品上比较突出。印度的生产者抱怨非斯里兰卡原产的香料也通过斯里兰卡进入到印度，这损害了他们的利益。为加强原产地规则实施，他们要求实施进口配额和单一港口准入措施。

第三，植物酥油引发了保障措施。正如印度-尼泊尔贸易协定所产生的结果一样，制造商从印度和斯里兰卡间巨大的棕榈油关税差异中获利，并根据协定将加工品免税出口到印度。这样的做法导致植物酥油、面包油酥和人造奶油的出口量激增（从2004年的10 000吨到2005年的170 000吨），从而招致印度产业界对产业损害的申诉。最终，印度实施"严格的"保障措施，诸如每年250 000吨的进口配额和通过半国营的印度公司进口。

第四，斯里兰卡察觉到印度对它具有比较优势的一些出口产品加强了限制，茶叶就是主要的受害者。该协定规定茶叶的进口配额只有1 500万千克。茶叶还面临着原产地规则的限制，而且只能从Kochin和Kolkata两个港口出口到印度。事实上，只有区区3%～4%的配额量被使用，这还不到斯里兰卡茶叶出口总量的1%。

2.6 国内支持措施

根据WTO农业协定，斯里兰卡没有报告扭曲贸易的国内补贴（"黄箱"），含蓄地表示这些补贴属于微量许可范围内。有些措施通报列在第6.2款下（对小农和资源匮乏的农民的补贴），主要是化肥补贴。在出口补贴上，斯里兰卡通报了减少市场营销成本的措施（根据第9.4款），主要针对新鲜水果、蔬菜和鲜花的销售。相对农业产值来讲，这些支出比例非常小。除了这些通报的措施，政府还实施了很多别的农业计划，大部分都是"绿箱"措施。

对农业的投资是决定其竞争力的主要因素，而合适的贸易政策也与有限资源的分配相关联。这就涉及两个政策问题，一个是投资和补贴之间的资源分配，另一个则是针对不同产品的资源分配。它们属于贸易支持措施或者AfT范畴，会在第十五章中进行讨论。下面讨论的要点反映的是投资（和补贴）和政策选择之间的联系，涵盖了前面提到的所有一般政策和针对特定产品的政策。

（1）是否应该征收一些出口税或地方税去建立商品发展基金，如果应该，那么如何分配/利用这些资源？

（2）在多大程度上利用WTO允许的补贴为出口商品降低销售成本提供支持（9.4款），在多大程度上为外向型产业提供免税等不同的激励措施？

（3）当进口价格降低，农民/产业遭受困难时，政府是否应该提供补贴和其他形式的支持（例如利息补贴），力度多大？

（4）如何在不同农作物间达到最好的支持/补贴措施平衡？从上述分析可

以看出，针对大米自给率而进行的大量政策倾斜对别的作物造成了负面影响。

（5）如何决定对一些已经丧失进口竞争力的产业的支持/补贴力度？比如牛奶和食糖等，自给率太低，而扭转这种趋势还得面临限制。

3 其他交叉性贸易问题

第2节讨论了政策干预及相关问题，包含了特定的产品和一些交叉性问题。为了对适当的贸易政策的制定程序做出贡献，除了上述分析，这一节还将分析总结三个交叉性问题。

（1）用公平和规则允许的贸易政策来实现多重目标

在第二章中对基本食品的贸易政策的解读表明，政策制定者面临的主要挑战，也是私营部门主要抱怨的地方，可以归结为两个方面：①贸易政策的临时性，特别是进口关税的随意变动；②关税水平本身。这两个方面也是相关联的。很大程度上来讲，这些困难的产生是由于政策制定者希望利用单一的调控工具（关税）来满足价值链上至少三方（农民、农业企业和消费者）的利益诉求。对于一些产品，价值链上的农场价和最高零售价这两个价格都已固定。就算暂时可以在给定的水平上维持平衡，这种平衡也很容易被外来的冲击瓦解，而这样的冲击有很多，例如国际市场价格的反复无常、汇率的变化、产量波动和政府的更替。对于有些产品而言，它们和别的产品还存在着很强的交叉关联，比如家禽和玉米，棕榈油和椰子油。面对这些冲击，政策制定者发现他们的处境迫使他们频繁地改变以及校正调控工具（关税的类型，配额）和政策干预程度（关税税率）。这就形成了不确定的政策环境，导致了私营部门的困惑，同时也会损害到出口部门。

尽管政策问题如此复杂，媒体也强烈关注，但令人惊讶的是，针对这些问题却没有深入的分析研究。面对这种情况，像本文这样以学术分析和证据为基础的研究就很难开展。相信政策制定者肯定也面临同样的问题。

一个急需深入分析的对象是对诸如家禽、食糖和奶粉等生活必需品设置最高零售价的制度。这可以从探究这些产品是否是生活必需品开始。还要分析它们的成本是多少以及用于维持这些产品的零售价格的政策还有什么外部效应。研究者可以利用全国家庭预算调查提供的庞大数据库来进行研究，以期对这些问题的解决提供一些指导，包括提出一些替代措施，比如针对性的食品补贴计划。

如果农场价和零售价都被监管了，那么两者之间的利润空间就需要非常细致地研究安排，这关系到市场调控的有效性和竞争性，以及对基础设施的投资

（见下文）。在第 2 节提到，有些私营部门抱怨政府不允许零售价随着农场价的变化而调整，以及关税或者别的政策动摇了现有的（约定的）利润空间。除了实行临时性的调整措施外，政府并没有如何解决这类问题的清晰指导方针。它不应该仅仅依靠关税，还应调动别的调控工具（比如增值税、补贴）。

上述分析表明，政府需要政策制定原则和程序，这些原则和程序应该是公平和合规的（见 Weerahewa 和 Kodithuwakku 2010 年发表的"国际食品和金融危机期间贸易和价格政策评估"）。这不容易，但是具有可操作性，因为问题已经很清晰了，而且研究已经具备必要的数据库和专业基础。

文献和媒体对规则允许的政策机制提出了一些论点。其中之一就是采取可变关税体系的某种变体，让关税在应对国际市场价格变化时以一种可预测的方式改变，从而使进口价格稳定在预期的保护水平范围内。这样的策略是智利针对部分产品的调控思路（价格区间政策），该地区其他一些国家也有尝试。问题是，这样的政策并不符合 WTO 规则。WTO 仅允许政府以一种临时性的方式进行关税调整，而这又不能达到"可预测"的要求。尽管如此，这些观点还是值得进行严肃分析的。

另一种常见于媒体报道的机制建议是，如斯里兰卡全岛家禽协会所建议的，仿效哥伦比亚等几个国家实施过的（有些还在实施）"吸纳协定"，即国内企业/贸易商同意以特定的价格收购一定数量的农民生产的作物，并从政府那里得到回报（比如，得到进口配额）。在斯里兰卡，全岛家禽协会曾表示，它可以保证按照政府的定价收购农民产的所有玉米（而且支持政府增加玉米产量的努力），作为回报，希望政府以较低的关税满足产业界对玉米饲料的需求。这样的措施也不是 WTO 规则允许的，但是可以据此探索 WTO 规则允许的类似变种形式。

为了制定合适的贸易政策，以及避免 7～8 种敏感产品的政策持续性分歧和频繁的临时调整，这些替代方案值得进一步研究。但是，政府对分析和咨询所做的努力还不够。

（2）认识到贸易和价格政策面对供应侧约束时的局限性

斯里兰卡国内普遍地认为，农业领域的表现会广泛受制于供给侧、基础设施和制度方面的障碍，这些障碍很严重，不能仅仅依靠贸易保护和价格政策来解决或者抵消。对食糖和牛奶行业来说尤其如此。有观点认为，当供应由于受到其他的限制而对价格刺激无反应或者反应微弱时，贸易和价格政策的调控就不会起作用。在实践中，确定供给侧的反应是极其困难的，这也就导致了很难确定贸易和价格政策何时在刺激该行业时失效。

众所周知，公共部门对农业的支持很低，很可能只占农业 GDP 的 3%～

4％。果真如此的话，这显然是该行业在供给侧遭遇多重劣势的一个主要因素。这些劣势包括科研和发展的落后、改良的种子和植物品种的使用有限、较高的交易成本、匮乏的市场基础设施以及农业生产所面临的结构性障碍（包括土地的国有制）。下章将主要关注农业支持措施。

（3）贸易和扶贫——通过价值链实现利益传递

贸易对贫困的影响是一个全球都在激烈争论的问题，这是因为贸易和贸易政策会通过何种途径对贫困产生影响并不是很清楚。事实上，很多与贸易相关的干预措施是以扶贫的名义制定的。在斯里兰卡，贸易与贫困之间的关系也是个有争议的话题，一些相关研究已经开展。总体来说，尽管贸易对经济的贡献相当大，但农村贫困人口并不能从贸易中获益，特别是那些与食品行业相关的人。

此外，人们普遍认为，大部分的贸易红利被价值链上的市场中间商所获取，而不是农民和农村贫困人口。对于出口而言，一些研究发现，即使在贸易得到相当大的扩展时，能让农民从出口中真正获利的农场价也没有多大改变。事实上，除了2001年的橡胶等例外情况，在许多时候农场价还是下降的。种植户中，小农户的情况往往会更糟。

在进口贸易中也广泛存在类似的观点。由关税保护所带来的高价格的红利同样没有传递给小农户，而是被市场中间商获得了。导致该现象的一个原因是，农民会在丰收后廉价出售农产品，只有那些中间商和囤货者才能从更高的价格中获益。这些通常与特定的产品相关，所以只能通过细致的实证研究来解决。Rafeek和Samaratunga（2000）发现，在大米领域，斯里兰卡的贸易自由化牺牲了生产者利益而让消费者获得了实惠。对于其他商品有时很难开展这样的分析，所以很难全面了解贸易自由化所产生的影响。研究界较平衡的观点是，贸易政策带来更高价格的红利向小规模生产者的传递并不明确。能用以论证这一观点的研究不多。

对生活必需品设置最高零售价的政策对穷人，尤其是城市消费者的影响，由于缺少实证研究也不是很清楚。在一定程度上，这些措施阻止了价格的上涨，所有消费者都会从中受益，但是富人获得的利益比例更高，这也许并非政府的初衷。

总的来说，更好理解贸易政策和贫困之间的联系有明显的必要性。尽管外界机构和研究人员的研究很有用，但是政府应该引领此类研究。政府可以建立一个监测系统用于生成数据和指标。例如，对于出口型农业行业，种植业中的雇佣机会和报酬水平以及小农户从出口价格中分到的份额都可以作为指标。这是可行的。比如在加纳，政府就在几年前设定了让可可种植户得到出口价

70％份额的目标。加纳建立了监测系统，并相应地对干预措施进行微调，最终在近期实现了这一目标。政府也有必要对价值链进行更多分析，因为以此为基础可以量化价值链各个环节上利益相关群体的利润空间、收益和损失，这对政府采取和改进相关措施很有帮助。

参 考 文 献

Bandara, J. & Jayasuriya, S. (2009). "Sri Lanka", *in* K. Anderson and W. Martin (eds.) Distortions to Agricultural Incentives in Asia, The World Bank, Washington, D. C.

Dayaratna-Banda, O. G, Jayawickrama, J. M. A. & Ranathilaka, M. B. (2008). Sense and Nonsense of Rice Price Controls in Sri Lanka. Paper prepared for the Pathfinder Foundation, Colombo.

Karunagoda, K. (2010a). Sri Lanka-Articulating Appropriate Agricultural Trade Policies. Background paper prepared for FAO project on articulating and trade mainstreaming trade policies, Colombo, Sri Lanka.

Karunagoda, K. (2010b). Sri Lanka-Value Chain of Rice, Coconut, Fruits and Vegetables and Milk, Background paper prepared for FAO project on articulating and trade mainstreaming trade policies, Colombo, Sri Lanka.

Kelegama, S. & Mukherji, I. N. (2007). "India-Sri Lanka bilateral free trade agreement: Six years performance and beyond". RIS Discussion Paper 119, RIS-Research and Information System for Developing Countries, New Delhi, India.

Rafeek, M. I. M. & Samaratunga, P. (2000). "Trade liberalization and its Impact on rice sector of Sri Lanka", Sri Lankan Journal of Agricultural Economics, Vol. 3, No. 1.

Ranaweera, N. (2005). Import Surge of Milk and Milk Products: Sri Lanka Case Study, Background paper submitted by the consultant for the FAO Commodities and Trade Division Import Surge Project.

Samaratunga, P. (2009). Adapting Trade Policies to Promote Food Security and Sustainable Agriculture. Paper presented at Asia-Pacific Trade Economists' Conference: Trade-Led Growth in Times of Crisis, Bangkok, 2-3 November 2009, IPS, Sri Lanka.

Sharma, R. (2002). The transmission of world price signals: concepts, issues and some evidence from Asian cereal markets, OECD Global Forum on Agriculture, Paris: OECD. Transmission

Weerahewa, J. (2010). Towards Evidence-based Formulation of Agricultural Trade Policy: Sri Lanka, Background paper prepared for FAO project on articulating and trade mainstreaming trade policies, University of Peradeniya, Sri Lanka.

Weerahewa, J. & Kodithuwakku, S. S. (2010). Effects and Implications of the Global Food and Financial Crises and Policy Responses: A Study on the Agricultural Sector in Sri Lanka. Study prepared for FAO, July 2010, University of Peradeniya, Sri Lanka.

第十五章　斯里兰卡贸易政策主流化

1　概况介绍

独立后的最初几十年中，斯里兰卡一直是一个以福利制度著称的"福利之国"。该国有慷慨的食品补贴政策、普及的免费公立教育系统和医疗卫生系统。其中"大米补贴"最为著名。出于财政、政治等原因，政府也尝试利用各种时机对这种体制进行哪怕是微小的改革，但都引起了政治紧张和民众强烈反对。这一制度在 1977 年被彻底废除前，一直是该国政治和政策的核心问题。"大米政治"反映的是两类生产方式之间的竞争，一类是传统的生产力低下的农村生产，另一类是现代化的以市场为导向的资本化种植和加工。二者的冲突在很大程度上反映了这个国家两股政治力量的冲突，这种冲突在之后也经常以各种方式反映出来（Athukorala 和 Kelegama，1998）。

要想了解经济政策的变化，需要研究更为广泛的政治经济环境，而非仅仅描述政策的各个阶段。即使在 1977 年斯里兰卡经济选择了另一条道路后，这个方法也依旧适用。和大多数国家一样，斯里兰卡的政治派别因经济观点的不同，分成了左右两个阵营。发展观和政策的不同是二者的主要分歧。1977 年后，自由开放的经济政策成为主流，但政府时常希望将其他关注，比如贫困、小农等容纳其中，还曾经倡导过"人性的自由经济政策"。

斯里兰卡于 19 世纪 90 年代后期开始扶贫战略（PRS）进程，本章将分析其在实施 PRS 期间获得的经验，以及在其尝试制定连贯战略和政策，既兼顾整体发展目标和愿景，又兼顾具体贸易和农业政策的过程中得到的教训。研究揭示了规划者在制定完善的 PRSP 时遇到的种种困难。同时，本章还会分析斯里兰卡在政策制定过程中对利益相关群体的咨询。

下一节是本章的主体，描述了 1988 年以来 PRSP 的形成过程，讨论了目前需要直面的各种困难和出现的问题。第 3 节是本文的结论。

2　PRSP 形成过程中可借鉴的经验以及贸易主流化的问题

这一节包含五部分内容。前三部分介绍了斯里兰卡制定的 3 份 PRSP，内容既包括其形成过程，也包括由此引起的问题。最后两部分就两个交叉性问题进行论述：PRSP 中贸易主流化问题以及基于利益相关群体咨询的政策制定过程。在本节 2.1 部分介绍第一份 PRSP 之前，有必要介绍 PRSP 制定过程的演进，以及 1977 年以来各届政府所制定的相关政策文件（插文 15 - 1）。

2.1 第一份 PRSP——重建斯里兰卡，2002

2.1.1 扶贫战略（PRS）的制定过程

PRS 的制定始于 1988 年，当时国家开始着手制定扶贫框架（PRF）。为完成这一任务，还成立了一个指导委员会、一个咨询委员会以及几个工作小组。2000 年 5 月，制定者与 35 个非政府组织机构和社区组织对第一份 PRF 草案进行讨论。随后，利益相关群体咨询会于 2000 年 9 月（第一次发展论坛）召开，会上向代表提供了 PRS 草案（斯里兰卡政府，2000），结果未能成功调动外部资源。尽管如此，从听取意见和促进所有与国家发展有关的利益群体合作的角度，咨询程序延续了下来。PRS 得到了一些机构的捐助支持，其中包括联合国开发计划署（UNDP）、世界银行、国际货币基金组织（IMF）、德国技术合作署（GTZ）以及国际劳工组织（ILO）。

然而，PRS 准备进程逐渐被接下来发生的一系列事件所拖延——国内冲突以及 2001 年 12 月的早期选举。新政府并未将 PRS 放在优先的地位，制定过程以缓慢的形式继续进行，包括组织利益相关群体讨论会，并于 2002 年 6 月组织了第二次发展论坛。最后，在 2002 年 12 月，作为政府名为"再造斯里兰卡：加速发展的远景和战略"的经济改革项目（简称 RSL）的附件，PRSP 被提交（斯里兰卡政府，2002）。只有极少相关内容被透露给了公众、议会、甚至是政府官员。最终，该文件于 2002 年 12 月作为 PRSP 文件提交给了 IMF 和世界银行。RSL 通过嫁接 2000 年的 PRS 草案，被转换成一份 PRSP。PRS 成为了 RSL 的第二部分。同时，还新加了第三部分，并在其中涵盖了行动方案，据称其整合了两方面内容——第一部分发展愿景和第二部分与发展有关事项：斯里兰卡 PRS。第三部分由一个工作组来起草，其多数成员来自新政府亲自选定的工商企业，还有一个顾问团队提供支持。政府据此宣称 RSL 是通过广泛的咨询过程制定的，尽管第一部分包含的文件并没有进行任何咨询。

在 PRSP 的序言中，政府宣布"唯一的首要任务是解决债务危机"，这是那时的一个主要问题。这就解释了随后的几个月中实施的严格财政紧缩措施。至于减少贫困，政府指出只有提高经济增长率到 8%～10% 才有可能实现，而不是通常的 4%～5%。

在向世界银行和 IMF 提交了 PRS 后，相关的贷款和便利化谈判也开启了［减贫与增长贷款（PRGF），IMF 中期贷款，减贫支持贷款（PRSC）等］。谈判的结果是积极的，斯里兰卡开始收到执行 PRS 的基金（Venugopal，2006 年的研究中有相关细节）。与斯里兰卡 PRS 的目标和优先事项一致，PRSC 主要支持两个领域的改革：一是提高经济增长率和支持私营部门发展，二是加强公共部门管理和完善福利制度。此外，PRSC 也愿意在以下领域帮助政府（世界银行，2003）：

（1）推进结构改革，为提高经济增长率创造条件，以及向私营部门发出强烈信号。

（2）继续整顿财政，为优先的战略扶贫项目提供财政支持。

（3）完善公共部门管理，强化公共资源管理的制度框架和能力建设。

插文 15 - 1：国家发展与部门政策主要文件

1977 年 5 月至 1994 年 8 月——统一国民党政府

• 《国家农业、食品与营养政策：观念的转变》，规划实施部，1984 年 6 月

• 《国家农业、食品与营养政策》，1984—1988 年，财政与规划部下属国家规划局

1994 年 8 月至 1999 年 9 月——人民联盟政府

• 《政府政策陈述》，1995 年，财政与规划部

• 《有关农业、土地和林业的政策框架》，1995—1998 年，农业土地和林业部

1999 年 10 月至 2001 年 11 月——人民联盟政府

• 《扶贫战略（草稿）》，2000 年，由财政与规划部下属的外部资源局起草

• 《2010 年发展前景》，由财政与规划部下属的国家规划局于 2000 年 5 月开始制定，于 2001 年完成

2001 年 12 月至 2004 年 4 月——统一国民阵线政府

• 《重建斯里兰卡（将 2000 年 PRS 为附录）》，2002 年 12 月，财政部的国家发展政策框架

• 《农业政策，2003—2013 年》，农业和畜牧部

2004 年 5 月至 2005 年 11 月——统一人民自由联盟政府

• 《斯里兰卡发展新战略：经济增长与扶贫框架》，斯里兰卡全国经济发展委员会，财政与规划部

2005 年 11 月至今——统一人民自由联盟政府

• Mahinda Chintana，《十年发展框架，2006—2016 年》，国家财政与规划部下属国家规划局，2006

• 《国家农业政策》，2007 年 9 月，农业发展与农业服务部

2.1.2 相关评论——PRSP 中贫困、农业及贸易问题

世界银行/国际开发协会（IDA）对第一份扶贫战略文件的评判表明，信贷便利的目的是为了支持野心勃勃的改革，类似于一个 SAP 项目，与加强贫困扶持没有什么必要联系。从这一点来讲，把 PRS 文件的内容放到申请中会让人产生误解。事实也的确如此，民间团体就指责 RSL 文件只是为了达到 PRSC 要求而纳入 PRSP 的，根本没有提到里面的改革对扶贫有什么影响。也有人分析，尽管 RSL 借用了扶贫战略的名义，但很明显其实质是为了推进 SAP 所作的经济改革，而 SAP 是过去二十多年里世界银行与 IMF 强加给斯里兰卡的，只是以不同的名义罢了。

后续所有的贷款与便利大多关注加快推进以下几个方面的改革：劳务市场规范化、土地所有权明确化、电力与银行部门私有化以及行政事务合理化。同时，斯里兰卡政府也加快了实施经济改革项目的步伐——共有 36 项新的法律法规作为 2003—2006 年改革项目的组成部分出台。

2000 年扶贫战略文件的形成过程非常重要，因为这是唯一一次政府为国家发展规划而组织广泛的、全国规模的咨询。咨询会本身被认为很有局限性，因为咨询会只不过召集技术专家和政府部门官员对已完成的草稿提出意见建议。有人批评说，这么做的目的并不是为了征求意见，而只是为了满足捐助机构的要求，事实也的确如此。这一咨询过程是由财政与规划部下属的外部资源局主导的，而非职责更相关的国家规划局。PRSP 终稿于 2000 年完成，但并没有正式提交给捐助机构。这一 PRSP 文件传递的信息是：政府的职能是创造一种环境，使社会各个群体共同参与国家经济增长目标的实现过程。同时它还反映了一种观点，那就是政府不应该直接推动扶贫进程。最终正式呈现给捐助机构的是 2002 年 12 月的 RSL 战略，它的制定没有经过公众咨询，甚至没有在政府部门间协商。

还有观点反映，这份 PRSP 并未涉及很多扶贫问题。例如，针对该文件的联合评估中，世界银行与 IMF 提到："里面讨论的问题过于宽泛并且不完全基于数据，不利于量化扶贫遇到的障碍，这就导致无法将诊断分析部分和政策排列的优先序联系起来。"（联合评估，2003）。评估中还提出，文件主体和行动矩阵部分对农业部门遇到的问题的分析及对增强农业生产力的措施建议并不一致。例如，文件主体倡导由各私营部门去引领生产力提升，而行动计划则倡导继续通过政府干预达到提高生产力的目的。

在贫困成因方面，PRSC 注意到以下评论。农业劳动生产力低下是造成农村长期贫困的主要原因。有研究主张，提高生产力的主要困难是政府在农业产品和生产要素市场中干涉过度（限制性土地政策，80％的土地是公家的，限制

了有效利用与分配土地；限制技术进口的规定；对商品价格的干涉；强调投入品和信贷补贴，忽略了对回报更高的领域的公共投入；无法预测的贸易政策。）

在有关将农业生产力增长作为农村发展不可缺少的一部分的讨论中，PRSC文件也勾勒出达成共识的贸易政策行动框架，内容如下：为了吸引更多私人投资进入农业、农工业和仓储，减少年内价格波动，提高粮食安全水平，政府要顶住压力，停止季节性的关税调整。在中短期内，政府需要逐步降低对众多农产品的关税保护。这一改革会减少对特定农产品（如大米、马铃薯、辣椒、洋葱）的保护，进而优化国内资源分配，减少消费者税负负担，让消费者不必为购买某类农产品支付超出国际市场价格的高价。

进一步来说，去除价格扭曲后，种植模式会更好地对经济刺激信号作出反应，从低价值、低产出品种转向商业化种植高价值农作物。为了最小化关税改革成本，政府还需要在其他关键政策上做相应调整，要减少对农产品和投入要素的限制（包括土地、种子、技术及水方面）政策，还要提高农村基础设施建设。这些举措将帮助农民获得更大的自由，使他们不再由于资源限制而无法根据市场需求进行种植[①]。

尽管农业与贫困之间关系密切，PRSP对农业贸易分析的广度与深度却非常有限。确定了出口导向的发展战略方向后，PRSP很大程度上依赖贸易自由化。这样做不仅没有将针对国内市场的农业行业作为增长的要素，也没能考虑贸易自由化给广大贫困、弱势人群带来的影响，尤其是那些生产进口替代性食品的农民。未能平衡好出口导向政策和国内食品生产部门之间的关系，是导致这个PRSP饱受批评的主要原因。

PRSP的制定过程被国内利益相关群体批评为"捐助机构驱动"，他们指出，该文件的形成仅仅是为了从捐助机构那里获得资助，文件中缺少农业贸易政策被认为是个非常大的缺点。

很多民间团体对这个PRSP文件提出抗议。"斯里兰卡维护自然资源与人权联盟"包含超过125个民间团体，它拒绝接受PRSP草案，并给IMF与世界银行写信，要求开展更加有意义和实际的咨询磋商。该联盟批评道：PRS发展与形成过程中，没有与公众，尤其是会受其影响的利益群体进行充分咨询和协商，很多改革在没有考虑设置足够的社会安全网的前提下就强行推进。该联盟还提出，这个PRSP直接将IMF与世界银行的建议生搬硬套到斯里兰卡，违背了这两个组织的承诺，即将本国所有权以及广泛参与作为PRS制定过程的原则。最后，该联盟还要求停止PRSP的通过与实施，直到它在公众和社会力量充分参与的前提下重新拟定。

---

① 附件Ⅲ. 农业：增强农业生产力，世界银行，2003。

有一篇文章专门研究国际援助及其国内实施者在斯里兰卡冲突结束后的 2001—2004 年的经济政策体系中所起的作用，它甚至指出，这个政策体系的不当之处是导致和平进程受挫的关键因素（Venugopal，2009）。除此之外，政府为了得到 IMF 优惠贷款而采取财政紧缩措施，意味着它并未为了和平而实施更多福利，相反，政府补贴与劳动就业都下降了。

最后的结果是，制定 RSL 的政府在执政仅两年后就解散了，取而代之的是 2004 年 5 月选举的新政府。新政府得到了广泛的支持，包括左派的支持。左派一直反对 1977 年掌权的政府实施的草率的外向型、开放的市场经济政策，并在 1994 年与其他力量联合推翻了该届政府。然而，随后成立的政府继续实施开放型经济政策。尽管当 1995 年乌拉圭回合协议开始后，政府取消了它尝试的大幅削减对粮食产品保护的农产品关税改革，左派依旧撤回了对它的支持。该届政府在 2001 年解散。在改革日程中缺乏对贫困问题的重视是出现这些政治难题的主要原因，这也影响到下一任政府的发展政策框架。

2.2 第二份 PRSP——国家扶贫与经济增长战略，2004

RSL 就这样草草结束了。新政府于 2004 年宣布了新的政策框架"斯里兰卡：新的发展战略"，新框架里包括专门的扶贫与经济增长战略两项内容。新政策的出台参考了几份重要的背景文件，其中就包括 2004 年经济政策框架——开创未来，建设国家，在 2005 年预算演讲中又进一步明确了其发展愿景。该文件确立的发展目标中很重要的一点是在加快经济发展的同时"重点考虑益贫型发展战略"。新的战略主张"扶持贫困，促进增长"的收入提高和再分配政策，强调有社会责任的私营部门和强有力的公共部门的参与。它宣称：仅实现更高的经济增长不足以消除贫困，重点是必要的扶贫增长战略。

在 2004—2005 年期间，一个新的 PRSP——"国家扶贫和增长战略（NPRGS）"在上述"斯里兰卡：新的发展战略"的基础上出台。然而，它也未持续太久，就随着总统库马拉通加任期的结束而在 2005 年 11 月告终。尽管如此，这一文件中的很多战略和实施这些战略的具体方法被下一届政府——以马欣达·拉贾帕克萨总统为首的新政府沿用了，这也是接下来要讨论的内容。至此，以前那种单一地关注自由政策和以出口为导向的战略已经转化为通盘考虑出口与非出口农业、扶贫及国家作用的战略了。

2.3 当前 PRSP——2006—2016 十年发展框架

2005 年 11 月，由马欣达·拉贾帕克萨总统为首的新政府获得广泛的支持，包括左派和民族主义的小派别。总统竞选宣言"*Mahinda Chintana*"是对后续政策制定影响最大的纲领性文件。总统竞选宣言以增强政府在经济管理中的职责为目标，并扩大以福利为导向的政策和补贴，因此与过去的政策有本质的区别，亦不同于更早以前 UPFA 政府（1994—2005）政策。

这一竞选宣言转化为新的国家发展战略，即"Mahinda Chintana：2006—2016 十年发展框架"（THDF）（GOSL，2006）。它是目前斯里兰卡制订所有计划的基础和依据，并取代 PRSP，成为新的扶贫纲领。THDF 对经济发展战略的总规划是要对 1977 年以来实施并被 RSL 竭力推行的开放经济框架加以限制，避免重蹈覆辙。它重新将农业部门与进口替代性产品列为重点扶持对象，强化政府在生产体系中的作用，恢复政府补贴，并且积极研究贸易政策。它充分认识和考虑农民及农村生产者的困境，虽然认可自由市场政策对经济发展的必要性，但还是为宣言所做的承诺留出政策空间，如对农业生产者的广泛保护、大型经济资产的国有化与强化政府职能等。

针对总体贸易政策及农业贸易政策，插文 15 - 2 中总结了 THDF 的发展愿景和部门政策，然后就这些内容做了简要的评论。

插文 15 - 2：THDF 农业贸易愿景与政策

愿景——通过提高农业消费品生产效率，加快地区经济增长，提高农民生活水品，保障粮食安全，为建设以农业为基础的产业和提升世界市场出口竞争力做贡献。（第 3 页）

农业部门政策——实施稳健的贸易政策：以充分保障性措施为后盾的自由贸易（第 7 页）

为保证愿景实现，THDF 就农业贸易作了进一步阐述："逐步减少对商品市场的直接干预。到 2009 年，针对主要食品的农业贸易政策将更稳定、更透明。过去为保护战略性农产品而设的过高从量税将被约 60% 的关税替代……"

关于 THDF 所提到的 60% 关税与保障性措施的内容，其实违背了斯里兰卡的 WTO 承诺，因为斯里兰卡承诺的所有农产品的约束关税是 50%。提高既定关税不是不可能，但要通过与贸易伙伴方协商，达成一致才行，而这通常比较艰难且需要很长时间，所以没有先例。另外，陈述中提到以充分保障性措施为后盾的贸易自由，应该是针对非战略性产品范畴的农产品而言。但是，直至目前，斯里兰卡并没有积极参与 WTO 农产品特殊保障机制（SSM）谈判，以保证本国能够得到 THDF 所指的"充分的保障性措施"。

关于斯里兰卡"实施稳健的贸易政策"这一陈述也有问题。前一章已经讨论过，斯里兰卡近期关税政策的一个特点就是频繁调整关键食品的关税。事实上，2006—2010 年的关税处于历史上最不稳定的时期。这会给人一种感觉，即政府为达到某种目的在积极利用贸易政策。这一做法违背了其对外宣称的提供"稳定、透明的外贸政策"的目标。贸易商抱怨说，政府为了避免过于频繁地调整已经公开宣布的关税，就出台一些新的地方税和其他课税名目。此外，最近的另一项做法也与政府公开宣传的立场不一致——将很多税号的从价税转为从量税。所有这些都表明，政府在提供稳定的贸易政策环境方面面临着持续的困难。前一章已经论证过，政府遇到这一困难的原因是它试图用单一的关税手段在短期内平衡消费者与生产者的利益，而不是从根源上分析二者利益冲突的原因，并探寻可做替代措施的非贸易手段。最后需要指出的一点是，针对很多敏感产品，该国实行的关税已经超过 THDF 规定的 60% 的限度。

2.4 PRSP 中的贸易主流化

"主流化"的概念不是非常明确。通常的理解是，贸易政策应与国家发展整体目标，如提高经济增长、消除贫困保持一致。它是指对政府部门和机构间相辅相成的政策和行动的系统化推进，通过形成协同作用来实现所有部门共同认可的目标。系统解读国家的核心政策很重要，但分析这些政策主张的实际实施情况能让我们了解更多。另外，还有一些方法能让我们更好地理解主流化的概念和机制。

例如：

（1）综合分析贸易政策与国家宏观经济政策以及扶贫战略

（2）将贸易政策与部门政策结合起来分析

（3）研究贸易专家、扶贫专家以及产业专家如何通过合作来全面把握贸易政策的影响

自 19 世纪 80 年代末斯里兰卡转向出口导向型经济后，贸易政策就成为这个国家发展战略不可缺少的一部分。从这方面讲，斯里兰卡的 PRSP 与其他战略的差别不大。例如，PRSP 指出"斯里兰卡的经济非常开放，贸易等额占GDP 的 70%。而随着区域及多边贸易的发展，斯里兰卡获得更多市场准入机会的同时，其经济将进一步向世界开放。政府承诺要减少保护，建立一个双轨的关税体系。为了扩大市场准入机会，斯里兰卡努力缔结一系列双边及多边贸易协议，最早的尝试之一就是与印度签订的自由贸易协定"（PRSP 第 3 章第 4 页，GoSL，2002）。

PRSP 主张以效率为标准大力改革贸易："要提高农业生产力，促进商业化进程，需要一个稳定的、可预测的农业贸易政策体系。对主要食品的过度保护不利于贫困人口，因为大部分农村贫困人口是食品净购买者。对农产品实施变化频繁的高关税会打击农业企业投资并将国内生产者局限于单一动荡的国内市场。政府要建立一个基于可预见的关税水平的稳定的农业贸易体系，支持有

效率的农业商业化进程"（PRSP 第 3 章第 33 页，GoSL，2002）。

因此，至少可以这样说，斯里兰卡的 PRSP 在其设计中便考虑了实现贸易主流化的积极行动。有建议称可以通过两个基本途径将贸易融入 PRSP（联合国贸易和发展会议，2004）。

（1）将促进进出口增长作为宏观经济框架的一部分。

（2）在 PRSP 中加入一系列贸易发展目标及与这些目标相关的贸易政策。

通过这样的做法，就可以把贸易关注的问题变为国家发展目标下的贸易利益点，将贸易利益点进一步转化为贸易发展目标，再确定实现这些目标的贸易政策及非贸易政策。这种做法的实质是在扶贫战略中实现贸易与发展的双向主流化。

因此，需要解决的问题就是，这些贸易政策是如何与整体发展战略相关联的以及它们对实现扶贫目标有什么影响？回答第一个问题，需要了解这个国家的哪些产品、哪些行业有竞争优势；不同产品及行业在市场中的增长前景如何。第二个问题讨论的是这些产品和行业在本地的增加值及其外部效应有多大？还有具体贸易活动的劳动强度以及它们与该国其他经济活动之间的联系。

正如世界银行与 IMF 对第一份 PRSP（2002RSL）评估中所述：关于农业生产力提高面临的问题与解决方法，存在正文和附件行动矩阵中表述相脱节的问题。这证明该文件的逻辑不连贯。尽管文件表示要大力支持贸易自由化，却没有提及贸易政策对扶贫的作用，也没有分析要采取什么措施减少对相关群体的不利影响。尽管如此，也不能完全解释为何文件遭到强烈的反对。文件被反对的原因还包括对和平进程推动不力，政府为了得到世界银行及 IMF 融资而实施财政紧缩。由此导致的补贴和就业减少，使没有经过广泛咨询协商而形成的 RSL 更加难以为继（Venugopal，2009）。

斯里兰卡现任政府所推行的发展规划是基于 THDF 的。据称，因为该规划完全由国家内部产生，所以更好反映了国家的主体身份。为了避免往届政府改革中出现的国家所有权薄弱的问题，它采取了更加稳健、平缓的改革模式。THDF 的核心是通过对大规模基础设施建设和知识型经济的投资实现较高的经济增长目标，同时兼顾农村发展，扶持落后地区。

没有证据显示 THDF，包括其政策，是建立在对扶贫现状深入分析的基础上的，因此，从这一点来说，THDF 并不比之前的文件有所提高。THDF 有关农业部门必要改革的内容很薄弱，而且其提出的改革方案可能拖延农业部门必须要进行的深入性改革的进程。它简单地提到了要倡导贸易自由化，但并未就具体方案进行深入分析，也未基于利益相关群体意见与需求确定相应的贸易政策。供给侧的问题（比如基础设施和市场营销）是便利贸易和完善贸易政策的关键，从解决捐助者关注和资源分配的角度，得到了文件的重视。最后需要指出的是，THDF 被指责与先前的 PRSP 一样，没有开展事先的措施影响分析来证明这些措施的确是为了扶贫制定的。

在 1977 年之后经济自由化的大框架下，各主要部门都有更大权力制定自己部门的发展战略和政策。这样做将导致两个风险，一是部门战略规划与国家发展规划之间缺乏一致性，二是部门与部门之间的战略规划缺乏一致性。同样，两个主要政党之间的不同政治思想也会给部门政策带来不一致。事实上，还曾出现过因为内阁构成的变更引起的国家和部门政策框架的改变。当国家总统和总理来自不同的政党时，政策方面的一致性也会遭到破坏。但这个问题对斯里兰卡影响不大，因为除了（1994 年与 2001—2004 年）两个很短的时期外，总统与总理都来自同一政党。

用竞选宣言的内容作为政策框架的基础在斯里兰卡很常见。这一点在插文 15-1 中也可以看出来。不过这样做有一些缺点，比如，由于先前已经在竞选宣言中做出承诺以及时间限制，利益相关群体咨询、反馈和一致性等环节和问题容易被忽略。

2.5　基于利益相关群体咨询的政策形成过程

作为这篇报告的背景研究，曾经组织了大量咨询活动，包括对专家、利益相关群体、政府官员还有企业代表的咨询，这其中有群体会议也有一对一讨论。这样做的目的是为了更深刻理解与恰当政策、贸易主流化和政策制定过程相关的意见和看法。进一步开放农产品市场，是贸易政策面临的最大挑战，在咨询和讨论中，一系列的问题被提出，也使研究更具针对性。

第一，利益相关群体一致同意，贸易主流化应该是避免政策相冲突的一种机制，同时应该强化部门与部门之间的协作。他们表示，过去的贸易政策在这一点上做得不够。尤其是国家关于贫困和农村就业方面的政策与贸易政策之间并未体现出一致性。很大一部分利益相关群体提议，国家应该把进一步解放农产品市场作为其中长期计划的一部分。不过他们没有清晰地说明这个中长期有多长。

第二，关于关税政策。有人担心，因为缺乏竞争性市场，降低保护水平的边境政策改革是不完全的。理论上来说，半国营贸易企业（STE）可以为提高市场竞争性做出贡献，但这也没能行得通。

第三，贸易与市场自由化在改善小农户和农村贫困人口收入方面的效果并不像预期或者承诺的那样好。比如 1995 年，随着乌拉圭回合进展，斯里兰卡进口关税大幅度削减，造成很多农产品国内产量下降（尤其是洋葱、辣椒和马铃薯）。但政府并未提供其他农产品品种或者非农业经营项目作为替代经营来消除上述负面影响。其实，政府本可以采取针对出口市场扩大水果和蔬菜类农产品产量等方式，对不再受保护的农作物提供替代方案。还有很多其他类似的情况发生。利益相关群体尤其强调，贸易政策的改变不应该是孤立的，要与一系列其他补救措施一起推行，比如由信贷及其他激励措施支持的生产多样化项目和非农项目。政府 2002—2004 年间推行 RSL 和 PRSP 时完全忘记了这方面的教训。给人的感觉是，在进行贸易改革的同时，政府反而会减少对农业的支持，原因是认为这些农业行业对发展和收入的贡献有限。

总而言之，利益相关群体一致认为，政府并未成功实现 PRSP 中贸易政策的主流化，尽管国家发展政策总将消除农村贫困等作为重点目标。另外，讨论中还得出以下几点结论。

政策协调——由于各级部门与机构数目庞大，职责交叉，实施政策协调非常困难。带来的后果是不能分析和把控关税调整带来的影响。贸易政策试图同时管理生产者（如大米）与消费者（如大米和小麦进口）之间的利益。但如果缺少一个法律授权的合格机构进行影响分析并做出适度调整，这是行不通的。

选择合适的政策工具——造成政策反复调整的另一个原因是，政府未能选择适宜的政策工具，价值链中有很多可供选择的政策工具，既包括贸易工具，也包括非贸易工具。有些问题最好用非贸易工具解决，而有些则需要用贸易工具，还有一些需要将二者结合起来使用。

沟通失败——在对政策做出改变时，仅仅是陈述一个模糊的目标，如提高生产力，是远远不够的，还需要基于分析与事实，全面解释可能产生的负面影响。如果政府的政策实施目标是达到更高的生产价格（比如高出 20%），那么就应该说明由此带给消费者和企业的（消极）影响，并解释说明政策会实施多长时间（避免出现逆转）。这一过程必须包含与利益相关群体的咨询协商。

3　总结

对斯里兰卡 PRSP 经验的讨论及相关政策环境的分析表明，只有满足几个条件，才能在国家发展战略与 PRSP 中实现贸易相关政策主流化。

斯里兰卡要想制定新的扶贫战略必须要以本国的经济现状为基点，但得到大多数人民的支持也同样重要。先前的 PRSP/RSL 本身是由捐助机构引领的，缺乏国家的主导力量，也未通过强有力的沟通策略赢得支持和达成合意。而随后的中长期发展框架则过于关注政治利益，而不是一个为了促进农业经济增长，完全立足于斯里兰卡经济发展现状的政策框架。

由于政策的实施是一个有得有失的过程，因此获得全社会广泛参与并形成广泛的合意可能永远无法实现。贫困人口很难参与到经济政策的制定与讨论中，尤其是贸易政策，这对农民来讲是非常遥远的事情。但是，如果让贫困人口理解在经济调整过程中自己的角色，以及政府对可能发生的消极影响所提供的保障性措施，就可以在他们没有完全参与政策制定过程的情况下达到某种程度的合意。例如，要想得到农村贫困人口的支持，更实际的做法应该是详细向农村贫困人口解释为什么农业在提高他们收入方面作用有限，同时解释新政策的实施，包括实施中的难点，比如需要他们接受培训，还有会将他们重新安置到新的行业及部门中去。

要评估贸易政策对贫困带来的影响，要考虑多层次、多领域的影响，包括地区的和部门的影响。这是由其本身特质决定的，由于政策的影响往往集中于农村的部分区域，这可能带来部分地区的集中性的失业率上升问题。最重要的是通过分析发现这样的影响集中区域或者行业，针对它们及时采取相应的补救措施。

只有经济增长才能消除贫困，这是不可否认的事实。但是像过去那样先顾增长，后提分配有很大的风险，有时候这样的战略根本维持不到实现足够的经济增长红利的那一天。因此，在制定贸易政策初期就应该为受影响的群体建立安全网，并将其纳入到政策中。

将安全网与特定部门相分离是改革进程中不可缺少的内容。否则改革措施将受到影响。鉴于斯里兰卡农村的贫穷现状，政策制定者常认为扶持农业就等同于消除贫困。因为扶持农业更容易操作，而建立和实施安全网很复杂，所以政府更倾向于前者。然而，对受政策影响的农业生产者提供扶持的项目，应该与发展农村和农业的项目分离。

实施贸易政策要与产业长期发展战略协调，并且要实施足够长的时间待其产生效应。限于各种结构上的障碍，政策改革在农业方面显效非常缓慢。因此，一旦引入政策，应当在较长时间保持不变，要给其足够时间发生效果。斯里兰卡过于频繁地改变政策，容易对产业长期的、全面的调整造成不利影响。PRSP宣称的原则有时与实际执行情况有很大出入。比如，THDF宣称"政府所实施的农业贸易改革应该建立在可预测的关税基础上，这样才能支持有效的农业商业化"。然而在最近几年，关税调整尤其频繁。

吸取第一份PRSP及其之后的相关政策的经验，可以发现，要想实施农业改革、消除贫困，就要大力发展农业以外的产业，使其足够强大，能产生足够的劳动力需求和吸引力，这样才能解决因改革带来的富余劳动力的问题。如果农业以外的产业吸引力不足，那么专门的政策，比如为促进劳动力在非农领域再就业的政策，效果就会非常有限。任何对其他经济部门的改革都要顾及依靠农业生存的广大农村人口，农村人口巨大的政治影响力与他们在经济中的重要地位相一致，因此，任何不顾农村人口需求的政策尝试都是危险的。如将发展机遇扩大到农村中的非农耕部门，并通过积极的战略强化农村经济与其他地方的动态市场之间的联系，贸易政策的目标就有可能实现。

参 考 文 献

Athukorala, P. C. & Kelegama, S. (1998) . "The Political Economy of Agricultural Trade Policy: Sri Lanka in the Uruguay Round", *Contemporary South Asia*, 7 (1): 7 - 36.

GoSL (2000) . Sri Lanka: A framework for Poverty Reduction. External Resources Department, Ministry of Finance and Planning. November 2000.

GoSL (2002) . Regaining Sri Lanka: Vision and Strategy for Accelerated Development. Department of National Planning, Ministry of Finance and Planning, Sri Lanka.

GoSL (2006) . Mahinda Chintana: Vision for a New Sri Lanka - A Ten - Year Horizon Development Framework. Department of National Planning, Ministry of Finance and Planning, Sri Lanka.

JSA (2003) . Joint Staff Assessment of the Poverty Reduction Strategy Paper. Prepared by Staffs of the IDA and the IMF, Report No. 25494 - LK, March 7, 2003, Washington, D. C.

MONLAR (2003) . Regaining Sri Lanka and PRSP: Compelling the Poor to Subsidize the Rich. Movement for National Land and Agricultural Reform (MONLAR) . May 2003, Colombo, Sri Lanka.

UNCTAD (2004) . LDC Report - Linking International Trade with Poverty Reduction. UNCTAD, May 2004, Geneva, Switzerland.

Venugopal, R. (2009) . The Making of Sri Lanka's Post - conflict Economic Package and the Failure of the 2001—2004 Peace Process. CRISE Working Paper 64, Oxford Department of International Development, University of Oxford, UK.

World Bank (2003) . Programme Document for a Proposed Credit in the Amount of SDR 90. 7 million (Equivalent to USD 125 Million) to Democratic Socialist Republic of Sri Lanka for a First Poverty Reduction Support Credit. Poverty Reduction and Economic Management, South Asia Region, World Bank, Washington, D. C.

第十六章　斯里兰卡与贸易相关的农业支持措施

Deshal De Mel 和 SuwendraniJayaratne[①]

---

① 感谢商业局局长 Gomi Senadhira 的指导帮助和 Madhubashini Fernando 提供的研究协助。

1　概况介绍

本文背景研究来源于一系列专家与利益相关群体咨询，这其中有 3 点值得引起关注：①农业贸易表现远低于潜能。②很多与农业相关的问题可一并解决，前提是要较大幅度提高主要农产品的增加值。③一直以来斯里兰卡优先领域的贸易支持措施不很有效，也未能有效调动国外捐助机构和国内的资源。

本章将分析斯里兰卡 TRSM 制定过程，并在此基础上提出改进措施。基于这一点，除了讨论较为广泛的交叉性问题，还会针对两个价值链分析目前存在的限制因素及干预措施，进而说明其反映的问题。两个价值链分别是蔬果和椰仁产品。斯里兰卡出口发展局（EDB）是制定 TRSM 的核心机构，其出台的 5 年国家出口战略（NES）是本章涉及的主要政策性文件。本章将回顾最新的 NES（2004—2008）的内容。下面很多观点是通过咨询政府官员与利益相关群体获得的，尤其是那些涉及蔬果和椰仁价值链的人员。

下一节将涉及几个交叉性问题：OECD/CRS 数据库中显示的 AfT 现状；农业和相关领域的 TRSM 措施框架；针对目前 NES 所做的评估以及如何通过调整体制结构来更好地进行 TRSM 目标确定和优先序排列。第三节将讨论国家出口战略。第四节通过对两个价值链的分析，讨论如何从价值链角度确定 TRSM。第五节是结束语。

正如之前在第四章里解释过的，研究中使用了 TRSM 而不是 AfT 这个术语。这样做主要出于两个原因，一是 AfT 专门指资金来自外部的对贸易的支持，而 TRSM 没有这种限制，泛指政府提供或者应该提供的一些支持措施，而不论资金来源。二是 TRSM 应该涵盖所有贸易产品，包括那些需要从贸易侧得到支持的进口产品，而 AfT 经常被认为是对出口的支持，尽管 2006 年 WTO 工作小组 AfT 报告中没有对其明确定义。除此之外，二者没有什么区别。AfT 的六个类别完全可以涵盖 TRSM，既能涵盖贸易措施，也能涵盖农业和工业等部门措施。

2　确定与贸易相关的支持措施的政策与机构框架

（1）基于 OECD/CRS AfT 数据库的研究

鉴于 AfT 涵盖的内容如此之广，涉及所有农业、工业和贸易问题，OECD/CRS 数据并不能说明太多问题。数据显示，2007 年农业、林业和渔业部门只收到了全部拨款的 5.4%，且只有 1%（约 140 万美元）用在了 AfT 核心——贸易政策和规定上面。相反，大部分支出都集中在了经济基础建设方面，占了全部支出的 80%。本文分析的是贸易与农业，因此这些数据基本不会有太大帮助。同样的数据显示，斯里兰卡收到的人均 AfT 比该地区其他国家要高——2007 年斯里兰卡收到了人均 8 美元 AfT，而尼泊尔和巴基斯坦只收到了人均 3.2 美元和人均 1 美元。数据还显示，2000—2007 年，农业贸易的投入中，超过 96% 的款项用在了研究分析和培训上面（如研讨会、专题讨论会等），研究和分析的主题包括：贸易谈判、TBT/SPS、PRSP/发展规划中的贸易主流化、贸易促进、战略规划与实施、商业服务以及制度建设。总而言之，无法确定数据库能否正确反映斯里兰卡得到的所有援助。一般来说，要想启动 AfT，需要根据 AfT 类别梳理所有的援助项目，而这种梳理只能由斯里兰卡自己完成。

（2）管理 TRSM 的机构设置

在利益相关群体咨询中得到的一个观点是，可能由于外部对 TRSM 的扶持力度不够，斯里兰卡并没有专门针对这方面的资源管理制定相关机制，而是通过斯里兰卡贸易部（MoT）商务部（DoC）的一个特设委员会对其实施管理。不过，最近斯里兰卡已出台措施，针对 AfT 设立专门国家委员会。DoC 的特设委员会主要关注 AfT 两个方面：贸易政策和贸易规则，并在一定程度上管理生产能力建设。特设委员会既包括私营也包括公共部门代表，代表都直接涉及与贸易政策和贸易促进相关的业务。委员会的授权有限，主要是因为 AfT 和一般的发展援助之间存在差异。另外两个 AfT 内容：经济基础建设和贸易相关调整，是由财务部监管的。DoC 是实施与协调贸易政策的关键政府部门，包括双边的、区域的和多边的贸易谈判任务。DoC 根据需要组织专家及利益相关群体就贸易谈判开展讨论咨询。

DoC 是负责贸易协商和贸易政策的主要部门，而 MoT 另一下属机构 EDB 则是负责贸易出口促进的主要部门。EDB 没有被授权直接处理 TRSM。不过它与私营部门合作制定的五年 NES 为实施贸易政策提供了重要的框架，同样也是确定 TRSM 的关键框架。

斯里兰卡全国经济发展委员会（NCED）是另一个负责制定贸易政策的重要部门。其成立是为了使利益相关群体的咨询制度化，将公共和私营部门意见结合起来，形成统一连贯的国家政策。这里提到的私营部门包括企业、小微企业、发展伙伴以及社会团体。NCED 以斯里兰卡总统为首，由委员会成员指导，其理事会则以委员会秘书长为首。它的框架包含 6 个部门，涉及 24 项业务。

①政策改革/专项部门（长期发展规划、法律制度改革、公共部门改革、私立部门改革）。

②财务部门（税务、财务部门改革、资本市场、投资促进、贸易和关税）。

③发展部门（旅游、服装、小微企业、农村发展、农业、牲畜、出口、网络）。

④公共服务部门（教育、健康、交通、汽油燃油、供水、电信）。

⑤基础建设部门（公路、电力、灌溉、机场和码头、房屋）。

⑥国际合作部门（捐助、SAARC、远东、欧盟、北美、中东和非洲）。

各部门委员会都设有两个联合主席，分别来自私营部门和公共部门（通常是部级人员）。委员会要根据私营部门提供的反馈，处理其管辖范围内出现的阻碍国家经济发展的重大问题。它要针对问题做进一步的分析与咨询，并向相关执法部门、办事机构或私营机构提供相应的政策性行动方案，以及负责监督这些政策的实施。另外，国际合作部门也会通过咨询协商等途经来协调外部援助，帮助解决发展中遇到的问题。从理论上讲，NCED 出口部门为确定TRSM 优先事项提供了制度架构。然而 NCED 的弱点是，该机构的部门总是被微观事务所困，不能把资源集中放在解决政策性问题上。

我们看到贸易/关税方面的问题归财政部门监管，而出口和农业问题则归发展部门监管，这将导致政策上的不一致性。比如，在制定贸易/关税政策时关注点会放在税收和物价稳定上，可能忽略了关税为农业发展服务的能力。相比之下，由于关税/贸易与出口归不同部门管理所导致的不一致性的影响还小一些。

从斯里兰卡贸易政策制定的制度架构来看，我们发现该国并没有建立起一个专门的制度来制定、实施 TRSM 以及确定措施优先顺序（或者外部资金援助的 AfT）。不过，的确是有些制度存在的，如 EDB 的 NES 就有确定和解决出口限制的制度，NCED 则有利益相关群体咨询和与捐助机构联系的制度，应该对它们加以利用，为贸易政策服务。最后值得说明的是，有些机构中存在的薄弱环节，比如 NCED 的事务处理能力，可以利用既有部门，比如 MoC 去强化。

（3）贸易和 TRSM 的政策框架

简而言之，尽管围绕着一些利益相关群体存在参与制定贸易政策并确定TRSM 的机制，但这些贸易政策是孤立存在的，缺少一个可以指出斯里兰卡当前贸易发展和战略需求的总的政策文件。有研究指出，国家有必要出台这样一个引领性文件，来综合分析各部门、各行业中存在的阻碍贸易发展的问题，并据此明确对 TRSM 支持措施的需求和优先序。同时，管理执行该政策性文件的政府机构也必须是负责制定与实施贸易政策的核心机构。

2006—2016 十年发展框架（THDF）明确提出了对经济发展的整体规划，

它是对斯里兰卡现任总统马欣达·拉贾帕克萨竞选宣言的细化。宣言中提到了发展贸易，但并未详细阐述发展贸易的战略方针，而仅仅是表明了政府在贸易方面的一个目标或方向。大的目标包括：提升市场准入、鼓励出口多样化、促进后向联系影响和增加附加值、规范贸易规则环境以保证进口产品和本地产品之间有公平竞争的机会①。

前面已提到过，贸易发展战略不只在一个文件中，而是分散到好几个文件里，尤其是不同部门的产业文件里。其中最重要的是 EDB 的 NES②。这一文件下，还有行业协会和委员会等出台的具体行业和产品的出口战略。比如斯里兰卡联合成衣协会论坛（JAAF）以及斯里兰卡茶叶委员会，还有其他一些协会、商会。通常情况下，这些部门会与政府合作，制定发展战略，但是这些依旧是独立的发展战略。

在农业贸易方面，THDF 强调了粮食安全、提高农民收入、向商业化农业生产转型、种植高价值作物以及强化农产品的价值链。农业战略的主要内容是通过提高生产力、科研以及增加值来提高农业生产和市场竞争力。另外，还特别强调要在实施自由贸易制度和提供足够的保障性措施的基础上保持政策稳定。

在农业投资方面，THDF 构想如下：政府为非种植部门拨出全部化肥支持资金的 33.4%，农村信贷和融资资金的 21.9%，市场便利化资金的 15.6%，生物和土壤研究经费的 12.5%，技术研究经费的 2% 来支持其发展。据预测，10 年内农业部门这方面的支持将需要 2 453 亿卢比，这其中已经具备 1 203 亿卢比，另外的 1 251 亿卢比的缺口需要从其他途径获得（政府、赞助机构、私营和公共合作、私营部门投资等）。贸易是所有竞选宣言的重点，但是 THDF 中的贸易问题只是愿景和宏观角度的事项，并未涉及微观细节，也未排列优先顺序。这些更加细节的内容要通过研究价值链中存在的具体制约因素才能确定。因此，要想实施 TRSM，光有 THDF 是不够的。

（4）量化 AfT 将其集中于斯里兰卡的优先领域

DoC 是负责 AfT 的主要部门，而斯里兰卡财务部下属的外部资源部（ERD）则是负责所有 ODA 的关键部门。但实际上，ERD 在很大程度上只充当了汇报和协调的角色，实际援助被分发给了贸易相关的各部门负责，甚至直接交给商会机构和非政府组织。这就使得汇编 TRSM 数据困难重重。很多捐助机构包括非政府组织向斯里兰卡提供 TRSM，它们有时会直接与私营部门、

---

① 前面有关贸易主流化的章节已经详细分析了 THDF。

② EDB（2004），国家出口战略 2004—2008，斯里兰卡出口发展委员会，2004。

商协会以及社会团体合作，所以，DoC 和 ERD 有时也无法掌握具体的 AfT 数额（有些捐助机构虽然会将资金交给非政府机构管理，同时也会确保 ERD 及有关部门参与其中）。数据问题还因为报告的 ODA 和混杂其中的 TRSM 之间模糊的分界变得复杂。

从专门为本研究组织的专家研讨会上得到的结论是，几乎全部的 AfT 都是捐助机构引导的。造成这一状况的原因是斯里兰卡没有一个统一的机构来明确 TRSM 的优先领域和开展捐助机构沟通及提出使用建议。在处理这一问题时，斯里兰卡通常的做法是与特定的捐助机构组织双边会议。目前为止，这样的会议仅限于与欧盟和中国一年两次的联合委员会，以及与美国每年举行的贸易与投资框架协议会（TIFA）。会议重点关注贸易问题，也会涉及与贸易相关的外部资助的 TRSM。然而，这些会议讨论的 TRSM 问题大部分是捐助机构提出的，反映的是捐助机构的要求。尽管如此，其中很多项目，例如欧盟与斯里兰卡贸易发展项目，还是能够建立较好地合作关系，比如通过包括国内利益相关群体和捐助机构代表的指导委员会对工作进行指导。

为了使斯里兰卡接收的外部捐助 TRSM 更好地运用到国家贸易政策优先发展领域，国家必须采取更为主动的方式确立优先领域，同时在此基础上与捐助机构沟通，而不是反过来被动地接受捐助机构的想法。

3　对 2004—2008 年国家出口战略的评估

准备 NES 是 EDB 的法定职责。最新的 NES 于 2004 年发布，涉及 2004—2008 年期间的出口发展（EDB，2004[①]）。尽管 NES 不是专门针对 TRSM 需求评估而设定，它的制定却是基于与利益相关群体的咨询协商的，它分析出限制出口的因素，并从中期计划角度提出政策回应。

2004—2008 年 NES 是由一个核心团队制定的，该团队关注的是影响到整个出口部门的宏观层面的交叉性问题，同时，还有专门的咨询委员会负责研究影响各部门的限制因素并提供这些部门的出口战略。核心团队的成员包括各公共及私营部门代表和经济研究人员，同时也得到一个顾问委员会的支持。核心团队所进行的讨论和分析会使用国际贸易委员会（ITC）为分析 NES 而开发的"模板工具"。每一个委员会负责处理 27 项产品和服务部门中的一项。委员会借助 GTZ 和 ITC 提供的技术支持，开展部门价值链研究。这种微观分析能够找到各部门遇到的具体限制因素并提出政策性建议。

由更广泛的利益相关群体组成的研讨会将研讨并完善核心团队和专门咨询

---

① 2004—2008 国家出口战略，出口发展委员会，2004，科伦坡。

委员会的报告，形成 NES。NES 找出限制出口的因素，针对这些限制提出应对措施和出口战略执行计划，制定部门优先序和行动计划，还对资源分配提出要求。尽管不同机构和各利益相关群体都参与了 NES 制定，但有一点让人担心：贸易政策总是孤立的存在，缺乏统领性的斯里兰卡贸易政策。这个统领政策要有远见、有清晰的战略和规划，还要指出行业遇到的阻碍以及整体的 TRSM 需求与优先领域。

由于上述文件是通过利益相关群体咨询，基于一定分析方法，比如价值链的方法制定的，它为 TRSM 需求评估提供了一个模板。尽管如此，EDB 文件还有很多漏洞，应该被认识到并加以改进，这样才能获得更完善的体系，更好满足斯里兰卡 TRSM 安排的要求。

(1) 宏观交叉性问题

核心团队重点关注广泛的交叉型政策问题和限制因素，包括：财务费用、通货膨胀、汇率管理、冲突、劳动力市场刚性、土地分散和能源费用。很多普遍性限制因素都有对应的明确建议，对于每一个交叉性问题，都有一个关于存在的瓶颈、推荐的策略、包含具体问题的行动方案、负责机构、成本估计以及时间进度的战略概述。然而，不是所有战略文件都涵盖这些内容，有的措施建议比较具体，有些则比较模糊。比如针对刚性劳动法，战略表述就是含糊的（修改现有劳动法）。同样的问题也出现在土地法与商业信息方面。另外，不同的部门间与部门内部没有排优先序，没有成本预算的进一步分解，很多情况下也没有提出合适的资金来源。

从这方面来讲，出口包装部门是个例外。其供应链中每一步都列出了具体的限制条件（加工部门、应用部门、还有分配部门）。对可用资源也有相应的评估，包括有形资源、人力资源、知识资源、资金资源还有基础设施资源。因此针对这一部门，提出了相应的战略方针，确认了负责机构，并预算了成本。提出的建议包括：创立一个由赞助机构集资的包装产业发展中心来提供检测和认证服务、包装设计、人力资源发展以及合同包装。成本的预测还包含了具体提议的规定。总而言之，核心部门所制定的宏观评估缺乏具体内容，不能有效实施与贸易相关的支持措施战略。

(2) 针对水果和蔬菜部门的分析

顾问委员会通过价值链分析来制定产品层面的战略，它对水果和蔬菜出口部门的远景规划是：提高生产力，在各省建立服务和市场中心，通过示范项目建立农村生产中心以及加强出口商、生产者还有收购商之间的联系。这一领域的限制因素，包括由传统农耕方式所导致的生产力低下和供给不稳定、缺乏扩展性服务、信息传递障碍等。这里提及的农产品包括：菠萝、西番莲、芒果、树薯、芋头、辣椒、大葱、番茄以及多种蔬菜。这一领域设立的目标包括：鼓励巩固既有市场，针对少数民族市场进行生产，提供服务支持高效的种植、包装、储藏和运输，提高市场竞争力。

尽管上述措施都很有必要，但必须指出的是，这里也存在一些问题。整体而言，目标是以一种广泛、笼统、自上而下的方式制定的。比如，这里讲到"鼓励巩固既有市场"，这句话就比较模糊，缺少具体怎样巩固的内容。还有，选择政策实施目标产品的依据是什么？这一点也未加以说明（尽管选择还是不错的）。在确认瓶颈问题部分，行动计划介绍的更加具体，但是也缺少深度分析，因此不能保证提出的方案可以解决根源问题。表16-1中列出了相关内容。

（3）针对椰仁产品的分析

斯里兰卡 NES 也涵盖了对出口的椰仁产品的价值链分析。其出口战略目标包括：①在种植者、加工商和出口商之间建立紧密联系；②确保椰仁的年产量（0.3亿）；③提升该部门的价值链效益。

干预措施包括：①鼓励间作；②引进新的科技手段；③开发新的种植地；④科技研发；⑤为斯里兰卡的椰蓉创立品牌；⑥减少椰子类产品的增值税。至于蔬菜，表16-2中是对这一产品行动计划的评论。

表16-1和表16-2的评论显示，即使是分解后的行动计划，分析的深度也不够，因此所确认的瓶颈问题并不够精确。建议的补救措施也过于笼统，未能考虑到深层次的差别。例如，针对蔬菜和水果出口市场多样化所提出的建议，并未考虑到在保鲜科技方面的投资问题。里面所列出的瓶颈大多是宏观性的，并未对具体产品所面临的真正制约因素进行彻底研究。

导致上述问题的原因是，分析工作建立在"委员会式"的问题识别上，而不是基于实地调查并与该部门内部人员进行讨论得出的。前者倾向于从上往下分析问题。这一点在对椰仁产品价值链的分析中尤其明显。其提供的三条建议都与政府领导的机构和所做的干预有关，并未专门针对该部门遇到的最基本的限制因素展开。以研究为导向的分析则不同，它使用更加精确的方法和分析模式，结合现在的具体问题，进行数据调查研究（通过采访个人和组织集体讨论），只有这样才能更有针对性地确认产品部门中存在的问题。

表16-1　蔬菜和水果出口战略与行动计划：查找问题、行动计划和评价

存在的问题	解决方案	针对解决方案所做的评价
a）由于技术问题导致供给不足	组织现代技术培训，提高技术意识	从资金与土地资源可得性考虑，发展技术密集型商业化生产是否可行？

（续）

存在的问题	解决方案	针对解决方案所做的评价
b）生产力低下	·加强研发	·谁负责组织研发？研发从经济角度的可行性？是否把研发放在优先地位？
c）缺乏生产方法方面的相关信息	·开放国有土地，发展商业化农业	·解决方案与存在的问题不相符。还有建议要专门针对农业建立一个数据库，但没有具体说明如何与农民建立沟通
d）农产品包装存在种类有限的问题	·鼓励发展农产品包装行业，提高包装质量	·具体如何解决问题未做明确说明
e）由于容器供给不稳定导致的农产品包装问题	·免除食品加工业的进口税	·国内农产品包装行业可能会反对这一提议，所以不知解决方案是否可行。也许逐步减少进口税更合适
f）运输领域基础设施不足	·鼓励建立冷链设施	·仅仅鼓励就够吗？
g）过高的国际运输费	·研究其他运输模式	·单独研究是不够的，国际运费对不同出口市场而言重要性有何不同呢？
h）市场推广力度不足	·推进生鲜产品出口市场多样化	·实行这一计划是否有距离方面的问题？还有就是未涉及产品保鲜技术不足的问题
i）降低市场准入限制	·强化政府与政府之间的 NTB 谈判	·方案中未提及该问题针对哪个市场，也未明确优先解决哪些产品的哪些壁垒

数据来源：评价来自作者，第 1、2 列来自斯里兰卡 2004—2008 年国家出口战略（NES）。

表 16-2　椰仁产品出口战略与行动计划：查找问题、行动计划和评价

存在的问题	解决方案	针对解决方案所做的评价
a）资金分配不合理	·增加 EDB 资金，优化与集中政府资源分配	·没有解释为什么要给 EDB 增加资金，不是给其他管理椰子的部门；也没解释清楚具体用这些资金做什么
b）需要建立一个综合机构	·建立一个椰子出口负责机构	·解决方案中未明确解释这样做如何改善情况，以及如何解决存在的问题
c）市场支持政策缺乏清晰度与透明度	·强化市场支持政策，扶持增值、创新、研发、新产品/市场，以及在生产者与出口商之间建立联系	·所有解决方案与存在的问题之间没有太大关系

（续）

存在的问题	解决方案	针对解决方案所做的评价
d）原材料短缺	· 鼓励间作，推进滴灌等新科技、高产品种、低消耗提纯法	· 这些方案是 2004 年提出来的，但同样的问题依然存在，表明方案的实施并没有效果
e）石油生产部门缺乏组织性	· 实现组织化	· 建议提出要提高这一行业从业者地位，但是没有说如何达到这一目标
f）物流问题	· 取消下列收费：终端处理费、落地费、还有其他不必要的征税	· 方案不现实，因为实施机构没有权利这样做；更实际的方案应该是列出物流中存在的瓶颈，然后针对瓶颈问题实施可行方案
g）科技研发	· 允许大学开展第三方出资的商业性科研开发	· 目前这样做存在障碍吗？具体需要做什么？
h）生产缺乏多样化	· 分析有机椰子产品和初榨椰子油的市场潜力	· 谁发布命令、谁实施、资源哪里来等

数据来源：评价来自于作者，第 1、2 列来自 NES。

尽管斯里兰卡 NES 有一个健全的机构体系，但它提出的措施有时不能得到充分落实。NES 措施的实施依赖于 EDB 制订的国内年度计划，而年度计划与 NES 并不完全一致。这是因为，政权可能会在 NES 制定到实施期间发生变迁。这就突出强调了一个简单事实：出口战略在本质上要是中立的，这样才能不受选举影响，否则将无法保证其连贯性。这对 TRSM 制定是很重要的经验。

4　以蔬菜和椰仁产品为例，分析斯里兰卡农产品出口存在的制约因素和优先领域

这节将以同样的两种产品为例，分析农产品出口中存在的限制因素和优先领域。上一节分析了 NES 的内容，这节将通过利益相关群体咨询和结构性更强的价值链角度分析，进一步剖析相关问题。本节结尾处将就如何确定优先领域，如何更好分配和利用 TRSM 提出基于价值链的交叉性结论。

（1）蔬菜和水果类产品的制约因素

通过对价值链的分析，我们发现了一个关键的限制出口的因素，那就是出口商与农业社区之间联系不够紧密。由于这些农产品大多在小规模的农场里种植，因此小中间商是田间地头主要的购买方。这就增加了农产品的出口成本，

而且是不小的成本。斯里兰卡果蔬生产、加工和出口协会主席曾经提出，如果去除小中间商的环节，农产品出口成本会降低 50%[①]。另外我们还发现，由于缺少商业种植，农产品的价格竞争力在很大程度上被削弱了。种植部门还没能把基于大规模土地利用合同的联合投资与扩大生产规模与集群化农业生产有效结合起来。集资与规范都存在很多问题。另一个影响农产品竞争力的因素是农业灌溉与收获后处理。有人说由于农产品收获后运输设施，尤其是包装方面的不足造成的损失占收获后总损失的 40%。同样"漫灌"不适合这类农产品，而是需要用"滴灌"这样的微灌技术。

运输也是主要成本，因为斯里兰卡通过空运将农产品运输到马尔代夫而印度是通过海运，因此斯里兰卡失去在该市场的份额。其主要的障碍来自租赁专用船舶的初始投资。要把产品运往欧洲市场，除了距离方面的问题，还有产品保鲜技术不足的问题，不能达到标准的问题以及农药残留的问题。这也反映了出口商与农民之间缺乏紧密联系，导致无法控制产品标准和质量。其他问题，也许不是最紧迫的，包括认证认可成本太高，如认证有机产品；杂交种子方面的投资不够及 SPS 标准培训昂贵等。

对一些大出口商，上面提到的制约因素中部分已经在某种程度上得到解决。大出口商通过与农民签订回购协议能对产品质量有更好的控制，同时它们在运输方面有很大的发言权。还有一点很有趣，在蔬菜和水果出口领域，不同的市场有不同的优先解决问题，所以每一个市场需要不同的干预措施。这给制定 TRSM 提供了重要的启示。

斯里兰卡蔬菜和水果出口商协会向 EDB 递交了一份提议，建议在相对封闭的环境下集中种植，建立一种农民与出口商直接对接的生产方式。其构想是在相对封闭的较大规模（可以到 50 公顷）土地上开展集中种植，这里将不再需要中间商，因为产品都在一起生产，收购并不困难。同时，未来这种封闭的集中种植区域还将发展包装线。这样的方式将使出口商在生产和运输中有更大的发言权，并能够更好满足购方需求和保证质量。这种设想遇到的最大挑战是资金与土地并购。斯里兰卡有关农业用地的规则很严格，这是最大的绊脚石。TRSM 在这一领域可以发挥关键作用，支持最初的试验性投资，并示范创新性方式。

另外，也可以从依次解决小的限制因素入手。可以让出口商从建立农村收购点开始做起。这样的成功案例包括 Chillaw 的辣椒栽培及 Thabuttegama 的农业一体化示范项目。这一项目将 200 名拥有约 1/4 英亩小块土地的农民结合到一起，专门种植出口农产品，在村子里建有收购站，出口商还负责提供滴灌

---

① 岛屿，财经评论，2009 年 8 月 20 日。

技术以及相关服务。参与这一项目的农民获得了比未参与农民高出 50% 的收益。同时，这样的生产方式也为出口商提供了供给保障。然而，由于合作和资源方面存在问题，这样的成功案例很难大规模复制。

(2) 椰仁产品出口存在的制约因素

接下来的分析阐明了几个问题：①由于涉及多种投入和产出品，贸易政策比较复杂，这其中增加值是最大的问题；②"狭小"的 TRSM 干预措施效果有限（例如，技术、生产力、能力建设方面的投资），"宏大"的 TRSM 干预措施才可能起到实质作用（如贸易政策、土地使用政策、劳动力问题）；③将 TRSM 分配给私营部门遇到的困难，这种困难的原因是多个私营部门经营者都参与其中，不仅包括同一价值链上不同环节的部门，还包括同一价值链上不同产品的部门，它们的利益经常不一致。

椰仁产业所面临的问题，在前面有关贸易政策的章节中已经讨论过了。简而言之，主要是国内原材料成本过高，而这一状况是由政府在食用油方面的贸易政策导致的。斯里兰卡的坚果年产量平均在 27 亿～30 亿个，而其需求量（包括出口产业的需求）在 40 亿个以上。其中缺口通过进口棕榈油补齐。（站在农民利益方面）为了维持国内椰子油较高的价位，政府提高了进口棕榈油的关税。这使原材料无法达到合理价位，不能被加工成出口产品。

还有其他方面的问题。由于缺乏大规模商业种植，椰仁的生产力非常低。目前的土地政策限制了农场规模和商业种植，无法发挥规模效应。还有，椰树的种植都集中在斯里兰卡人口密集的区域（西部及西北部省），导致土地和劳动力的竞争非常激烈，降低了报酬率。椰仁产品的质量和生产标准也存在问题。尽管椰子发展局会对样品进行检测，但检测流程非常基础并且目的只是为了确定没有沙门氏菌。除了个别企业，大部分企业达不到 HACCP 和 ISO 等国际标准。灌溉方面也存在问题。数据显示，椰子的产量与降水量成正比。应该采用更有优势的灌溉方式，如滴灌。同样，不动产管理方面的懈怠也阻碍了椰子产量和质量的提高。像蔬菜和水果一样，出口商在生产过程和生产方式中缺少发言权也会削弱产品质量。还需要开拓更多出口途径，巴基斯坦-斯里兰卡 FTA 就使对巴基斯坦的出口翻倍。但是，斯里兰卡-印度 FTA 下向印度出口则受到限制，因为果仁产品属于负面清单。

以上的分析还表明有些制约因素不在 TRSM 范围内，比如土地管理、贸易政策（植物油方面的）还有劳动力。而另一方面，有些制约因素可以通过 TRSM 的资源得到解决，比如滴灌技术、农作物二茬种植、提高管理能力等。但除非前面的制约因素得到解决，单纯的解决后面的制约因素不会有太大帮助。

目前斯里兰卡还没能充分开发高附加值的椰子产品，出口的产品主要是椰蓉，而其他产品如椰奶、初轧椰子油及其提纯，也有很大的潜力。如果供出口的新鲜果仁的产量难以提高，余下的选择就是转向这些附加值高的产品。

类似于这样的思维方式转换，需要 TRSM 的引导。最后，相关私营部门根据其生产或出口的产品种类，又被分成不同的利益集团。因此，向私营部门分配 TRSM 面临很大的挑战。不过，一定要寻找解决方法，因为私营部门内的利益集团可能为争取 TRSM 形成竞争。向某个具体部门集中分配 TRSM 资源也是个方法，尽管存在消极风险，就是不能保证整个椰仁出口产业链都能从 TRSM 受益。

（3）对价值链角度分析的总结

在分析结束之际，结合利益相关群体咨询提供的意见，我们认为 TRSM 的分析与协商应该采取针对性、细化的方式，最好针对产品进行，而不是针对笼统的"农产品出口"。恰当的分析角度是基于价值链角度，这一角度一方面可以明确限制因素和需要的干预措施，另一方面可以提供干预措施的优先次序。还有很重要的一点，咨询磋商的对象应该包括价值链所有参与者，不仅仅是出口商，还应包括农民、中间商、运输商以及很重要的海外买家。海外买家能提供在国内找不到的观点。

优先序很重要，因为资源是有限的。从选择价值链的时候就要考虑优先序，要考虑到目前出口金额、潜在的出口金额（使用像 ITC 贸易地图这样市场分析工具），还有对雇佣、贫穷以及更为广泛的经济的影响。另一个考虑是，选择与其他价值链有很多共性的价值链，因为适用于这个价值链的研究成果很可能也有利于其他价值链分析。这一分析包含了咨询过程。突出优先序重要性的第二个阶段，就是在价值链内分析制约因素的轻重缓急，并且据此排列与之对应的干预措施的优先序。具体情况也可能有出入，因为很多时候制约因素的确很突出，但是干预措施却缺乏操作性。要解决这些问题，需要对价值链的每一阶段的不同利益相关群体进行深入调查，请它们将制约因素排序，同时提出相应的解决问题的方法。

这一在微观层次上针对价值链的研究程序需要与宏观层次上类似的研究程序配合才能真正有效，比如，确定贸易政策的优先序。因此，这样一个宏观上的类似的研究程序（核心团队程序）也需要体现在 NES 中。一旦将制约因素划分后，就要提出相应的解决方案，而解决方案的提出需要通过更加宏观的利益相关群体咨询获得，包括熟悉贸易政策的政策制定者、TRSM 和 ODA 相关人员。核心团队还要预估介入的成本，可以从熟悉斯里兰卡的捐助机构专家以及曾经的外部资金援助 TRSM 的经验里获得支持。

一旦上述分析完成了，斯里兰卡的 TRSM 需求评估就应通过政策文件呈现出来，政策要清晰勾勒出每个行业的价值链的本质特征、当前的出口情况、需要最先解决的制约因素、宏观层面的核心团队列出的优先干预措施以及成本预算。然后这一政策性文件就可以呈现给更广泛的公众征求意见。最后，斯里兰卡形成的这一政策将作为向捐助机构提供建议的依据。

5　总结

对两个价值链制约因素和干预措施的分析，证明了依据价值链框架确定 TRSM 的重要性。不仅如此，对这两个产品的分析得出了一些具有普遍性的 TRSM 关键问题及优先领域。着重研究这些问题和领域对很多其他产品也可以产生重要影响。改进生产方式，尤其是灌溉方式和收获前/后的产品处理方式非常重要，这一点也在两个价值链中做了说明。

在其他情况下，因为解决措施具有产品针对性，所以针对不同产品的 TRSM 需要依据具体要求做出调整。例如，在椰仁类产品的分析中，由于降水量与产量有非常密切的联系，所以采用滴灌的方式是优先措施；但是，在蔬菜和水果生产方面，利益相关群体则建议加强收获前和收获后的处理以及加强对封闭性集中种植的投入才是最重要的。在面对一个制约因素时，还需要就不同的干预措施权衡成本与收益（比如施肥的时间和方式，有没有替代性化肥能够解决流失问题等）。

在两个价值链分析中，将出口商与农民联系起来也非常重要。由于目前面临的基础问题是土地不集中导致的农产品生产零散，所以解决这一问题需要采取集群生产等措施。再次重申，一定要针对价值链中的具体问题的差别做具体分析。

另外一个共识是：为了开辟新市场，一定要提高农产品的标准。提高产品标准不是小规模的出口行业力所能及的，而这类小规模行业是斯里兰卡果蔬和椰仁出口领域的主导类型。因此，就需借助 TRSM 的力量。尽管斯里兰卡在这一领域已经得到了 TRSM 支持，尤其是 UNIDO 为该国实验室获得认证所提供的资助，而资助项目包含的检测却并不一定适合所有农产品行业。

通过对两个价值链的分析，我们还获得一个认知，就是要使 TRSM 有效果，有时需要利用贸易政策解决宏观层面的共性问题。这样的宏观层面改革对其他产品和行业也是有益处的。同样，实施微观的 TRSM 需要私营部门和相关部门的协调配合，需要 DoC 和 EDB 的协调配合，同时也要参考利益相关群体的建议。

斯里兰卡整个贸易政策制定进程，尤其是制定 NES 的过程，最大的特点就是从上往下，且缺乏连贯性，执行效果差。TRSM 今后一定要避免陷入同样的误区中。因此，要再次强调从下而上规划的重要性。充分与利益相关群体咨询协商，将它们的建议纳入到政策中去。要想认清存在的问题，最有效的方法就是去咨询受问题困扰的人，其方式可以是走访，也可以是咨询会议。同样，咨询对象要包括价值链中各个环节，包括出口商、农民及中间商等，才能准确定位问题及解决措施。为避免由于选举所造成的政策不一致，有必要创立一个各党派共同认可的政策。优先序也非常重要，要考虑资源可行性和政治经济学因素，只有这样政策才能有效落实。

最后一点，本章讨论的大部分是出口产品，但这并不代表进口方面没有问题。尤其是进口食品，也同样需要得到 TRSM 的关注。前一章贸易主流化研究表明，1977 年后斯里兰卡的 PRSP 和贸易政策讲的都是出口方面的问题。只有到了大约 1995 年以后，政策才开始关注传统农业和食品。从前面对贸易政策的分析可知，贸易和贸易相关领域也有很多问题是值得关注的。很明显，贸易政策——因为政府想要达到的目标是多重的，所以关税和国内价格政策"不稳定"——如果没有解决生产力、竞争力、基础设施、市场等问题的措施做配套，是很难单独解决食品问题的。所有这些都需要 TRSM 和 AfT 资源。TRSM 针对的不仅仅是出口，AfT 也一样。因此，讨论 TRSM 时必须关注食品的问题。

第十七章　坦桑尼亚农业贸易政策问题

Ramesh Sharma

1 概况介绍

坦桑尼亚目前的全国贸易政策制定于 2003 年。在 2005 年，坦桑尼亚颁布了第二项 PRSP，即"坦桑尼亚增长和扶贫战略"——NSGRP（在斯瓦希里语中简称 MKUKUTA）。与此同时，坦桑尼亚也在为其他一些农业、工业及粮食安全的政策做准备。随着贸易政策不断发展的过程，不同观点的碰撞从未停歇。实施经验及内外部环境的发展（如 2008 年全球粮食危机以及非洲经济委员会关税同盟），都让这个过程保持着变化。

正是在这个大背景下，本文重点分析坦桑尼亚的主要农业贸易政策，以期优化农业贸易政策和贸易支持政策的制定过程，促进国家发展框架下的贸易主流化。

FAO 贸易政策研究项目的本章和相关报告都是由位于坦桑尼亚的分析师团队，在文献梳理、数据分析和对利益群体进行调查咨询后完成的。约 10 位专家参与了这项工作，由达累斯萨拉姆大学经济研究局负责统筹协调。我们多次召开会议，咨询政府官员、非官方利益相关群体和民间团体对贸易政策的意见。本文的研究借鉴了 Hatibu，Cosmos 和 Chamanga（2010）的研究。

与非洲及其他地区的大部分国家一样，坦桑尼亚的农业贸易政策也随着时间发展，从公共部门在经济中起主要作用、进口替代是常态的阶段，发展到越来越自由的政策体制。在过去十几年，坦桑尼亚政府出台了一系列政策框架，如 1998 年的"全国消除贫困战略"、1999 年的"国家发展规划（2025）"、2000 年的"扶贫战略文件"及 2003 年的"全国贸易政策"。此外，在农业和工业等领域，坦桑尼亚也出台了很多部门性政策。2005 年 1 月建立的东非共同体（EAC）和 2010 年建立的关税同盟也是影响坦桑尼亚贸易政策选择的关键性因素，这些政策框架的细节将会在下一章关于主流化的讨论中详述。

本章的第 2 节选取了一些农业贸易政策问题，并将其分为三类：粮食生产及粮食安全相关政策、经济作物和出口作物有关政策、交叉性跨领域贸易政策。本文对这些政策进行了简要的讨论，目的是提出主要的问题及各种不同观点。之所以选取这些政策，主要是因为其在现行政策及相关政策辩论中的重要性。

本章的第 3 节是总结。

2 农业贸易政策问题

2.1 粮食安全相关政策

坦桑尼亚的粮食政策自由化水平较高，并清晰反映出国家政策框架下的战略目标，对于这一点，本文的下一章关于主流化的内容将会详细论述。但是，在某些情况下，该国的政策依然停留在纸面上（政策宣言），很难实施，说明其实施过程中所面临的困难之大。在粮食领域，政策的主要目标是增加产量、提升产业竞争力。这一点将会在下文中详述，此外，下文还会提到一些具有争议性的政策问题。

2.1.1 提高粮食自给率及粮食出口

提高粮食自给率虽然不像玉米出口禁令和粮食储备问题那么具有争议性，也并不是一个热点话题，却依然是 NSGRP 及农业政策等国家政策框架中的核心内容。虽然提高粮食自给率可以算作一项传统的农业生产目标，但贸易政策也对此具有一定影响，如进口保护程度的高低、产品是否是非洲经济委员会（ECA）敏感产品及原产地规则对非洲经济委员会（ECA）内部自由贸易影响等。

从坦桑尼亚的土地和水资源禀赋看，该国的粮食产量远未发挥其潜能。历史上，该国的政策重点及争议集中在出口经济作物上，很少提及进口替代以及粮食出口的潜力。增加粮食产量的主要障碍人尽皆知——只有 3% 的可耕地面积得到灌溉，农民的单产只有潜在单产的 20%～30%，每公顷土地所能得到的化肥不足 10 千克。因此，在适当的政策及投资下，坦桑尼亚应该可以大幅度提升粮食产量，从而满足国内市场，并进行出口。该国政策框架已经看到了这些潜力，并将粮食增产作为其新战略的一部分。NSGRP 一项实施目标就是将粮食产量从 2003/2004 年的 900 万吨，增长至 2010 年的 1 200 万吨。该战略同时确定了战略性粮食作物种类并给予这些种类更多资源。

一些政策因素也影响了坦桑尼亚的粮食产量。这些政策包括 ECA 对敏感产品关税的设立、调整和实施；ECA 内外的出口禁令；坦桑尼亚战略谷物储备（SGR）的实施；对粮食生产的保护；粮食生产相关的私营部门的投资环境；公共部门对公共产品的投资及对投入品等的补贴之间的平衡。

根据世界银行对坦桑尼亚所做的案例研究（Morrissey 和 Leyaro，2009），坦桑尼亚对进口产品及基本粮食的负面措施有了转变，在 1990—1994 年有 10% 的正面支持，到了 2000—2004 年有 6% 的正面支持（在 1995—1999 年则有 −15% 的措施）。同对非农商品的支持相比，对农产品的负面措施在 20 世纪 80 年代下半期减少了一半，从 −70% 削减到了 −35%，虽然如此，依旧是负面措施而且依然相当可观。

2.1.2 玉米出口禁令[①]

玉米出口禁令及相关政策是坦桑尼亚（以及其他东南非国家）最受瞩目的

---

① 本节研究基于 Minot（2010）的研究及 Sarris 和 Morrison（2010）的论文。

粮食安全干预政策。虽然在坦桑尼亚，几乎所有农产品都是自由出口的，玉米的出口却经常被禁止。坦桑尼亚南部高地盛产玉米，且与玉米缺乏的赞比亚和莫桑比克接壤，因而催生出强烈的出口冲动（特别是在丰收季节）。但是，该国的政策是只有全境都实现粮食安全，才可出口玉米。因为坦桑尼亚几乎总面临着粮食不足的问题（主要集中在中部干旱地区），所以，实际上，玉米几乎一直处于禁止出口的状态。因此，南部高地的玉米价格较低且不稳定，出口禁令也使得玉米匮乏地区的玉米价格处于低位。

大部分学者都反对此禁令，因为该禁令虽不损害坦桑尼亚消费者的利益，却影响了南部种植玉米的农民的生计。2010 年 EAC "粮食安全战略"中规定，在 EAC 区域内，不应对粮食和其他消费品设置出口禁令（见下文）。玉米在该区域的敏感性人尽皆知，作为 EAC 的敏感产品，不同国家对玉米 CET 也有不同的意见。Minot（2010）称，在最近一次研讨会上，一位政府官员称，在完全做到自给自足之前，玉米出口禁令对坦桑尼亚是必需的。但是，这段论述的逻辑并不清晰，需要更多的研究。

在边境贸易频繁的前提下，实行出口禁令难度重重，其作用常常只是增加跨境贸易的交易成本。2008 年，肯尼亚的玉米缺口估计超过 60 万吨，其中大部分需要从乌干达及坦桑尼亚进口。但是，坦桑尼亚实行玉米出口禁令，且肯尼亚的玉米进口关税高达 50%，结果就是，这次玉米短缺造成了玉米价格的飙升。虽然坦桑尼亚实施出口禁令，肯尼亚依然从该国进口了 12 万吨玉米（Jayne 等，2009）。

2.1.3　基于规则的玉米贸易政策

基于前文的论述，玉米及其他主粮需要什么政策呢？Chapoto 和 Jayne（2009）在东南非共同市场（COMESA）政策研讨会上的研究报告指出，干预玉米市场对于马拉维、赞比亚、肯尼亚及坦桑尼亚并不能起到积极作用，因为贸易壁垒及政府政策的变化会加剧价格波动，抑制对玉米行业的投资。此外，该报告称，采取开放的边境政策，依靠区域贸易来稳定玉米价格能为该区域带来双赢的结果，能兼顾提高效率与稳定价格。从这个角度看，"玉米不分国境"政策对于稳定玉米价格（对买卖双方均是如此）具有较大潜力，可以视作玉米整体政策中一个重要的部分。

专家大都建议针对玉米采取开放的边境政策，使政府的作用仅限于提供市场信息、促进竞争、投资公共设施及促进农村金融环境改善，以提高贸易商能力（COMESA，2010）。然而，前述研讨会仍然指出，该地区政府不太可能停止对市场的干预，因此目前更需要的是推进"基于规则的"市场措施及贸易政策，以此来减少政策的不确定性及随之带来的价格波动。这包括确立关税税率及贸易壁垒调整条件，最好还能消除贸易限制和跨境贸易遇到的法规（检验检疫）及行政措施（出入境手续文件）壁垒。

成功解决困境的核心在于建立新的后自由化制度，在这种制度下政府依然可以影响价格以实现粮食安全目标，但是要遵循更加公开透明的标准和方式，并且措施要符合支持私营部门长期投资和市场发展的总体方向。

2.1.4 坦桑尼亚战略谷物储备（SGR）

SGR 始于 1991 年，在该国玉米市场中占重要地位。SGR 是一项粮食安全政策，目标是在紧急条件下提供粮食、稳定主粮价格。SGR 收购基于国家粮食平衡，储备量要保证三个月的粮食消费。该储备最大容量为 15 万吨，但是实际储备量一般在 5～8 万吨。

Minot（2010）指出，SGR 在稳定粮价方面并不成功，主要原因是该储备一年的收购及销售量仅不足 5 万吨，相比产量（500 万吨）及上市量（125 万吨）可以忽略不计。但是坦桑尼亚的贸易、粮食及农业政策却给予该储备很高的重视。2008 年全球粮食危机使得此类政策得到了更多政治上的支持，以应对主粮价格的波动。

关于该储备的优缺点一直有争议，支持该储备的一个论点是该储备所带来的对玉米的需求加强了私营贸易商间的竞争，而这正是市场所需要的。该储备还支持了生产者价格，这对南部高地而言很重要。此外，该储备提供的价格也吸引了更多小规模种植者。

而反对该储备的论点则是，该储备使私营贸易商的环境更加不稳定，这与其出台的一项目的相悖。从某种程度上讲，这是由于开展储备所需要的公共基金具有不可预见性；同样的，该储备在供应淡季时销售粮食，从而挤压了存储粮食的生产者和贸易商在淡季用较高价格销售的盈利空间。因此，该储备给予消费者的补贴是以牺牲生产者利益为代价的。另一个论点是，虽然该储备在边境及市场方面都减少了价格的波动性，但储备投放会对生产者造成实质上的不利波动。此外，该储备也因为官僚化的程序、政治干预、完成率低等因素受到诟病。

"EAC 粮食安全行动计划（2010—2015）"（下一章将会详细介绍）提出了区域整体的粮食及财政储备，主要目标是使各成员在 2015 年达到至少可维持 6 个月的粮食及饲料储备水平（目前的储备水平是至少 3 个月）。另一个目标是在 2015 年建立起应对突发事件的基金，相当于可购买 6 个月所需粮食的水平。综合上文对坦桑尼亚 SGR 的描述，这一计划设立的目标无疑是非常有雄心的。

很多分析人士认为，稳定价格更多要依靠贸易而非储备，但是在一定程度上，也需要二者结合。在关税同盟的大背景下，区域性（而非单个成员的）贸易加上储备从理论上来说应该更能实现粮食安全的目标。相关争论一直存在，最近两项新的发展又加剧了争论：全球粮食危机及 EAC 区域储备战略。这些都需要持续的研究及反馈。

2.2　经济作物——应对负面措施影响及低效市场

近期针对坦桑尼亚的出口货物也有一些研究。下文简单综述了因为政策及其他一些原因导致的对农业行业支持/征税措施的发展。对产品和问题的简述可以参考 MoAFSC（2008）以及 DTIS 第二章（坦桑尼亚政府 GoT，2015）。前一份报告为坦桑尼亚农业部和联合国粮农组织共同撰写，对一系列货物、贸易及其他方面进行了详述。后一份报告则对腰果、咖啡、棉花、茶叶、园艺作物、香料及渔水产品进行了分析。

世界银行农业扭曲调查（Morrissey 和 Leyaro，2009）对坦桑尼亚进行了案例分析，测算了八种作物因为政策产生的扭曲效果，这些作物包括咖啡、棉花、茶叶、剑麻、烟草、腰果、除虫菊及豆类。总的来说，这八种作物的名义援助率（NRA）为负值（即净交税），且绝对值较大：1990—1994 年为 −66%，1995—1999 年为 −52%，2000—2004 年为 −49%。从单个产品看，2000—2004 年，茶叶的 NRA 为 −91%，比较突出，棉花为 −70%，豆类、烟草及除虫菊介于 45%～55%，而腰果、咖啡及剑麻则较小或为零。在 1995—1999 年以及 1990—1994 年，对于这些产品也有类似的负面措施。最根本的问题似乎是市场效率低下，而非政策造成的扭曲，下文将详述这一点。

棉花的 NRA 负值较高，分析认为政策的负面效应被夸大了，2004 年之后实施的改革应该已经显著地减少了扭曲。茶叶（NRA−90%）却在过去的数年间没有发生大的变化，其中一个原因就是茶业是垄断行业，仅有少数企业统治该行业，缺乏市场竞争。对于 NRA 负值较高的烟草及除虫菊而言，没有证据表明减少汇率扭曲可以有效减少政策的扭曲，因此推断市场持续处于低效率，农民只能从出口价格中获取很小的一部分，大部分利润被加工商所攫取。

腰果方面，因为近年来市场及加工效率都有所提高，因此竞争也更加激烈，农场交货价格和出口价格保持同样趋势。剑麻似乎是最不被扭曲的产品，在 20 世纪 90 年代中期就已经实现了自由贸易。豆类则是唯一一个非传统出口产品。分析结果认为在市场效率没有太大变化的前提下，消除汇率扭曲的影响可以反映在政策扭曲的减少上（NRA 从 −75% 降至 −45%）。

世界贸易组织（WTO）于 2006 年对坦桑尼亚的贸易政策审议就其货物政策提供了更多的信息。根据审议报告，为了鼓励出口产品的当地加工，坦桑尼亚对于新鲜腰果出口征收了出口税，并对生皮毛征收了额外的 20% 地方税。

在其他不同时期，坦桑尼亚政府也对其他的一些产品征收了不同的税种，例如地方税及农业服务费。此外，坦桑尼亚对于咖啡及咖啡产品征收 25％的关税。

坦桑尼亚对于腰果、咖啡、棉花、除虫菊、剑麻、食糖、茶叶及烟草设立了 8 个商品委员会，用于规范产品、检查质量、宣布指导价格（最低农场价格）以及收集发布有关数据。截至 2006 年，这些委员会征收 2％的出口税。传统意义上说，这些委员会在 DTIS（GoT，2015）这类的研究报告中饱受诟病，因为其干预价格、扭曲市场、损害农民利益。

DTIS 同样指出一系列对出口造成影响的交叉性问题。主要是：①相关的作物委员会；②过度税收；③薄弱的农业支持服务；④价格波动。作物委员会拥有不受限制的监管权，对市场过度干预，从而扭曲了市场，并损害了农民的利益。委员会的资金来自于对生产者征收的出口税，但是这些委员会却未必站在生产者利益一边。对于这些委员会的建议是，让其变成独立的生产者支持组织，代表产业利益，而所有的经济活动则交给私营部门完成。

另一个问题是对出口产品的高税收，据测算大致相当于销售价格的 20％。在很多情况下，税收是以从量地方税形式征收的，这就意味着在价格相对较低的年份，单位税率是远高于价格较高的年份的，这与理想的状态南辕北辙。虽然坦桑尼亚总理办公室表示地方税不应超过 5％，但是其税率依然居高不下，很多税种通过改变名字来规避规定。此外，地方政府可以自行通过规章，征收新的税种，无需受到中央政府的监管。高赋税使得坦桑尼亚的 NRA 出现较高负值，并且对生产起到了反作用。因此，需要做的不仅是降低税收，也要使其合理化。

第三个交叉性问题是需要对农业增加支持服务，尤其是要加强科研，以对市场需求作出回应。第四个问题是价格波动。这个问题需要尽快得到解决，因为过往的公共干预政策并没有起到作用。在很多情况下，这些干预政策尽管出发点是减少国际贸易产品的市场风险，最后的结果却是对本国生产者增加了税收。因此，新的基于市场的保险政策（例如仓单或者存货质押融资体系）需要研究出台。

2.3 跨领域交叉性问题

2.3.1 ECA 敏感产品合适的 CET

根据 ECA 协定，有 31 个税目产品（8 位税号）被确定为敏感产品（所有产品共计 51 条）。表 17-1 显示，这些产品的关税税率比非敏感产品 25％的平均税率要高很多，对于其中 11 个税号（大米、黄糖及食糖产品）使用混合税制，即在从价税及每吨 200 美元的从量税中选取较高的收取。对于谷物和食糖，每吨 200 美元的从量税是相当高的税率。

对于一个关税同盟而言，不同的成员对产品的"敏感性"一般定义不同，在国内生产、加工环节发生变化的时候共同对外关税容易在关税同盟内部引起分歧。结果就是，政府受到来自不同经济主体（贸易商、加工商、农民及消费者）的调整 CET 的压力（减免关税或其他手段）。虽然这个问题很重要，但是此前并未有相关研究。乌干达制造协会网站上非正式的讨论阐释了这个问题的本质①。表 17-2 总结了对 CET 的相关建议和讨论，不同国家对于调高或调低敏感产品的 CET 持不同的态度。

表 17-1 EAC 敏感食品及农产品共同对外关税

产品	HS 税号	税目数（8 位）	CET（%）
牛奶、奶油	04.01/02	12	60
小麦	1001.90.20＋.90	2	35
玉米	1005.90.00	1	50
大米*	10.06	4	75
小麦粉	1101.00.00	1	60
玉米粉	1102.30.00	1	50
食糖*	1701.11.90；.12.90；91.00；98.10；99.90	5	100
黄糖*	1701.11.10＋.12.10	2	35
烟草	2402.20.90＋.90；2403.10.00	3	35
合计/平均		31	56

注：* CET 为混合税制，即在从价税及每吨 200 美元的从量税中选取较高的收取。
数据来源：Stahl（2015）。

表 17-2 敏感产品 CET——非正式讨论结果（各国预期）

	硬粒小麦	小麦粉	大米	食糖
目前共同对外关税（%）	35	60	75	100
肯尼亚	35	60	35	10
坦桑尼亚	10	60	75	100
乌干达	0	60	75	100
卢旺达	0	35	35	100
布隆迪	0	35	35	100

数据来源：本表基于乌干达制造协会网站发布的信息，具体参与人不详，推断为这五国的贸易商。

---

① 详见 http://uma.or.ug/index.php/proposals-for-review-of-the-eac-list-of-sensitive-goods 具体参与讨论方不详。

对于硬粒小麦，一些国家建议将 CET 从 35％调至 0，原因是硬粒小麦在该地区没有生产，海关官员在判别两种小麦的区别时也有一定困难。一位小麦生产国代表表示，硬粒小麦的共同关税应被降为 10％而非降到 0，而另一位小麦生产国的代表则认为，应该保留 35％的关税以保护国内产业，在粮食短缺的时候可以考虑临时性降低关税。对于其他产品也有类似的讨论，生产该产品的国家希望 CET 保持较高水平（需要时可临时性减免关税），而不生产该产品的成员则希望关税为 0 或保持较低水平（不考虑临时减免关税）。对于小麦、小麦粉及工业用糖，一些成员还表示希望可以低价获得这些作为原材料（如面包制造商及酒类制造商都这么反应）。只要有加工能力，就会希望降低 CET 以获得更低价的原材料。在大米上，一些国家认为现在有新的生产政策，且国际大米价格处于高位，正是扩大大米生产的好时机，因此需要更高的 CET，但是一些国家生产能力有限，则希望降低 CET[1]。

这些问题有诸多讨论和复杂性，并没有一篇论文能将这些问题都分析清楚。Stahl（2005）在这方面成果比较突出，提出了一些有益评论。他指出，如果阶段性降税未能得到详尽适时的考虑，则会对一些行业的增值产品带来负面影响。在小麦 CET 降低时（2010/2011），有报纸评论提出了类似的想法（及担忧）[2]。

2.3.2 EAC 内部自由贸易便利化问题

EAC 在 2010 年 1 月成为关税同盟（CU），在 2009 年 12 月前曾有一段过渡期。曾有一些研究对关税同盟工具进行了分析，下文的内容基于东非商会的研究，主要是从私营部门的角度分析。

国内税收——在关税同盟内部，目前 EAC 成员间是互免关税的。此外，国内的增值税和消费税也应在消费及/或进口国缴纳。但是成员间也有一定税费需要交纳，为了杜绝走私，急需解决不同国家国内税之间的差异，例如签订协议，避免双重缴税。

原产地规则——有效实施原产地规则至关重要，主要基于下列两个原因。第一，成员加入了不同的区域经济共同体（REC），如 COMESA，EAC 和南部非洲发展共同体（SADC）。第二，关于征收和计算海关收入的案文尚未成型。除非这些问题得到尽快解决，不然贸易倾斜问题将持续影响 EAC 内部贸易发展。

---

[1] Minot 称肯尼亚希望降低大米的共同对外关税（目前是 35％），原因是从肯尼亚大量进口茶叶的巴基斯坦带来的压力。

[2] Francis Ayieko 在 *Sunday Nation* 的专栏，2010 年 9 月 5 日。

关税减免计划——这个问题也有较大分歧，因为 EAC 成员倾向于使用各自国家的关税减免计划，对非成员有不同的关税减免安排。关税减免在今年使用较多，这种行为对于其他成员经常造成不公，也影响了 EAC 的 CET 及 EAC 海关管理法的效力。

消除非关税壁垒（NTB）——因为 EAC 内部关税为 0，所以人们担心非关税壁垒将会增加。为了防止这一点，需要有现实的策略来消除非关税壁垒，这就需要相关工具。这也要求 EAC 有效应对区域内非关税壁垒，尤其是成员采取的行政法律手段所带来的壁垒，包括加税、征收与关税同等效力的费用以及质量标准相关禁令。

多个 REC 的问题——不同 REC 的 CET（如 EAC、SADC 和 COMESA）也会造成潜在的贸易冲突。解决这个问题比较困难，需要在这三个 REC 中达成更加协调的 CET。

出口加工区产品待遇——在目前的安排下，EAC 出口加工区中的产品在 EAC 内部销售时不享受免税，这是因为，在进口税收环节，这些产品被作为关税同盟外产品对待。这项安排执行较严，主要是为了防止潜在的摩擦。

总而言之，在 EAC 内的贸易可能因为一些原因受到阻碍，并需要得到解决。只要有政治意愿并且得到行政上的支持，上述问题中的一部分似乎并不难解决。

2.3.3　跨境贸易问题

关于这个问题，近期有一些文献研究，Little（2010）对跨境贸易进行了详述，从非正式的角度展示了其规模、复杂性以及贸易在东非经济中的重要地位。文章中提出的问题和视角也可以应用于坦桑尼亚。他认为，跨境贸易很重要，但因为政策模糊、误解及其他对贸易无根据的顾虑，反而滋生了非法途径的贸易，从而使公共财政蒙受损失。下文将综述他的主要观点。

a) 政策制定过程中的信息缺乏——当前东非的跨境贸易并没有被官方监测，一些信息只有特别调查才可以得知。这阻碍了建设性的政策对话，导致对政策的误读。仅针对这一问题，建立涵盖跨境贸易的信息监测系统就是很重要的，这样政策制定才可以基于可信的数据。

b) 贸易商的感受——对于制定跨境贸易政策，贸易商的感受是很重要的。但是现在这一块并不受重视。在这方面做出努力，就可以在政策制定中得到有价值的建议。现在存在的大部分问题都和不安全、缺乏市场、政府在政策制定和跨境贸易税收中的作用及缺乏基础设施和信贷有关。

c) 行政和法律的模糊性——在现行的跨境贸易政策中，有诸多不确定性，例如，监管、注册相关活动需要何种程度的行政手段及跨境贸易商在合法商品贸易中所拥有的权利。在非洲南部国家，更加正式的跨境贸易政策正努力推进，尤其是玉米贸易。一个例子就是 COMESA 的"玉米无国界计划"。

鼓励区域跨境贸易的政策可以充分利用不同地区的比较优势，加强当地粮食安全，扩大国家收入，对重要市场及交通基础设施进行建设，并减少价格波动和市场缺陷。认识到跨境贸易的重要性并鼓励跨境贸易，可以使政府通过关税和边境及市场有关税收来增加收入，并改善当地民生。

2.3.4 化肥和投入品补贴

化肥补贴虽然在狭义上不属于贸易问题，在 WTO 农业协定的框架下也在国内支持议题中探讨，但从发展角度看，这个问题甚至更为重要。很多国家对化肥进行了大量补贴，这种行为经常被诟病，原因是其大量占用农业公共支出，从而使发展和减贫工作受到影响。包括 PRSP 在内的全国政策框架以及农业政策经常出现对农民和农业的激励措施及补贴条款。然而，关于投资和补贴在财政方面的内在关系却少被提及。结果就是，这个问题一直饱受争议。

化肥补贴大量使用财政资金。在坦桑尼亚，一般化肥补贴在 20 世纪 90 年代已经取消，在 2003 年则作为交通补贴的一部分重新出现，其主要目的是为了鼓励边远地区使用化肥。从 2008 年起，化肥补贴采取凭券领取的做法，即全国农业投入券计划（NAIVS）。该计划对玉米和大米的种植者提供相当于其良种和化肥打包价格一半的补贴（打包价格足以涵盖一英亩玉米或大米投入品的费用）。该计划在 2008/2009 年间在坦桑尼亚 56 个玉米及大米种植潜力高的地区实施，并最终扩展到 65 个地区。

这样的补贴计划又被称为"智能型补贴"，因为这些补贴目的明确，依赖投入品供应者的私人网络，并且拥有退出机制。只有时间可以证明这些新安排是否可行，可否解决旧问题。私营投入品供应链通过该计划得到推广而非退出，这事实上与 NSGRP 及农业政策相一致。从成本角度看，这些计划并不便宜。在 2009 年，坦桑尼亚从世界银行/IDA 借款 1.44 亿美元以扩大该项目，另一半的资金则来自于国家财政。从这个角度说，要时常将该政策的成本收益情况与其他项目（如在水利、农村道路等方面的投资）比较。

正如上文所言，NSGRP 以及贸易及农村政策在补贴和激励措施上卓有笔墨，包括信贷补贴。因为资金的机会成本以及贸易政策的有效性经常与制约因素的解决相联系，即政策与投资之间存在重要联系，这些措施的体量及有效性需要在农业贸易政策框架下进行讨论。

2.3.5 国内市场低效率及高成本

世界银行关于坦桑尼亚现行制度的研究（Morrissey 和 Leyaro，2009）及其他一些研究也指出了坦桑尼亚国内市场低效率及高成本的问题，这个问题目前很突出。本文将对这个问题做单独描述，在世界银行的研究中，作者将坦桑尼亚这方面的问题概括如下：

对于经济作物，作者认为区分市场及市场结构的低效与政策扭曲的效果是较为困难的[①]。因此，对于坦桑尼亚的负面评估反映了市场低效率（很可能影响更大）和政策扭曲的共同作用。此外，名义援助率负值较高的产品似乎面临竞争较少，并在营销及加工方面效率较低，如棉花、茶叶及烟草，而对于竞争较大、效率有所提升的产品，名义援助率负值较小，如咖啡、腰果及剑麻。因此，需要在改善投入及产出市场方面进行更多的努力。

该研究指出，虽然坦桑尼亚进行了多轮改革，并整体上改进了基础设施及信息服务，但是在产品市场效率方面却没有太大的起色（包括加工及运输）。从这个角度来说，虽然采取措施提高单产和生产效率很重要，但是采取措施提升加工和市场（包括运输及分销）竞争力及效率也同样重要。区域内贸易便利化及其他区域一体化措施也不能忽视。

Minot（2010）对一系列坦桑尼亚境内外主粮价格信号传递的定量研究进行了综述。其中一份研究指出，在 1992—2002 年，坦桑尼亚玉米和大米的国内外价差比运输和市场成本合计起来还要高，说明其市场效率低。

另一个分歧较大的问题是关于补贴和税收的。以烟草和除虫菊为例，世界银行的研究表明，虽然看起来是补贴消费者，但是坦桑尼亚这些产品的消费者数量不多，因此，该补贴从潜在意义上来说是提供给加工商/贸易商的（至少，实际生产者价格比其应有的价格要低）。对于棉花也有类似的分析。现在越来越多的利益相关群体开始关注并讨论这个问题，所以需要有合理的分析来告诉他们谁从中获利、谁因此失利。

这个问题在 NSGRP 及坦桑尼亚农业部门发展计划（ASDP）中均有提及。为了应对这个问题，坦桑尼亚出台了一系列政策及法规以降低价值链上的成本，吸引私营部门的投资。特别是在 ASDP 第 2.3 章节"市场及私营部门发展"部分，提出实施一些项目降低中小型生产者、贸易商、加工商及其他服务提供者的市场成本及风险，其主要目标是将价值链上的农民和市场联系在一起。

3　总结

本文的主要目的是讨论坦桑尼亚面临的农业政策问题，并为其确定合适的

[①]　衡量价值链上补贴/税收的扭曲及转移的一个难点在于农业市场具有多个层级（一般 3~4 个），产品逐层传递，即农场、当地市场、国家市场及世界市场。

农业贸易政策做出贡献。下一章将对该国一些重要贸易及农业政策框架进行综述。NSGRP 充分肯定了农业的核心作用，并传达出与以前不同的信号，即要强调商业化、竞争及私营部门。粮食部门至关重要，最近的全球粮食危机也强调了这一点。坦桑尼亚的贸易政策也在支持国内供给及出口间找到了平衡。从挑战角度看，短期政策问题和长期发展问题都需要重视。短期问题包括坦桑尼亚战略谷物储备的规模和作用、敏感玉米产业的运作、农产品出口的较高税收以及市场产品及投入品高成本背后的因素。

除了本文第二节已经提及的问题之外，本节还想提出两点。

第一，政府需要带头建立并推动特定粮食及经济作物的价值链。这一点至关重要，主要出于下述两点原因：一是这可以有效践行 NSGRP 和农业发展计划中关于农业发展的愿景和策略，并可以加深私营部门在农业商业化过程中的作用。二是可以通过研究和分析对政策进行微调。许多国内国际市场的问题及交易成本较高的问题可以通过对价值链的研究进行分析。价值链牵涉到不同的主体，其利益可能冲突（例如农民和加工商在初级产品出口税收方面就有冲突），相关研究可以对干预措施对有关经济主体的影响进行识别、量化。这就给政策的连续性提供了基础。政府也应该鼓励发展伙伴及研究机构参与其中，使政策制定基于证据，更加健全，不易逆转。

第二，在制定政府干预政策时应更多征求利益相关群体的意见。这对于制定健全、稳定的政策至关重要。在本文准备背景资料时，就征求了一些利益相关群体的意见，这样可以更好地理解政策制定进程，并且为本文的政策建议部分提供想法。很明显的一点是，这些意见咨询过程非常有效，日后应该在座谈的同时开展更多相关活动。至少，参会人员可以简单介绍一下，如果选择了其他的政策选项，预期的结果如何。如果没有这个环节，即使利益相关群体提供了意见，也不能对政策制定贡献太多。这在讨论贸易政策时尤为重要，因为贸易政策往往争议较大，社会不同群体都对此有不同看法。

参 考 文 献

AAMA - Africa Agricultural Markets Program (2009). Getting Fertilizers to Farmers：How to do it? Who should do it? and Why it Should be Done? AAMA - COMESA Fertilizer Symposium，Livingstone，Zambia，15 - 16 June 2009.

Chapoto，A. & Jayne，T. S. 2009. "Maize price instability in eastern and southern Africa：The impact of trade barriers and market intervention" Prepared for the COMESA policy seminar on "Variation in staple food prices：Causes，consequence，and policy options"，Maputo，Mozambique，25 - 26 January 2010.

COMESA Seminar Report (2010). Variation in Staple Food Prices in Eastern and Southern Africa：A Synthesis，Prepared for the COMESA policy seminar on "Variation in staple food prices: Causes, consequence, and policy options", Maputo, Mozambique, 25 – 26 January 2010. http: //www. aec. msu. edu/fs2/aamp/seminar _ 3/AAMP _ Maputo _ food _ price _ variability _ synthesis%20. pdf.

Jayne, T. S. , Chapoto, A. , Minde, I. & Donovan, C. (2009) . "The 2008/2009 Food Price and Food Security Situation in Eastern and Southern Africa: Implications for Immediate and Longer Run Responses" . International Development Working Paper ♯96. Michigan State University. East Lansing.

Little, P. (2010) . "Unofficial cross – border trade in Eastern Africa", Chapter 7 in Sarris and Morrison (ed) Food Security in Africa.

Minot, N. (2010) . Staple food prices in Tanzania, Paper prepared for the COMESA policy seminar on "Variation in staple food prices: Causes, consequence, and policy options", Maputo, Mozambique, 25 – 26 January 2010.

MoAFSC (2008) . Agricultural Sector Reforms of Tanzania: Perspectives from Within, Tanzania Ministry of Agriculture, Food Security and Cooperatives in collaboration with FAO, April 2008.

Morrissey, O. & Leyaro, V. (2009) . "Distortions to Agricultural Incentives in Tanzania", in K. Anderson and W. Masters (ed) Distortions to Agricultural Incentives in Africa, The World Bank, Washington, D. C.

Njau, A. (2010) . EAC Fully Fledged Customs Union: Implications for Private Sector, East African Business Council (EABC) Briefing Paper, Issue 01/10, January 2010, Arusha, Tanzania.

Nyange, D. & Morrison, J. (2006) . Extent and Impact of Food Import Surges: The Cases of Tanzania, Tanzania case study under FAO Import Surge Project, EST Division, Rome.

Hatibu, S. H. , Cosmas, M. & Chamanga, A. (2010) . Articulation of appropriate trade policies based on sound economic analysis. Background paper 1 of ERB/FAO Trade Mainstreaming Project, Economic Research Bureau at the University of Dar es Salam, Tanzania.

Sarris, A. & Morrison, J. (2010) . Food Security in Africa: Market and Trade Policy for Staple Foods in Eastern and Southern Africa. Book edited by Sarris and Morrison. Published by FAO and Edward Elgar.

Stahl, H. M. (2005) . Tariff Liberalisation Impacts of the EAC Customs Union in Perspective, TRALAC Working Paper No 4/2005, August 2005.

GoT (2005) . Diagnostic Trade Integration Study, November 2005. http: //www. integratedframework. org/countries/tanzania. htm.

WTO (2006) . Trade Policy Review: East African Community. Report by the Secretariat, Document WT/TPR/S/171, September 2006, WTO, Geneva.

第十八章　坦桑尼亚贸易政策主流化

Ramesh Sharma

1 概况介绍

正如本文中其他关于主流化的章节所述，"主流化"这个词用于表述贸易政策是否支持该国主要的发展目标，比如发展和减贫以及是否与该国的国家政策框架相一致。

为了从这个角度分析贸易主流化的问题，本文将分两步进行讨论。首先，第 2 节将介绍一系列主要国家政策框架，包括 PRSP，以检验贸易及农业政策问题如何在文件中得到表述。本节将用大量篇幅描述政策框架。第 3 节将从主流化的角度对政策框架进行分析。此节将选择 5～6 个争议较大的政策问题，并且分析政策框架是否解决了这些问题。此节将对政策框架的连续性及矛盾进行分析，并对如何改进贸易主流化提出一些建议。

本章作为粮农组织贸易政策分析项目的一部分，由坦桑尼亚达累斯萨拉姆大学经济研究局统筹，由一组经济学家团队完成（Osoro 等，2010）。团队针对这些议题集思广益，并向利益相关群体进行咨询。

贸易是一个很宽泛的概念，在 WTO 乌拉圭回合的很多方面都有涉及。即使在农业领域，贸易的概念也很宽泛，从传统的关税及配额问题，到粮食援助及标准问题。其中一些问题有较大的争议，例如关税及补贴，而其他的问题则没有那么大争议，例如基础设施建设及检验检疫措施。在对国家政策框架综述的过程中，本文的重点是贸易及价格政策问题，也就是争议较大的问题，而不是争议较少的发展措施。

2 主要政策框架下的贸易相关问题

为了研究农业及粮食安全方面的贸易及有关政策如何在国家政策中体现，本节将研究下述七个政策文本，其中 5 个为国家政策，2 个为区域性政策。5 个国家政策为：PRSP、全国贸易政策（2003）、贸易一体化诊断性研究（2005）、坦桑尼亚农业部门发展战略和项目（ASDS 和 ASDP）以及"农业优先"战略。两个区域性政策为："EAC 贸易政策"以及"EAC 粮食安全战略"。

2.1 PRSP

坦桑尼亚目前的 PRSP 为"坦桑尼亚增长和扶贫战略"（NSGRP，斯瓦希里语称 MKUKUTA）。该项目始于 2005 年，为原先扶贫文件（2000/2002—2002/2003）的延续。它源于"坦桑尼亚愿景 2025"，是该国长期发展框架。

NSGRP 设定了较高的发展目标：实际 GDP 年均增速达 6%～8%，农业年均增长达 10%。这需要通过农业转型来实现（生产力、现代化和商业化的实质性提高），包括加速私营部门增长，建立竞争型经济、高效管理等。

NSGRP 使用"基于成果"的制定方式，即先确定想得到的成果，然后制定有关策略、干预措施、责任单位等，该战略希望达成下述三个成果：

（1）发展及减贫。

（2）提升人民生活质量及社会福利。

（3）更好的社会管理及责任。

对于每一个成果，NSGRP 都制定了一系列具体目标（比如第一个成果就有 6 个子目标），这些可行的目标相互联系，在此之下，确定了具体的干预行动，并确定各责任单位（如部委）。此外，还制定了相关附录，包含了总体成果、目标、操作目标、优先战略、干预行动及责任单位。

贸易及农业问题仅在第一个成果中提及，发展问题上提及贸易的因素共计 10 个，包括国内贸易、贸易发展以及贸易相关援助。在国内贸易项下强调了自由化，贸易发展项下提到了国内生产能力及竞争力与外界贸易间的重要联系，贸易相关援助项下则提到了利用国内外私营部门的生产、加工及贸易资源。NSGRP 充分践行了 2003 年的"全国贸易政策"（GoT 2003，简称 NTP03）。

在第一个成果的文本及附件中包含 6 个目标，其中 4 个涉及贸易有关问题，这 6 个目标分别是：[①] ①确保经济管理稳健；②推动持续广泛发展；③增加粮食可获得性；④农村地区减贫；⑤城市地区减贫；⑥为消费者提供可靠廉价的能源。

在目标①项下，贸易在 3～4 处有所提及，但并未作为主要问题，也未发现增进贸易平衡等表述。这里没有太多政策的描述，其表述也并不清晰，因此难于理解。目标②项下提及部分关于贸易的问题（表 18-1）。

NSGRP 在第四章及相关附件中提及了农业及粮食安全问题。其主要目标有：①增加粮食产量以增加粮食可获得性；②增加对大、中、小型农业的投资。其他相关表述包括加强农业和工业之间的联系以及鼓励农产品加工。

第一个成果中第 2 个目标项下的第 4 个操作目标，提到将农业增长率翻倍，并提出 8 个相关战略。这些战略均为发展措施，例如灌溉、生产力及技术、培训以及提供服务。在第 5 个操作目标项下也有类似的条款，以促进畜牧业发展。总体而言，这些问题都不是特别具有争议。

粮食安全在第一个成果的第 3 个目标项下有所表述，即在改善城乡家庭粮

---

① 成果 1 的总目标是达到和保持广泛和足够的发展。

食的可获得性处。项下的两个操作目标包括将粮食产量从 2003/2004 年的 900 万吨增加到 2010 年的 1 200 万吨以及保持至少四个月需求量的战略谷物储备。对于第一个操作目标，除了上述提及的灌溉、科研等方面，还提到了增加生计型农民可获取的投入品，主要方式是对特定作物进行补贴以及增加小微金融。对于第二个操作目标则包括对粮食储存技术、粮食农情监测以及优化粮食储存管理方面的研究。

在 NSGRP 中也提到了一些贸易价格手段，体现在"农村减贫"部分。其目标是将基本物质需求贫困线以下人口占总人口比例从 2000/2001 年的 38.6％降低到 2010 年的 24％，并将食物贫困线以下人口从 2000/2001 年的 27％降低到 2010 年的 14％，手段包括使收入来源多样化、增加对合作社和农民组织的出口信贷保险基金、支持高回报率作物的种植以及推广高附加值计划及农产品加工。

表 18-1　NSGRP 第一个成果中目标 2 项下与贸易有关政策

战略	干预措施
2.1.1 在坦桑尼亚有优势或可以培养出竞争优势的产品/服务上制定详细的发展战略	• 展开关于特定产品的对话，如皮革、食品加工、纺织、芳纶弹性合成纤维等；在生产加工、质量标准和市场方面展开研究
2.1.2 在子行业层面开展合作，加大特定产品附加值	• 同上
2.1.3 对生产和服务行业展开投资促进	• 政策审议及投资促进
2.1.5 通过商业环境稳定项目（BEST）项目维持可预见的商业环境，加速该项目执行	• 政策审议、唤起社会意识、法制改革、劳动力和用工关系改革
2.2.1 发展中小型企业信贷便利化、中小型企业发展政策战略、合作社及其他农民生产组织出口信贷保证基金、合作社发展政策（2003）、小微金融、推动建立孵化器体系以帮助中小型企业可持续发展	• 中小型企业发展及管理、微型信贷、中小型企业政策及规划、商业管理

数据来源：NSGPR，附件部分。

2.2　全国贸易政策（2003）

坦桑尼亚于 2003 年发布了坦桑尼亚国家贸易政策，即"竞争型经济及出口导向增长贸易策略"。该报告共 82 页，包含以下章节：背景情况，经济概述，愿景、任务及目标，制约及挑战，政策工具以及执行框架和计划。

在本文件的第三部分，即愿景、任务及目标中指出，为了实现减贫目标，需要保证 GDP 增速超过 7%，这就要求贸易增速超过 14%。关于贸易政策的愿景如下："……将经济由供应不足转型为有竞争力的出口导向型经济，以加强国内产业升级，并通过国内贸易自由化加深国际经济参与度。"任务则阐述如下："……通过社会经济高速发展维持竞争力，发展贸易。"在目标部分则阐明了五个具体目标，简要地说分别为：①将发展贸易作为加强国内市场效能和竞争力的工具；②让经济向一体化、多元化和具有竞争力的方向转型，以有效参与国际贸易体系；③在出口方面增加附加值；④将投资引入出口导向型领域；⑤通过高效进出口贸易，获得并维持经常账目长期平衡。

这些目标都描述得很清晰，目标本身也是发展中国家贸易政策中常见的。对于这些目标，在第五章"贸易政策工具及优先行业"中有更加具体的描述。有必要认真分析这些内容，因为它们提出了一些可能产生争议的问题。

第五章一共提出了 23 个具体的政策工具，并将其分为 5 大类。这部分简要介绍了政策定位，对于私营部门而言是巨大利好。对于每一项政策工具，该章都用了一段篇幅介绍基本情况，然后用一段左右介绍其政策定位。该章在开始部分介绍，这些政策工具有四个目标：促进国内生产、促进出口、保护国内产业不受倾销损害以及保护消费者。5 个大类如下：

（1）关税相关政策工具（如关税、其他税收）。

（2）非关税措施（如配额、单证、国营及半国营企业等）。

（3）贸易防御工具（各种保护性措施）。

（4）贸易发展政策工具（如投资准则、出口加工区等）。

（5）国际贸易政策工具（如贸易协定）。

由于篇幅限制，下文仅对坦桑尼亚政策工具选取部分进行简单介绍，仅涵盖争议性较大的类别。

1. 关税和税收

a）关税

• 关税将继续在贸易政策执行中作为主要政策手段。

• 主要作用：保护国内产业及增加收入。

• 关税结构将更加透明、可预见、自由化并更加合理。

• 目标是增强竞争力并增加消费者福利。

• 将增加关税政策分析能力，包括基于有效保护率（ERP）的经济影响分析。

b）国内税收

• 税收结构复杂、多元、总体税率更高、行政成本高。

• 保证税收政策为增加出口服务。

• 合理、降税、集中、透明等原则。

• 总体目标是将关税用作贸易政策工具，包括在 WTO 规则允许范围内保护国内产业①。

c）退税机制（DDB）

• 目前该机制存在一些问题（确定退税以及退税及时性问题）。

• 比起退税，降低关税对促进出口更有效。

• 进口关税降低之后，退税机制的重要性也随之降低。

• 与此同时，退税机制将更加高效。

d）出口税

• 政府认识到出口税对于初级产品的出口起到反作用，因此有利于高附加值产品的出口。

• 出口税选择性征收也可以为科研、培训、服务等方面筹集资金。

2. 非关税壁垒（NTB）

关于非关税壁垒，即进口单证及注册、海关估价、当地成分要求（WTO《与贸易有关的投资措施协议》，即 TRIMS 协定）、标准、国营贸易企业、政府采购程序以及行政程序。最终的目标是通过关税化消除非关税壁垒，之前也就此做过很多努力，下面将对几个争议较大的非关税壁垒进行总结。

a）TRIM（当地成分要求）

• 当地成分要求可以使当地企业获得竞争优势。

• 在未来谈判中，坦桑尼亚政府的立场是，对于一些条款，最不发达国家可以出于发展的考虑获得一些例外。

b）国营贸易企业（STE）

• 国营贸易企业在贸易调控，尤其是粮食产品贸易调控方面会持续起到重要作用。

• 过去和现在的政策已经限制了国营贸易企业的作用。

• 国营贸易企业在特定产品贸易调控上的作用是得到承认的，尤其是在危机时期以及针对粮食及其产品的调控。

• 在有需求的时候，国营贸易企业有权在特定的期限内提供必要服务。

3. 贸易防御工具

政府将通过立法和能力建设更好使用相关工具（即保障措施、补贴及反补贴税、反倾销措施及原产地规则），总目标是保证竞争公平并给予起步阶段的

---

① 在这里使用"税收"而非"关税"较为奇怪，这一点基本上是重复了"关税"部分第 2 条的意思。

产业发展的时间，以培育贸易竞争力①。

4. 贸易发展工具

对于贸易发展工具，即出口加工区、投资准则及规则、出口促进及便利化，主要目的是解决供给侧限制，从而从生产和贸易的不同层次促进出口。

· 推进、合理布局并扩大出口加工区。

· 将采取措施吸引外商直接投资，包括在农业和工业等重要领域。

· 对于出口便利化，除了简化贸易流程、降低贸易成本外，政府还将重新引入出口信用保证体系。

5. 国际政策工具

坦桑尼亚政府已经充分意识到区域及全球贸易协定的好处，并将：

· 更积极参与双边、区域及多边贸易安排。

· 在加强贸易谈判能力方面做更多努力。

下一节将对上述政策工具进行评价。

2.3 贸易一体化诊断性研究（DTIS）

2005 年的坦桑尼亚 DTIS 包含两卷，第一卷（180 页）为主报告，第二卷（153 页）则对产品及行业进行了研究。报告还包含 23 页的行动矩阵，阐述了还需进行的工作及需要开展下一步工作的领域等。总体来说，这份报告涵盖全面，是研究坦桑尼亚贸易政策及支持措施的重要依据。

和其他 DTIS 一样，这份报告也侧重于出口。报告称："本报告的目的在于支持坦桑尼亚政府实现国家贸易政策，即建立出口导向型经济，达到增加收入和减贫的目的"。这份报告也在出口战略方面做出了贡献。从这个角度来说，和其他类似报告一样，坦桑尼亚 DTIS 包含了两个方面：经济问题及制约因素以及特定（出口）行业供给侧问题及制约因素。

经济问题方面，DTIS 在第一卷中研究下面八个问题，这些问题也是大的发展目标下有关贸易的子集：宏观经济环境及竞争、贸易政策、市场准入及贸易偏好、贸易政策机制及出口发展、出口加工区、SPS 标准、交通、海关。对大部分问题的建议都相当标准，并没有什么争议性，比如需要加强宏观经济稳定性、增加海关管理、将市场与基础建设相联系等。在贸易政策的进口方面，主要的建议是逐渐削减进口关税（也就是 EAC CET）以减少贸易分歧，合理化关税结构和布局，将目前分散在不同产品和产业、效果各异的保护措施合理化分布，以及梳理因加入不同区域贸易组织所带来的矛盾。

---

① 坦桑尼亚就补贴与反补贴的一份政策声明中，提及出口补贴，这个问题是出口政策范畴。政策声明称政府认识到 WTO 规则限度内的补贴在出口促进中的作用，因此政府将利用补贴工具促进出口。

第二卷则对一系列出口产品及服务进行了详细分析。这包括了四类农产品（腰果、棉花、咖啡及茶）、园艺花卉作物、香料、水产品及旅游业。第二卷指出供给侧有四项制约：①作物协会的作用；②高税收；③薄弱的农业支持服务；④价格波动。相关政策建议较为标准，包括减少协会的干预、降低税收负担（出口和国内税）、服务供应私营化以及使用基于市场的风险管控系统。

DTIS 中的一些分析也为政策制定提供了灵感。其中一项就是对有效保护率（ERP）[①] 的水平及离散度进行的分析。分析表明，ERP 离散度大，从 −16% 到 216% 都有。此外，分析指出，在 CET 确立之后进行的关税调整较为适中，但 ERP 离散度却进一步加大。这样大的离散度加大了资源分配不当的风险。大部分政府采取不同的名义关税，对不同的产品进行支持，这就产生了不同的 ERP。有效保护是要有清晰的理由的，而其效果需要检验并保持透明。报告提供了相关图表，描述了 ERP 和附加值比率的负相关关系，说明低附加值行业得到的保护比高附加值行业要多，这与政策目标是相反的。

因此，一个重要的建议就是，重新平衡贸易激励措施，在低附加值的加工行业进行结构调整，以减轻政策带来的资源配置不当的风险。当然，如果这项建议因为某些原因未能实现，维持现有的保护结构则需要有足够理由（粮食安全、环境保护等）。

2.4　农业政策框架

2001 年"坦桑尼亚农业部门发展战略"（ASDS）是坦桑尼亚主要的农业框架。该战略包括愿景、制约条件分析、策略及政策。该战略的目标是使农业年均增长率达到 5%。ASDS 提供了一系列战略，表明要与过去的做法区分开来。主要的几点表述如下：

（1）从生计型农业转型为商业性农业。

（2）私营部门驱动，政府提供合适的环境。

（3）通过地区农业发展计划放权。

（4）通过确定公共/私营部门的角色，不再管制支持服务的提供。

（5）改善投入品与产出品市场功能。

（6）加强行业管理制度框架。

为了执行 ASDS，坦桑尼亚于 2006 年制订了"坦桑尼亚农业部门发展计划"（ASDP）及"全国畜牧业计划"，并在 2007 制订了"农业市场计划"。"坦桑尼亚农业部门发展计划"的规划期达到 15 年，以 7 年为初步执行期（2006/2007—2012/2013），并对成本进行了详述。

---

① 参考时期为 2003—2004 年，也就是 EAC CET 实施之前。

ASDP 资金来自于政府及发展伙伴，计划分为中央和地方层面。中央层面的活动主要是有关部门展开的，地方层面的活动则基于"地区农业发展计划"，并通过地方政府主体实施。在资金的使用上，地方和中央分别使用 75% 和 25% 的资金，其主要活动如下：

中央层面：①农业服务；②全国灌溉发展；③市场和私营部门发展；④粮食安全；⑤协调、监管及评估。

地方层面：①地方农业投资；②地方农业服务；③地方农业能力建设及改革。

ASDP 文件称其与 NSGRP 和 ASDS 相协调，但也承认，NSGRP 农业 10% 的年均增长和畜牧业 9% 的年均增长是 ASDS 目标的两倍，而后者的目标则更加现实。

2.5 "农业优先"战略

"农业优先"战略发布于 2009 年，作为坦桑尼亚绿色革命的一份蓝图，拉动各方为 ASDS 注入新的活力、促进私营部门参与、协调计划资源配置 (Kilimo Kwanza，2009)。该战略由坦桑尼亚国家商业协会提出，因此至关重要，该协会是私营部门和政府间最大的咨询机构，并且由坦桑尼亚总统担任协会主席。

"农业优先"[①] 战略有 10 大支柱，其中一些与贸易/价格政策相关，本文也有所涉及。例如支柱 4，"战略框架思路转变"部分。表 18-2 归纳了该支柱与本文有关的一些内容。

表 18-2 "农业优先"战略中有关大宗商品和产品的提案

行动	任务
4.1 识别与国家粮食自给有关的战略性粮食作物产区	• 对战略作物如玉米、木薯、大米、豆类、水产品、肉奶产品、小麦、香蕉、马铃薯、大麦、小米生产进行安排 • 在玉米和小麦加工中加入木薯
4.2 识别可在最少财政支持及技术条件下转型的农作物产区及模式，培育国内外市场、创造更多就业机会	• 在棉花、葵花、红花、芝麻及棕榈油生产上进行财政安排
4.3 识别可转型的园艺产品产区及模式	• 对需要较少投资并能取得外汇、为国家经济做贡献的劳动密集型作物进行安排，如洋葱、芒果、香蕉、葡萄、鳄梨、菠萝、番茄、蔬菜及香料

① http://www.tnbctz.com/index.php/KILIMO-KWANZA/View-category.html

（续）

行动	任务
4.4 识别高附加值作物（纤维、生物燃料等）的产区及模式	• 对用于制造能源的剑麻、甘蔗、油菜籽、甜高粱及其他高附加值产品进行增加生产的安排

数据来源："农业优先"战略支柱 4。

此外，在支柱 6"激励措施"中提到了农业价格稳定及坦桑尼亚战略谷物储备。在 6.3 条中提到价格稳定，但是其表述却自相矛盾。在"消除农产品市场壁垒"中提出的 5 条建议中，有 4 条（除了第 3 条）提出增加政府在粮食市场的干预：

（1）给予坦桑尼亚国家食品储备署（NFRA）更多资源，以监管粮食价格并使政府成为粮食的最后买家。

（2）增加 NFRA 的购买力和库存能力。

（3）鼓励私营部门增加其购买和储备粮食的能力。

（4）为了维护市场稳定，保持六个月到一年的粮食储备。

（5）监管粮食边境贸易。

第 6.6 条也阐述了建立农产品价格稳定机制。在支柱 7 中也有一些关于贸易的有趣提案（该部分为工业化部分）。具体行动分为两类。第一类是"后向联系"，包括化肥、种子、畜牧业服务、渔业、农业化学品和农机方面的提案。第二类是"前向联系"，包括"扩大农产品加工产业"，涵盖下列 7 项活动，其中一些和贸易/价格相关：

（1）加强措施，不鼓励初级产品出口，增加进口竞争性产品的关税并定期进行审议。

（2）采取措施抵制低质量加工农产品倾销。

（3）开展"买坦桑尼亚货"活动，从政府购买开始做起。

（4）对停产的农产品加工企业重新布局和恢复（腰果、皮革、纺织等）。

（5）通过激励措施等支持当地农产品加工企业。

（6）支持小型企业发展组织（SIDO）以推动小型农产品加工企业生产。

（7）建立高质量包装企业以满足农产品加工之后的包装需求。

2.6　EAC 贸易与粮食安全政策

EAC 关税同盟于 2010 年 1 月生效，这对坦桑尼亚的贸易政策选择产生了重大影响。EAC 在 2010 年 2 月采取了区域性粮食安全战略，并在 2010 年 5 月制订了 2010—2015 年的计划。坦桑尼亚的贸易政策成型于 2003 年，因此不能满足新的发展。

首先，CET 不能使坦桑尼亚保留足够政策空间。坦桑尼亚入世承诺的 120% 约束税率形同虚设。虽然坦桑尼亚近期实际关税较低，与 EAC CET 相近，但似乎并不构成影响。此外，对于敏感产品设置了更高的关税，共计 31 条税目（8 位税号）的农产品被实施远高于 25% 的关税水平（平均是 55% 的从价税，其中 11 条税目设立了每吨 200 美元的混合从量税）。但是，因为各成员贸易特点和敏感度都不同①，因此各成员都面临不同困难。与所有关税同盟一样，EAC 也设立了保障措施防止进口激增及进口价格下降，但是这些措施并没有发展得很全面，相关的讨论也有所缺失。

在区域内贸易自由化的背景下，EAC 关税同盟也会带来新的挑战和机遇。在挑战方面，EAC 自由贸易的前提下，坦桑尼亚很难通过战略谷物储备等政策实现粮食价格稳定及供给。坦桑尼亚战略谷物储备将难以控制国内价格，尽管这是该国一些国家政策框架提出的立场。此外，因为坦桑尼亚加入另一个区域性组织——SADC，也将压缩其政策空间。对于这些因加入不同区域性组织形成的问题，需要更多的研究，但是目前的国家政策框架中并未提及。

第二，有必要对 EAC 粮食安全战略和计划做出评价。EAC 粮食安全战略提供了相应战略/政策，而计划部分则包含 49 页，其中 29 页为具体的执行计划，包括 17 个干预措施，分布在 3 个领域：①加强区域内粮食流动；②通过提高生产力增加产量；③加强并加速政策、战略和计划的执行。其中五项干预政策与本文关联较大：

（1）"EAC 共同市场协定"使粮食产品贸易享有优先权。

（2）消除粮食从富余地区流向短缺地区的非关税壁垒。

（3）EAC 区域内不得对粮食采取出口禁令措施。

（4）建立紧急粮食援助，通过区域内采购加投资措施实现粮食供给体系的长期发展。

（5）EAC 设立区域框架作为法律基础来协调粮食安全、气候变化等问题的措施。

行动计划中有两点值得注意。一是号召采取措施促进区域内贸易便利化，并使区域内粮食贸易在 2015 年升至 30%（以前不足 10%）。二是号召各成员进行粮食和财政储备，在 2015 年达到至少六个月消费量的储备水平（目前是 3 个月），并使各成员在 2015 年建立等同于六个月消费量储备的基金。这些目标与坦桑尼亚国家政策框架有所不同（下文详述）。

---

① 在上一章关于贸易政策的部分就讨论过这个问题。

3 贸易政策主流化情况

本节对 5～6 个主要的贸易问题进行评述，主要针对其是否与坦桑尼亚国家政策框架相一致。正如上文所言，主流化政策的一大特征，就是看其是否与整体政策框架相一致。其中的一些问题已经在之前的章节有所涉及。

(1) 选取享受特别关注的战略产品

正如许多发展中国家一样，坦桑尼亚的政策框架也强调发展特殊产品和战略产品[①]。NSGRP 中提到了这个战略，但是并不是特别详尽。在第一个成果项下的第二个目标中，战略是"建立详细的发展战略，侧重于坦桑尼亚已有或是可以发展出竞争优势的特殊产品/服务"。而目标 3 则号召对"选定的作物"提供投入品及补贴。目标 4 谈到了"高回报作物"。因此，从这个方面看，NSGRP 对特殊产品的描述并不详尽。关于有竞争力的产品、高回报的产品并没有明确界定。这个策略也没有在 ASDS 和 ASDP 中得到提升和细化。至于贸易政策，尽管提到了关税作为保护手段的作用，却没有针对"特殊"产品提出特别关税或其他措施。DTIS 并未提及粮食作物，在整体政策框架下也没有提出特别的出口作物。

"农业优先"战略支持优先序的排列，在支柱 4 中提到了要识别四类产品的优先产区及生产模式。问题在于，该文件基本上把所有作物都列为优先对象，共计包含 31 个产品（如果将其中的肉奶产品再细分，就有更多的产品）。虽然该文件与 NSGRP 做法保持一致，但将如此多的产品列为优先实际上起不到多大作用。

在 EAC 贸易政策方面，将 31 条税目列为敏感农产品，这与 NSGRP 是一致的。大部分敏感产品是基础食品，这也与 2006 年阿布贾粮食安全峰会认定的战略产品相一致，因此，至少它得到了 NSGRP 和阿布贾峰会决议的支持。

总结起来，即使 NSGRP 并没有将战略描述清晰，此后制定的 ASDP 也应将其更好地展开并辅以行动计划。这一点至关重要，因为最终农业项目需要践行 NSGRP 关于农业的战略。

(2) 对于进口竞争性产品/行业采取的保护性措施

NSGRP 在这一点上并没有说明。虽然该文件在其他很多方面提到了竞争

[①] 在其他很多场合也有类似的例子，比如多哈回合谈判选取特定或敏感产品，2006 阿布贾粮食安全峰会选取一系列产品作为增加非洲内部贸易的产品等。

力，并且应该解读为支持公平进口竞争（没有或仅有部分保护），但是这主要是针对 TNTP03 的贸易政策所作的表述。TNTP03 的主要目的，正如其副标题"竞争型经济和出口导向型增长的贸易策略"所言，是着重于出口的[①]，但是也有一部分关于进口的观点。在第五部分关于保障性措施的内容中规定了，在过渡期，当自由化威胁到国内产业和经济活动时，如何识别需要保护的产业，保护的依据及成本，以及保护的最长时限。此外，该文件也指出，关税将是贸易政策中主要的保护手段和国家财政来源，并希望使用贸易防守工具"在不损害贸易的情况下发展萌芽产业，使其得到竞争优势，保护公平竞争"。

DTIS 也是关于出口的，所以这个问题基本没有提及。与之相似的是，ASDS、ASDP 也没有太提及这个问题。此外，"农业优先"战略在支柱 7 中提出需要用严格手段防止倾销，并通过激励措施支持当地农产品加工。关于关税保护，坦桑尼亚的最高关税为 EAC CET 所限制，对非敏感产品最高为 25%，对于一些成员这个关税水平较低，而对于其他成员正好或较高。但是对于 31 个敏感农产品税目，共同对外高关税则足以保护产品。与之相似的是，EAC 也有针对进口激增及价格下跌的保护措施。最终，坦桑尼亚作为 EAC 成员，EAC CET 及 EAC 保护措施将成为该国主要的调控手段。即使 NSGRP 并未触及这些问题（或许是因为出台较早），坦桑尼亚也可以使用 EAC 相关手段。

（3）坦桑尼亚战略谷物储备（SGR）体量及作用

SGR 在整体的贸易和农业中只占很小一部分，但是却是争议性领域，争议主要针对其体量及作用。坦桑尼亚的国家政策框架对此有比较连贯的考虑么？

NSGRP 在这方面并未发声，但是呼吁保持至少满足国家粮食需求四个月的库存（主要是玉米）。有关贸易政策并没有提到 SGR，但是却提及了国营贸易企业在粮食贸易中的作用，包括其特殊权利。ASDS 和 ASDP 对 SGR 也没有提及。加上这些文件着重强调私营部门在市场上的作用，SGR 对于价格稳定的作用很可能不会得到支持。"农业优先"战略则持高度干预立场，希望可以维持至少满足 6 个月需求的粮食库存，保持市场条件稳定，监管粮食作物价格，并让政府承担起最后买家的任务。最后，EAC 粮食安全战略要求各成员保持满足 6 个月需求的粮食储备，这与坦桑尼亚"农业优先"战略相吻合，比 NSGRP 要求要高。

因此，对于 SGR 的体量及作用，很明显的一点是，它在政策框架中并没

---

① 因此，NTP03 六大主要问题中的第一条表述如下："加强对贸易手段的共识，将高保护的计划经济转型为竞争型市场经济"。

有得到清晰地体现。很多分析支持小规模战略谷物储备，比如不超过满足 3 个月需求的库存，且仅用做应急所需。从这些分析看，SGR 操纵市场价格，既不具有操作性，也不为业界喜闻乐见。未来应更加鼓励私营部门参与，并更多依赖贸易来实现价格稳定。

（4）出口税及出口激励

NSGRP 对于出口税并未做规定，但是在战略 2.2.1 中提到了针对合作社和其他一些农产品营销组织的出口信贷担保基金。TNTP03 则承认了出口税的作用，尤其是其通过减少未加工原材料的出口，鼓励当地高附加值产品的生产，并通过对特定产品征收出口税，为科研、培训、服务等方面筹集了资金。此外，坦桑尼亚实施了一项退税方案，直到进口关税降到较低水平。另外，该文件提到，除了出口促进区，坦桑尼亚将重新引入出口信贷担保计划。DTIS本质上是反对出口税的，无论征税的目的是为了发展高附加值产品，还是为科研筹集资金，或者为了反对任何形式的出口补贴。ASDS 和 ASDP 并没有对出口税等政策工具进行阐述。"农业优先"战略没有特别提到出口税、出口补贴等政策工具，但是和 TNTP03 一样，呼吁采取措施来减少原材料出口。最后，EAC 政策框架中也没有提到这些问题。因此，总体而言，从上述这些文件看，NSGRP 对出口税、出口补贴等问题明显缺少指导，虽然该文件将出口导向型增长作为一项关键战略。

（5）国内补贴及激励措施

考虑到 WTO 的《农业协定》，国内支持也成为一项贸易问题。对于坦桑尼亚，其国内支持总量还远不到《农业协定》规定水平，因此其面临的问题主要还是经济问题。简单来说，NSGRP 提到的补贴措施主要与粮食安全相关，这在第一项成果中有所体现。该文件将粮食产量的目标由 900 万吨提升到1 200万吨，实现目标的一个战略是，对选定的粮食作物生产提供补贴，尤其是对小农户提供补贴。此外，文件还提到了吸引私营部门进行农业投资。TNTP03 的目标中也提到了激励措施，主要是在目标 4 的部分，提到了通过激励引导投资进入出口导向领域，以获得竞争优势。

DTIS 并没有详述国内补贴，但不太可能支持这类措施。ASDS 和 ASDP虽然没有关于补贴政策的描述，但是有一些计划提到了使用激励措施（也就是一定形式的补贴）来提供投入品和服务，以及引导私营部门更多地投入农业领域。坦桑尼亚目前对化肥提供补贴。几乎所有政策框架都强调增加农业信贷，因此银行也得到了一些补贴和激励措施。最后，"农业优先"战略支柱 7 中也支持为国内生产提供补贴及激励措施，包括通过贸易保护途径。例如，该文件呼吁通过提供激励措施和其他支持手段支持当地农产品加工，但是并没有具体提及激励措施方式、对象、获取条件及补贴量，因此并没有提供很多有用的信息。

(6) 更好的主流化 PRSP

最后的问题就是，从贸易和农业政策主流化的角度看，如何改进 PRSP。上述的评论都是为了解决这个问题——保证 PRSP 的指导方向与其后的政策文件相一致。

实现贸易主流化的 PRSP 应该是什么样的？一系列研究评估分析了各国 PRSP（Hewitt 和 Gillson，2003；Ladd，2003），可以提供一些线索。这些研究可以提炼出以下几个重点：PRSP 中鲜少涉及贸易政策问题，更少涉及农业贸易，虽然这对减贫和增长至关重要；替代性政策和观点也很少被提及；"贸易"基本等同于"出口"，进口的问题基本被忽略；政策中基本不考虑贸易与贫困的关系；利益相关群体咨询质量不高，这也是贸易政策中缺少替代性观点的原因。

ODI 近期有一项研究（Driscoll 等，2007），对一批较新的、第二代 PRSP 进行了评估（6 篇，包括坦桑尼亚）。研究中针对贸易提出了 16 个问题。总体而言，坦桑尼亚 PRSP 排位远低于其他国家。对于其中 9 个问题，答案都是"没有"，例如，坦桑尼亚 PRSP 没有所需要的贸易相关特征。它没有关于贸易的单独章节，没有基于行业或弱势群体的特别的政策考量；它对贸易与贫困的联系没有分析考虑，对 WTO 相关问题没有考虑；它对一系列区域性经济组织的问题也缺乏考虑。对于其他 6 个可以回答"有"或者"是"的问题，其肯定回答也并不充分，例如，虽然在坦桑尼亚政策文件中涉及相关问题，但并没有充分分析和展开。

对于 PRSP 而言，将所有贸易问题在一个文件中解决是不现实的。但是，作为一个 PRSP，在贸易问题上缺失，且没有将其上升到国家战略层面，肯定也是不够的。TNTP03 作为一项贸易政策，显然已经提供了所需的细节。PRSP 需要制定充分的战略并对相应的政策进行清晰指导，这样才可以传达出清晰的信息，并与其他政策框架相协调。理想的情况是，PRSP 和相应政策框架的关系类似于宪法和法律的关系。

本节的最后，再次强调，下一版 NSGRP 还有很大改进空间，制定者需要：①从 PRSP 分析和评估文献中汲取经验教训；②确保 PRSP 中提到内容有足够的后续政策框架支撑，尤其是农业和工业政策；③考虑区域贸易协定和关税同盟的新政策框架；④充分考虑进口问题，尤其是关于粮食和粮食安全的问题。最后，需要做出更多的努力，更好征求利益相关群体意见，要基于证据分析不同政策选择的后果，从而使利益相关群体的参与更加高效，并可以提供新的观点。

参 考 文 献

Driscoll，R.，Agha，Z. K.，Cali，M & te Velde，D. W.（2007）．Growth and Trade in Africa's Second Generation Poverty Reduction Strategies，Overseas Development Institute，London，July 2007.

EAC（2010）．Food Security Action Plan 2010—2015，EAC Secretariat，Arusha，May 2010.

GoT（2001）．Agriculture Sector Development Strategy（ASDS），URT，October 2001. GoT.

GoT（2005）．Diagnostic trade integration study，Volumes I and II and Action Matrix. November 2005.

GoT（2008）．Agriculture Sector Review and Public Expenditure Review 2008/09，Final Report，November 2008，Ministry of Agriculture Food Security and Cooperatives.

Hewitt，A. & Gillson，I.（2003）．A Review of the Trade and Poverty Content in PRSPs and Loan-Related Documents，ODI，London，June 2003.

Kilimo，K.（2009）．Kilimo Kwanza-Towards a Tanzania Green Revolution. Report of the Agriculture Working Group，Tanzania National Business Council（TNBC）.

Ladd，P.（2003）．Too hot to handle? The absence of trade policy from PRSPs，Christian Aid，April 2003.

Osoro，O.，Cheyo，M. & Hatibu，S. H.（2010）．Mainstreaming Trade in PRSP，Background paper under ERB/FAO Trade Mainstreaming Project，Economic Research Bureau at the University of Dar es Salam，Tanzania.

第十九章　坦桑尼亚贸易相关的农业支持措施

Ramesh Sharma

1 概况介绍

本章是对前两章的补充，主要是讨论对坦桑尼亚贸易发展至关重要的与贸易相关的支持措施（TRSM）。本章需要同前两章一同阅读，因为 TRSM 需要与国家发展战略和计划（如 PRSP）以及补贴政策框架（如对农业、工业的补贴）相一致。这是确定 TRSM 及其优先序的唯一方法。本章的背景工作由 Hatibu（2000）等完成。

本章第 2 节主要是对坦桑尼亚过去及现行的 TRSM 进行综述。主要来源是以下两个方面：一是近期 OECD/CRS 数据库中关于流向坦桑尼亚的 AfT 的相关研究，也包括了部分坦桑尼亚整理的数据。研究者还将坦桑尼亚的支持政策按照 DTIS 的行动矩阵脉络进行梳理。二是根据坦桑尼亚农业行业发展计划整理的农业行业数据。将二者结合就可以展现出坦桑尼亚的当前状况。

因为将 TRSM 纳入主流政策框架至关重要，本章第 3 节对坦桑尼亚国家发展战略和补贴政策进行了总结，主要是基于前两章的研究。在此基础上，第四节对农业 TRSM 如何与贸易及发展政策相一致进行了讨论，并提出了建议。

正如本文第四章提到的，本文使用 TRSM 这个说法而非 AfT，主要有两个原因。一是 AfT 仅为外部资金支持的措施，而 TRSM 涵盖了不同资金来源支持的所有支持措施。二是 TRSM 可以涵盖所有行业的所有产品，包括进口产品，而 AfT 则常常仅支持出口，虽然 WTO 工作组报告并未详述这个问题。除了上述两点外，二者没有太大的区别。六个大类的 AfT 中完全可以涵盖贸易相关措施和产业措施（如农业、工业）。

2 与贸易相关的支持措施（TRSM）

本节将基于 OECD/CRS 数据库对坦桑尼亚接受 AfT 的情况进行描述，此前也有研究从这个角度展开（尽管称为 AfT，其实这个概念在 2005 年诞生之前，这种援助形式的数据已经存在），之后，将重点对农业领域进行分析[①]。

2.1 贸易外部支持

2.1.1 贸易援助（AfT）的整体情况

表 19-1 是 Turner（2008）在 ODI 近期的研究中对坦桑尼亚 AfT 情况的

---

① 一个全面的国内农业支持 WTO 通报将很有助于研究，遗憾的是，坦桑尼亚没有这样的通报。

定量分析，分类是基于 WTO 工作组对 AfT 推荐的分类。Turner 也提出了描述 AfT 所面临的一系列困难，这一点值得注意。

在讨论这些数据时，Turner 注意到 OECD/CRS 数据仅包含各行业所获得的援助，忽视了没有流向具体行业的援助金额，这可能带来误读。在坦桑尼亚，近半数的海外发展援助（ODA）没有流向具体行业（2000—2006 年的平均比例为 46%），其中大部分是通过一般预算支持（GBS）给予的。由 GBS 给予的 ODA 在政府预算中属于非特定用途（没有具体捐赠者指定行业）。这些钱究竟花在哪里，需要数年后才可获知。OECD/CRS 不统计这部分 AfT，也许会大大低估了实际 AfT 流量。Turner 同时指出，将 AfT 前后纵向比较是有问题的，因为有些捐赠者可能会改变 ODA 援助的方式（例如 GBS 变成行业定向援助）。因此，如果一个捐赠者决定从 GBS 中撤资，转向行业定向援助，那么从 OECD/CRS 数据上来看，AfT 金额将大幅提升，但实际上只是同一笔资金通过不同方式来捐赠。

表 19-1　坦桑尼亚 AfT 承诺（多双边）分类表（2000—2006 年）

单位：百万美元（2005 年固定价格）

	2002 年	2003 年	2004 年	2005 年	2006 年	2002—2006 年平均
贸易政策及法规						
贸易政策及行政管理	0.0	0.6	0.4	6.2	2.1	1.9
贸易便利				2.6	0.2	1.4
区域性贸易协定			0.1	0.1	0.1	0.1
贸易教育/培训	0.0		0.3	0.5		0.3
小计	0.1	0.6	0.7	9.4	2.4	2.6
经济基础设施建设						
交通及仓储	12.8	13.6	247.9	195.2	51.0	104.1
通讯	2.2	5.5	0.9	2.2	2.2	2.6
能源供应及生产	16.5	25.7	59.2	7.1	15.6	24.8
小计	31.5	44.8	308.0	204.5	68.8	131.5
产能建设（包括贸易）						
商业支持服务及设施	8.8	38.8	14.8	4.1	0.3	13.3
银行及金融服务	2.4	2.0	0.3	20.5	12.8	7.6
农业	98.0	99.5	26.8	94.9	104.0	84.6
林业	47.2	10.5	0.5	0.2	13.4	14.4
渔业	0.1	6.3	0.2	51.2	0.2	11.6
工业	1.5	7.2	7.4	98.8	5.8	24.1

（续）

	2002 年	2003 年	2004 年	2005 年	2006 年	2002—2006 年平均
矿产资源及开采	13.2	0.0	2.0	0.2	0.1	3.1
旅游业	0.5	0.2	0.3	3.1	0.0	0.8
小计	171.7	164.3	52.4	272.9	136.4	159.5
贸易援助合计	203.3	209.7	361.1	486.8	207.7	293.7
贸易援助（%或全部 ODA）	12.4	11.9	17.4	26.7	8.1	15.3

数据来源：Turner 报告第 16 页，表格 2（2008），数据本身基于 OECD/CRS 数据库。

　　另一个问题则具有一般性（对所有国家皆是如此），就是在生产力和基础设施两个范围很宽的领域内量化 AfT。虽然 WTO 工作组将这两个方面都归入 AfT，但是这两个方面中的"贸易"成分在很多时候相当小。在基础设施方面，一份 OECD - WTO 的报告称"几乎不可能将贸易相关的基础设施与一般经济相关的基础设施区分开来"。因此，OECD/CRS 报告引入了"贸易发展标记"，用以记录"生产力建设"大类下的贸易发展情况。报告对每一项活动进行打分（0、1 或 2 分），标准是该活动是否基于贸易发展目的。基于这项分类的主观性，最终的测算并不准确。因此，在这两个领域内准确监测 AfT 流向成为一项困难的挑战。

　　表 19 - 1 中展示了 OECD/CRS 有关数据，首先，在 2002—2006 年，AfT 金额变化较大，例如在贸易政策一项，金额从 2002 年的 10 万美元增加到了 2005 年的 940 万美元。而在经济基础设施建设上，金额的变化则更大。第二，贸易政策及法规项下的援助资金仅为其他两项的零头。

　　在其他研究中，索科因农业大学的 Andrew Temu 也就 OECD/CRS 的 AfT 数据进行汇编，研究主要的角度是基于农业及农业企业，因此与本文的联系也更加紧密（Temu，2007）。他汇编了 OECD/CRS 数据库中与农业贸易相关的农业、农业企业及私营部门发展的 82 项捐赠者支持项目，并对坦桑尼亚的捐赠者进行了采访。Temu 的研究涵盖了 1990—2005 年数据，并在两个附件中总结了这些项目的特征。

　　表 19 - 2 是 Temu 研究的一张总结性图表。Temu 发现，在其研究的 82 个项目中，预算从 10 万美元（一般是能力建设项目，如培训）至 1.7 亿美元（一般是交通及其他基础设施建设项目）不等，项目时间从不足 1 年到逾 10 年，范围从几个村庄到全国。

　　Temu 提出的一项有见地的结论是，初级种植业得到了实在的支持，包括灌溉（1/3 的项目及 27% 的总资金）。这些项目的目标包括增加作物产量、提升种植和畜牧能力、提供服务支持初级生产、控制疫病、加强水资源管理并创新灌溉方式。这些项目均侧重于小农传统生产体系,目的是扶贫及保证粮食安全。Temu 还指出,这一类项目吸引到了最多的捐赠者和借款机构。此外,虽然畜牧业可以显著地促进发展,却比种植业吸引的捐赠少很多。

Temu 同时认为,农业机制发展方面,私营部门得到的捐赠相对较多(9 000万美元),公共机构则较少(2 300 万美元)。支持私营部门的内容包括加强生产者组织、小型信贷机构及"能力获取"计划。公共部门支持则集中帮助政府部门完成日常工作、开发宏观计划、进行政策能力建设等。Temu 的分析也表明,对私营部门发展和中小企业的支持,在很大程度上是通过公共机构实现的。这些支持涵盖了诸多方面,例如改进劳工法、管理机制、加强市场准入等,这都对私营部门发展至关重要,尤其是在坦桑尼亚正逐步摆脱计划经济的环境下。

表 19-2 坦桑尼亚农业捐赠者支持(基于 OECD/CRS 数据库)

单位:百万美元

	分类:价值链环节及侧重	项目数	总资金(百万美元)	比例(%)	项目平均耗资(百万美元)
1	农业——公共机构发展	4	22.7	1.8	5.7
2	农业——私营机构发展	3	89.5	7.1	29.8
3	商业——私营部门发展	4	112.1	8.9	28.0
4	商业——中小企业	2	0.1	0.0	0.1
5	畜牧业及畜牧业产品市场营销	3	31	2.4	10.3
6	畜牧生产	2	11.7	0.9	5.9
7	种植业——生产及灌溉	24	345.7	27.3	14.4
8	种植业国内市场营销	1	0	0.0	0.0
9	种植业及畜牧业——生产后	5	43.5	3.4	8.7
10	贸易——私营部门机构能力建设	5	99.9	7.9	20.0
11	贸易——中小企业	1	—	—	—
12	贸易——公共机构发展	9	48.4	3.8	5.4
13	贸易——质量、检验检疫、实验室	12	32.4	2.6	2.7
14	贸易——商品发展	4	107.1	8.5	26.8
15	基础设施(公路、铁路)	3	322.2	25.4	107.4
	合计	82	1 266.3	100.0	15.4

数据来源:Temu(2006)报告 17 页,表 3,基于 OECD/CRS 数据。

商品出口也得到了大量捐赠者支持。价值链分析研究在阐明政策和项目时很重要①。项目通过独立生产者组织及农业企业实施措施。这些支持在扩大特色咖啡出口、改良皮革及剑麻产品中起到了有效作用。

支持私营部门机构能力建设的力度也比较大，包括发展私营部门贸易支持政策、区域内及区域间农业商务联系、加强出口食品加工协会建设、促进当地公司在贸易中使用信息技术，以及对与贸易有关的高等教育进行资金支持。

在其他一些出口相关领域，支持则比较少，包括针对新市场的出口，尤其是非传统出口行业，如园林、花卉及渔业，国内制约因素还比较严重。地方生产者、加工商以及农业企业在保证质量、满足检验检疫标准方面面临严峻挑战。此外，也需要解决有效的质量监管系统、测试实验室等一系列的条件制约。

捐赠者捐赠的承诺、其最终金额以及政府记录在册的捐款数之间往往有较大的差异。此外，坦桑尼亚有支出、会计及报告环节的多个数据库，其数据经常重复统计，数据间也没有很好的联系，因此数据常常产生矛盾。例如，坦桑尼亚国际捐助数据库系统与该国财政和经济事务部（MoFEA）数据库之间缺乏连贯性，报出的数据经常不同。尤其是直接资助项目的援助承诺（这些援助不需要经过国库），捐赠者承诺和政府预测数往往低于实际。

此外，对于项目资金的通报也有时间上的滞后。所有部委、部门和机构以及地方政府都应该在项目实施后向 MoFEA 通报直接资助项目的资金，但是 Turner 发现实际上这些项目在执行之后通报的并不及时（因此缺少时间上的量化），也不完整。

值得注意的是，这些 AfT 测算都未将预算支持纳入其中，而预算支持是坦桑尼亚援助的一项重要方式，在 2006 年超过了援助总量的一半。目前都把预算支持当作援助支持的一个种类来分析，而事实上预算支持是援助的一种模式。这个问题必须得到解决，才能使 AfT 数目具有意义。例如，当捐赠者主要的 ODA 给予了预算支持，而政府又将这部分财政用作贸易相关用途，那么现行的 AfT 统计就在这方面有比较大的误差。

另一个问题是关于 AfT 资金流向记录分类是否可以和 OECD/CRS 的 AfT 代码相匹配。各国还没有全部采用 OECD/CRS 代码，有时会让 AfT 的统计产生巨大的误差。

2.1.2　DTIS 及相关的 AfT②

DTIS 的行动矩阵是 TRSM 或 AfT 信息有效的来源，因为其主要集中在

---

① 美国支持的高地农业市场及商业加速计划（SHAMBA）及企业支持活动（DAI - PESA）均称这个领域已开发出成功的模型。

② 同时可见上一章关于 DTIS 主流化的评论。

项目上而不是政策本身。表 19-3 展示了坦桑尼亚 DTIS 中推荐的措施。一共有 124 项措施，其中 72 项（58%）是交叉领域的，另外 52 项（42%）是特定产品的。提案包括一系列措施，涵盖数个贸易相关领域。对于每一项措施的本质也有所描述。推荐的行动主要如下：①18 项为执行现有政策；②62 项要改变现有政策、法规和机构；③90 项为技术协助和投资。这表明，不是所有措施都需要硬投资，虽然硬投资在资金方面占据主导地位。此外，也有一些行动不需要大笔资金，比如实施现有政策、制定法律法规、机构改革以及技术协助。换言之，现在需要的是一系列行动，当然一定规模的投资也是必需的。

瑞典国际开发署（SIDA）的一项研究将坦桑尼亚的 TRSM 基于 DTIS 分类。其研究涵盖了 2000—2010 年间数据，并且由坦桑尼亚汇编（而非 OECD/CRS 数据）。Turner（2008）的分析也提到了这项研究，下面会对该研究进行总结。表 19-4 展示了每个 DTIS 分类下的项目数（Turner 援引 SIDA 报告还包含其他细节，如项目名称、可用预算、捐赠者以及执行期）。在不同的 DTIS 分类下一共涉及了 216 个项目。值得注意的是，这个分析仅限项目而非支出，而每个项目的支出差别巨大，从 4 000 美元的培训到 3 600 万美元的商业计划支持，再到 1.02 亿美元的交通项目不等。

表 19-3　坦桑尼亚 2005 年 DTIS 行动矩阵下措施

政策领域	推荐措施数量	政策领域	推荐措施数量
交叉领域		具体产品领域	
1. 贸易政策	10	8. 珠宝	1
2. 市场准入	3	9. 农作物出口（交叉领域、腰	
3. 贸易机构	10	果、咖啡）	10
4. 出口加工区	10	10. 花卉园艺	11
5. 检验检疫能力	16	11. 旅游后向联系	12
6. 交通运输	12	12. 调味品	8
7. 海关	11	13. 渔业/水产养殖	10
合计			124

数据来源：DTIS 行动矩阵（2005）。

Turner 也将 SIDA 报告中的基于 DTIS 的数据与 OECD/CRS 数据进行了比较，结论是二者有巨大不同，例如 OECD 提供的总资金数据是 SIDA 数据的 4 倍（后者也同时包含了广义和狭义的 AfT 金额要求）。从另一方面说，OECD 在贸易政策和规章类下的数据只有 SIDA 基于 DTIS 的相关数据的一半。Turner 指出，这其中的原因可能是将同一个项目中不同成分划分进了不同的援助类别。例如，对坦桑尼亚税务局的支持属于贸易便利化项下，但是其中的一些措施可能超过 AfT 范围。在 OECD/CRS 数据库中的贸易政策法规类下就可能没有这些数据。此外，两份数据都缺少对预算支持模式的统计，因此都低估了 AfT 金额。

这份分析表明，在编辑、检测以及比较 AfT 数据时，不同的数据来源（如 OECD、国内、交叉比较研究）有巨大不同。因此需要很多努力（主要是国内）来弥合这些不同。不过，至少上述分析已经展现出了坦桑尼亚 AfT 总的体量和结构。

表 19 - 4 基于 DTIS 优先领域的 AfT 项目情况（2000—2010）

DTIS 行动矩阵	项目数
贸易政策及市场准入谈判	29
区域一体化	26
竞争及贸易政策	3
贸易机构	53
贸易政策机构	32
出口发展	21
出口加工区	14
出口加工区法规框架	4
投资促进	10
检验检疫能力	14
战略及优先设置	5
检验检疫机构协调	3
植被保护：立法、意识及监管	3
动物健康：立法、意识及执行	2
实验室建设：植被保护、动物保护及食品安全	1
交通	28
交通基础设施	24
公共及私营部门关于贸易便利化的对话	4
海关	15
海关进出口程序	12
海关人力资源开发	3
农业出口作物	41
跨领域问题	41

（续）

DTIS 行动矩阵	项目数
腰果	1
咖啡	7
园艺花卉	1
旅游后向联系	10
教育	1
地方旅游产品供应	9
香料	
生产及生产力	1
渔业及养殖业	11
检验检疫问题	3
供给能力	8
合计	216

数据来源：由 Turner（2008）报告表 A2 整理，Turner 报告基于 2007 年 SIDA 研究。

2.2　农业投资

上一节从三个方面着重展现了坦桑尼亚 AfT 的大体情况：前两个方面基于 OECD/CRS 数据，第三个方面则展现了坦桑尼亚 DTIS 相关的数据（TRSM）。而本节将讨论坦桑尼亚农业支持，分析主要基于下述两个来源，一是 OECD 发展中心近期的研究（Wolter，2008），二是"坦桑尼亚农业部门发展计划"（ASDP）。

Wolter 将农业支持的数据基于不同捐赠者进行汇编，研究了 2006/2007 财年的 140 个发展援助计划数据（表 19-5）。实际的计划数可能多于其研究数，因为该表基本只涵盖了主要的多双边捐赠者，没有把 NGO 和非发展援助委员会（DAC）捐赠者，如中国和阿拉伯银行包括在内。此外，一些捐赠者（如美国）的捐赠基本在坦桑尼亚政府框架之外实施，因此其数据也不会在表中有所体现。最后，ASDP 一揽子资金也被记为一项援助计划。

该表显示，140 个援助计划共获得承诺资金 4.45 亿美元。资金支持了各种不同领域，虽然并未涵盖对农业的公共支持的所有方面。Wolter 得出了一系列有趣的结论。第一，在农场/公司层面（占总支持量的 10%），支持集中在价值链的上游，如初级生产。也有很多计划是关于粮食安全的。对于投入品的支持也不少，主要是灌溉和玉米种子选育。表 19-5 低估了坦桑尼亚对于灌溉的支持。因为灌溉投入是 ASDP 一揽子计划的重要部分，并不在其他类别里显现。第二，与第一点相对的是，对于价值链下游的活动，即核心的农业商业活动支持相对较小。另一个获得支持较少的领域是市场。第三，坦桑尼亚在促进农业商业化方面所做的努力（包括让小农参与其中）显示出一定潜力。一个完全的，关于农业商业化的支持项目就是丹麦的私营农业支持项目（PASS）。该项目给向农业行业提供贷款的商业银行一笔信贷保障金，促进其放贷。该项目成功地支持了一些小农场，也包括部分较大型商业化农场制订商业计划，因为这是取得商业银行贷款的前提。用这样的项目支持生计型农民面临一些困难，因为这些农民无法支付咨询费，也没有东西可以用来抵押。农村中小微企业支持计划（在斯瓦希里语中简称 MUVI）由国际农业发展基金（IFAD）和爱尔兰支持，旨在帮助小农及小型渔民在产业链上与加工商对接。

表 19 - 5　捐赠者对农业的支持（2006/2007 年，承诺值，百万美元）

	行业	项目数	总承诺金额	比例
1	小企业/农场			
1.1	投入品及灌溉	12	7.84	1.8
1.2	生产	19	15.63	3.5
1.3	农业市场营销	3	18.42	4.1
2	公共部门			
2.1	农业政策及干预	12	1.90	3.1
2.2	贸易、商业、工业	9	12.63	2.8
2.3	商业环境	14	29.64	6.7
2.4	专业机构	1	1.04	0.2
2.5	经济基础设施	46	280.34	63.0
3	公共/私营部门			
3.1	"坦桑尼亚农业部门发展计划"一揽子支持	1	28.87	6.5
3.2	商业发展服务	1	0.20	0.0
3.3	促进政策改革	1	0.20	0.0
3.4	其他	3	14.88	3.3
4	PSD 支持			
4.1	一般性支持	10	12.21	2.7
4.2	金融行业	8	9.30	2.1
	合计	140	445.00	100.0

数据来源：基于 Wolter 研究的表 1（2008）。

　　关于捐赠者对公共领域的支持，主要有下述两个结论。一是经济基础设施建设获得了大量支持（尤其是公路建设）：14 个捐赠者共捐赠了 46 个项目，总金额达 2.8 亿美元（占总量的 63%）。第二大支持领域则是优化商业环境（占总量的 7%）。这与私营部门的支持主要集中在 BEST 项目是相吻合的，因为该项目着重于改善国内监管环境。另一点就是关于金融行业的支持，在这个行业大部分捐赠都给予了金融行业深化信托（FSDT）。

Wolter 同时指出，目前没有捐赠者或项目涵盖了整个农业价值链，虽然这在大多数政策框架下是重点。他认为，现在需要将对初级生产的支持转移到价值链的其他环节。

在表 19-5 中，ASDP 一揽子支持是作为一个整体计算的，并只占到总支持量的 7%。这里只包含了捐赠者对 ASDP 基金的支持，然而该计划体量却比基金大得多，因为大量政府农业支持也是通过这个途径实现的。此外，ASDP 将在未来进一步扩张，成为农业投资的主要部门基金，因为目前捐赠者关于农业投资的支持正在向它聚集，通过它实现①。ASDP 也是坦桑尼亚政府结束分散的、地区性项目模式，实施统一的部门整体发展项目的途径，是实现 ASDS 和 PRSP（NSGRP）农业增长和减贫目标的主要手段。

ASDP 的目标是增加产量、利润及农民收入，主要途径是：①增加农民关于农业的知识、技术，改善市场系统及基础设施；②推动农业私人投资。ASDP 的侧重点是农业商业化（从生计型转变为利润型）以及向地区放权。它包含地方和全国两大方面内容，每个大方面中还有 3~5 个小方面。实施期为五到七年不等。表 19-6 展示了这些途径的基本特点，并且展示了坦桑尼亚政府对于资金需求的预估。

表 19-6　ASDP 项目开支预估（2006/2007—2012/2013，百万美元）

项目		开支	预期资金支持来源占比（%）			占总支出比例（%）
			政府	捐赠者	农民	
1. 地方支持						
1.1	农业投资	1 262	77	6	18	65
	灌溉	1 156	81	1	18	60
	地区农业发展金	105	32	54	15	6
1.2	农业服务	147	69	30	2	82
1.3	农业能力建设	44	7	3	—	2
	地方项目小计	1 453	74	11	15	75

① 上一章主流化的内容中有更详细的 ASDP 介绍。

（续）

	项目	开支	预期资金支持来源占比（%）			占总支出比例（%）
			政府	捐赠者	农民	
2. 国家支持						
2.1	农业服务	83	34	66	—	4.3
	研究培训	74	38	63	—	3.8
	延伸服务	8	14	86	—	0.4
	畜牧业	2	—	100	—	0.1
2.2	灌溉发展	367	99	1	—	19.0
2.3	市场及私营部门发展	9	0	100	—	0.5
2.4	粮食安全	4	—	100	—	0.2
2.5	协调	14	—	100	—	0.7
	全国项目小计	477	82	18	—	25
	总计	1 930	76	13	12	100

数据来源：ASDP 文件表 5。

目前的趋势是，政府和捐赠者共同努力，建立支持 ASDP 的综合干预措施体系，并且越来越多的捐赠者通过 ASDP 一揽子基金来对农业提供支持。而 ASDP 本身则向着一般预算支持（GBS）方向发展。

ASDP 提供了农业支持的战略、政策及实施细则，并与 ASDS 和 PRSP 的愿景相呼应。它自称其政策和计划均是主流化的，因为其制定过程受其他主要政策框架指导（如"坦桑尼亚发展愿景 2025"及"农村发展战略 2002"）。此外，ASDP 称其已从过去政府和半官方机构在农业中起主导地位的框架模式转向私营部门起主导地位的框架。ASDP 设计的五大原则是：①受益人更多控制资源；②服务提供多元化；③基于结果的资源转移；④与政府系统整合；⑤范围涵盖全国。

除了在灌溉及科研方面大幅度增加资金外，ASPD 也在下列几个方面做出了努力：①为私营部门提供农业服务创造环境；②对整个价值链提供支持，而不仅仅是像过去那样侧重农场层面。这个战略据称基于 NSGRP 以及国家贸易政策，这些措施在促进出口方面至关重要。第一方面主要包括改进行业整体政策、法规及法律框架，市场营销及私营部门发展，能力建设，信息及沟通。第二方面主要包括 ASDP 第 2.3 节的内容（市场营销及私营部门发展），目标是将农民和市场通过价值链连接起来。一些项目可以减少中小制造商、贸易商、加工商和其他服务提供商的市场成本及风险。目前坦桑尼亚还面临一些制约因素，解决这些问题不但需要投资，也需要政策改革和法律。

3 TRSM 政策框架综述

坦桑尼亚 TRSM 一项重要的原则就是在国家发展和政策框架的指导下制定。正因如此，前面章节对于坦桑尼亚贸易政策和贸易主流化的讨论才对于本章的内容至关重要。下面将从 TRSM 确定的角度对坦桑尼亚的政策框架进行简要的讨论。

上一章的总结中提到坦桑尼亚的 PRSP（NSGRP）在贸易方面是相对较弱的。这也是近期的一篇关于 PRSP 的综述中的观点（Driscoll 等，2007）。似乎 NSGRP 将贸易问题留给了 TNTP03 来解决。因此，虽然 NSGRP 没有在贸易战略和有关问题上详细阐述，但是也提供了一些指导思想。

NSGRP 对于 GDP、农业和畜牧业的增长都设定了较高的目标，并且指明了实现这些目标需要农业转型——大幅度提升生产力、农业现代化和商业化、增加私营部门主导的增长、具有竞争力的经济、高效治理等。贸易的重要任务之一就是外部贸易应该刺激国内生产并且加强竞争力。国内贸易自由化的重要性也得到了强调，其中私营部门是重中之重。与这些目标相一致的是发展价值链，例如加强产业商业化和贸易，而不仅仅是强调生产。在成果 1 下的目标 2 中，NSGRP 描述了一项增长战略，侧重于坦桑尼亚可以获得竞争优势的特别产品/服务，并提出了价值链上的一些想法，但是这项提议并没有得到详述。

NSGRP 的一项核心目标是增长和减贫，其中将农业作为整体来强调，并在粮食生产和粮食安全方面进行了细述。NSGRP 也在农业贸易方面追求平衡，同时强调了出口作物和粮食作物的重要性，并提及国内和区域市场中加工食品的价值链。

TNTP03 副标题是"竞争型经济和出口导向型增长的贸易策略"，因此这份文件是一项全面的贸易政策文件，包含以下章节：背景情况，经济概述，愿景、任务及目标，制约及挑战，政策工具以及执行框架和计划。在所有问题中，该文件旨在保持政策的连续性，并建立一个竞争性的市场经济，运用贸易工具实现减贫并开发国内市场，在贸易自由化的背景下保护国内产业和经济活动不受威胁，包括识别需要保护的产业，解决国内及全球市场贸易拓展遇到的供给侧限制。

上述段落阐述了 TNTP03 在大框架下与 NSGRP 的一致性，例如贸易应帮助国内产业向市场导向的竞争型经济转型。虽然出口导向增长在很多地方都得到了强调，但是该文件并不像其他国家相关文件那样单一关注贸易政策中的出口部分。以其中一个目标为例："通过促进贸易发展，提高国内市场表现，并提高承受国内市场竞争的能力。"换言之，文件也关注进口竞争方面。这在

第五章中有明确阐述,坦桑尼亚使用了一些政策工具来加强国内进口竞争性行业的增长及促进公平竞争(如"运用关税保护国内产业"、贸易保护措施、当地原材料使用政策、国营贸易企业等)。

坦桑尼亚 2005 年的 DTIS 在前文中有所提及,该文件对贸易相关制约因素有更加详细的阐述,并在分析基础上推荐了一系列相关措施。该文件的一个主要弱点是,仅提及出口产品。该文件的章节设计与其他最不发达国家的 DTIS 并无区别。并且该文件认为:"DTIS 希望可以支持坦桑尼亚政府实现全国贸易政策,其目标是建立一个出口导向的经济,以增加人民收入,实现减贫。"因此,虽然 DTIS 对于出口战略有详细描述,但对于农产品,尤其是食品方面涉及不多,而这对于坦桑尼亚增长及减贫至关重要,这两个方面在 NS-GRP 和 TNTP03 中都得到了关注。

在"农业政策框架"方面,正如前文所说,ASDS 和近期的 ASDP 与 NS-GRP 是相一致的。因此,这些文件也强调农业商业化、私营部门的作用及价值链整体性等战略。

"农业优先"战略(2010)也在之前的一章有过描述。该文件作为坦桑尼亚绿色革命的纲领性文件,也强调农业现代化及商业化转型。其 10 个支柱中的一项为"战略框架思路转移",提出了识别优先发展领域及产品的建议,其中包括粮食和经济作物。从这个角度说,刨除 DTIS 之外,该文件也与此前的政策框架相一致。

最后,两项 EAC 政策框架也与 TRSM 有关。EAC CET 将限制坦桑尼亚在一些领域的政策空间,但也将扩大该国在一些领域的新机会。考虑到坦桑尼亚在粮食生产方面的一些竞争优势,该国应该会通过 EAC 内部贸易自由化及一些区域价值链,尤其是粮食价值链的新行动框架而受益。EAC 目标是在 2015 年前将区域内粮食贸易增加到 30%。因此,坦桑尼亚应该支持区域项目,并参与区域粮食贸易计划的制订。

4 结论

在第 2 节和第 3 节讨论的基础上,TRSM 需要优先考虑下列五个方面需要:

第一,需要进一步投资以提高农业生产力,尤其是在战略性粮食和经济作物上,这一点在 NSGRP、"农业优先"战略和 AFDP 等文件上也得到了强调。ASDP 中关于灌溉和技术的大型行动则是对此的回应。

第二,在通过价值链联系农民和市场这方面需要做更多工作,这样才可以建设现代商业化农业经济,并在农村经济等方面创造前后向联系。

第三，需要做出更多努力，确保私营部门参与农业价值链，包括投入品、服务及金融支持。鉴于坦桑尼亚此前对于经济的高度干预，这一点在现在显得尤为重要。

第四，由于坦桑尼亚在生产盈余粮食方面有一定的比较优势，通过政策和法规改革为粮食出口区域市场创造便利条件就尤为重要，在这个方面，EAC关税同盟则是一大助力。

第五，在很多方面都需要强化能力建设。这包括贸易监管（这也与全国贸易政策中的贸易防御措施有关）、监测粮食价格、利用贸易及 SGR 作为应对波动的手段、政策分析以及贸易谈判。

尽管可能重复，文章结尾还是要强调以下三个观点，这些观点均来源于本文及其他 FAO 项目的背景文件，其中包括对利益相关群体的咨询。

认识到 TRSM 在粮食领域的重要性。在讨论 AfT 的时候，一个惯性做法是更多地侧重于出口作物和产品，而忽视粮食产品（这些产品一般是进口或是不参与贸易的）[①]。在坦桑尼亚，DTIS 就有类似错误，加上该文件与 AfT 联系紧密，就使得非出口产品可能无法从 AfT 援助中获利，而这些产品对于农业增长和减贫至关重要。DTIS 外的其他政策框架，则给予了粮食产品生产及贸易（包括国内和区域性粮食生产价值链）应有的重视。

全盘考虑价值链上的制约因素。在这里要重申一点：要成功实现 NSGRP 的愿景，就必须全盘考虑，要从价值链整体上支持产品发展。Wolter（2008）认为，目前没有捐赠者或捐赠计划涵盖整个农业价值链。因此，他表示，将支持的重点从初级生产转向价值链的其他环节是必要的。除了投资，也需要政策改革和监管措施，这些都可以从其他非洲国家以及其他洲的国家那里学到成功经验。

关于界定、量化及监测 AfT 资金流问题。2006 年 WTO 工作组订立了 6 个 AfT 类别：①贸易政策规章；②贸易发展；③贸易相关基础设施；④增强生产能力；⑤贸易相关调整；⑥其他贸易需求。其中类别③及④对应的是最不发达国家在扩展贸易方面所面临的最广为人知的困难，如何在这两类的投资中量化"贸易含量"则不清楚。

从本文背景文献中可以获知，在目前阶段，为了量化 AfT 或者 TRSM 而定义这两方面的措施，是极难做到的。这主要是因为辨识类别③及④中的贸易成分非常困难。OECD/CRS 系统曾试图用"贸易发展指标"衡量类别 4 中贸易有关投资，但该指标非常主观。一个比较实际的做法是分别监测和分析下列三个指标：1）贸易发展（类别①、②、⑤、⑥）；2）生产能力（要与主要的

---

① WTO AfT 工作组的表述为"贸易援助帮助发展中国家增加货物及服务的出口，帮助其更好地融入多边贸易体系，并从自由贸易和更开放的市场准入中获益。"

行业区分，如农业、工业）；3）基础设施。

总结来说，文章中的不少观点孤立来看并不是什么新的发现，也不是之前未被触及的研究。但是，本文的创新点在于，将 TRSM 或者 AfT 放在了国家政策框架的大背景下研究。要基于投资在增长和减贫方面的回报确定优先投资领域总会遇到一些困难，这很正常，最好的方式就是将其放在投资回报监测分析系统中研究，并就此对利益相关群体展开有效咨询。

参 考 文 献

ACT（2009）. *Kilimo Kwanza* - Towards a Tanzania Green Revolution. Report of the Agriculture Working Group, Tanzania National Business Council（TNBC）.

DTIS（2005）. Diagnostic trade integration study, Volumes I and II, and Action Matrix. November 2005. http：//www. integratedframework. org/countries/tanzania. htm

EAC（2010）. *Food Security Action Plan 2010—2015*, EAC Secretariat, Arusha, May 2010.

GoT（2001）. *Agriculture Sector Development Strategy（ASDS）*. Ministry of Food and Agriculture, October 2001, Tanzania. http：//www. agriculture. go. tz/publications/english percent20docs/ASDS percent20Documents. pdf.

GoT（2008）. *Agriculture Sector Review and Public Expenditure Review 2008/09*, Final Report, November 2008, Ministry of Agriculture Food Security and Cooperatives, Tanzania.

Hatibu, S. II., Gandye, G. & Masome, P.（2010）. The process of identifying and prioritizing trade - related support measures in agriculture. Background paper under ERB/FAO Trade Mainstreaming Project, Economic Research Bureau at the University of Dar es Salam, Tanzania.

ILEAP（2005）. Aid For Trade For Tanzania - Case Study, Draft paper, October 2005, ILEAP.

OECD（2006）. Aid for Trade：Making It Effective, OECD, Paris.

Temu, A.（2006）. Aid for Trade and Agro - Based Private Sector Developmentin Tanzania, Study conducted for OECD. http：//www. oecd. org/dataoecd/59/7/37563905. pdf.

Turner, L.（2008）. Quantifying Aid for Trade：A Case Study of Tanzania. Study prepared for Economic Affairs Division of the Commonwealth Secretariat, June 2008.

Wolter, D.（2008）. Tanzania - The Challenge of Moving from Subsistence to Profit, Tanzania case study in the series *Business for Development*：*Promoting Commercial Agriculture in Africa*, OECD Development Centre, Paris. www. oecd. org/dev/publications/business-fordevelopment.

WTO（2006）. Recommendations of the Task Force on Aid for Trade, WT/AFT/1, 27 July 27 2006.

图书在版编目（CIP）数据

农业贸易政策及支持措施的解析和主流化／（　）拉
梅什·夏尔马（Ramesh Sharma），（　）杰米·莫里森
（Jamie Morrison）编；刘武兵等译 . —北京：中国农
业出版社，2017.5
　　ISBN 978-7-109-22577-0

Ⅰ.①农…　Ⅱ.①拉…②杰…③刘…　Ⅲ.①农产品
－国际贸易政策－研究－世界－2008－2010　Ⅳ.
①F746.2

中国版本图书馆 CIP 数据核字（2016）第 307501 号

著作权合同登记号：图字 01-2017-0650 号

中国农业出版社出版
（北京市朝阳区麦子店街 18 号楼）
（邮政编码 100125）
策划编辑　郑　君
文字编辑　刘昊阳

北京中科印刷有限公司印刷　　新华书店北京发行所发行
2017 年 5 月第 1 版　　2017 年 5 月北京第 1 次印刷

开本：700mm×1000mm　1/16　印张：20.5
字数：472 千字
定价：83.00 元
（凡本版图书出现印刷、装订错误，请向出版社发行部调换）